JN089055

国境産業複合体

アメリカと「国境の壁」をめぐるボーダースタディーズ

川久保文紀
kawakubo fuminori

青土社

国境産業複合体　**目次**

国境産業複合体　アメリカと「国境の壁」をめぐるボーダースタディーズ

凡例

・本書における所属や肩書は当時のものである。

略語一覧

ABIS: Automated Biometric Identification System（自動バイオメトリック・アイデンティフィケーション・システム）

ABS: Association for Borderlands Studies（境界・国境地域研究学会）

AEDPA: Antiterrorism and Effective Death Penalty Act（反テロリズム及び効果的な死刑法）

ALEC: American Legislative Exchange Council（米国議員交流評議会）

APIS: Advance Passenger Information System（事前旅客情報システム）

ASI: America's Shield Initiative（米国の盾イニシアティブ）

ATF: Bureau of Alcohol, Tobacco, Firearms and Explosives（アルコール・タバコ・火器及び爆発物取締局）

ATS: Automated Targeting System（自動ターゲティングシステム）

BEST: Border Enforcement Security Task Force（国境警備タスクフォース）

BLM: Black Lives Matter（ブラック・ライヴズ・マター）

BORTAC: Border Patrol Tactical Unit（米国国境警備隊特殊武装チーム）

BPRI: Border Policy Research Institute（西ワシントン大学国境政策研究所）

BPSP: Border Patrol Strategic Plan（国境警備戦略計画）

CAA: Civil Aviation Authority（英国民間航空局）

CalEPA: California Environmental Protection Agency（カリフォルニア環境保護局）

CAP: Center for American Progress（米国進歩センター）

CBP: Customs and Border Protection（米国税関・国境警備局）

CBSA: Canadian Border Service Agency（カナダ国境サービス庁）

CBX: Cross Border Xpress（クロスボーダーエクスプレス）

CCCE: Canadian Council of Chief Executives（カナダ経営者評議会）

CFR: Council on Foreign Relations（米国外交評議会）

CIA: Central Intelligence Agency（中央情報局）

CRS: Congressional Research Service（連邦議会調査局）
CUSFTA: Canada-United States Free Trade Agreement（米加自由貿易協定）
DEA: Drug and Enforcement Agency（米国麻薬取締局）
DHS: Department of Homeland Security（米国国土安全保障省）
DOD: Department of Defense（米国国防総省）
DOJ: Department of Justice（米国司法省）
ECAC: European Civil Aviation Conference（欧州民間航空会議）
FAA: Federal Aviation Administration（米国連邦航空局）
FBP: Federal Bureau of Prisons（米国連邦刑務所局）
FOIA: Freedom of Information Act（情報公開法）
GAO: Government Accounting Office（政府説明責任局）
HHS: Department of Health and Human Services（米国保健福祉省）
IBET: Integrated Border Enforcement Teams（統合法執行チーム）
IBWC: International Boundary and Water Commission（米墨国境水委員会）
ICAO: International Civil Aviation Organization（国際民間航空機関）
ICE: Immigration and Customs Enforcement（米国移民・税関捜査局）
IFT: Integrated Fixed Tower（統合固定型監視タワー）
IIRIRA: Illegal Immigration Reform and Immigration Responsibility Act（不法移民改革・移民責任法）
IMTC: International Mobility and Trade Corridor Program（国際モビリティ回廊プロジェクト）
INA: Immigration and Nationality Act（移民・国籍法）
INS: Immigration and Naturalization Service（米国移民帰化局）
ISIS: Integrated Surveillance Intelligence System（統合監視インテリジェンスシステム）
NACC: North American Competitiveness Council（北米競争力会議）
NAFTA: North America Free Trade Agreement（北米自由貿易協定）
NALS: North American Leader's Summit（北米 3 カ国首脳会議）
NAPSI: North American Security and Prosperity Initiative（北米の安全と繁栄のためのイニシアティブ）

NAU: North American Union（北米連合）
NEPA: National Environmental Policy Act（国家環境政策法）
NHSA: National Homeland Security Agency（連邦国土安全保障庁）
NORAD: North American Aerospace Defense Command（北米航空宇宙防衛司令部）
NSA: National Security Agency（国家安全保障局）
NSC: National Security Council（国家安全保障会議）
NSEERS: National Security Entry-Exit Registration System（国家安全保障出入国登録システム）
NSHS: National Strategy for Homeland Security（ホームランド・セキュリティに関する国家戦略）
OHS: Office of the Homeland Security（米国国土安全保障室）
OIC: Operation Integration Center（オペレーション・インテグレーション・センター）
PNWER: Pacific Northwest Economic Regions（太平洋岸北西部経済圏）
POE: Port of Entry（国境検問所）
PPC: Private Prisons Corporations（民間刑務所会社）
QHSR: Quadrennial Homeland Security Review（4年ごとの国土安全保障の見直し）
RCMP: Royal Canadian Mounted Police（カナダ王立騎馬警察）
SANDAG: San Diego Association of Governments（サンディエゴ政府間協会）
SBC: Smart Border Coalition（スマート・ボーダー連合）
SBI: Secure Border Initiative（安全な国境イニシアティブ）
SDSU: San Diego State University（サンディエゴ州立大学）
SPP: Security and Prosperity Partnership of North America（北米の安全と繁栄のためのパートナーシップ）
TSA: Transportation Security Administration（米国運輸保安局）
UCSD: University of California at San Diego（カリフォルニア大学サンディエゴ校）
USBP: United States Border Patrol（米国国境警備隊）

USCG: United States Coast Guard（米国沿岸警備隊）

USCIS: U.S. Citizen and Immigration Services（米国市民権・サービス局）

USMCA: United States-Mexico-Canada-Agreement（米国・メキシコ・カナダ協定）

USNORTHCOM: U.S. Northern Command（米国北方軍）

はじめに

二〇〇一年六月、博士課程の院生であった筆者は、学部時代から学んでいた世界システム論の研究を続けるために渡米した。留学先は、世界システム論の創始者イマニュエル・ウォーラーステインの創設したフェルナン・ブローデル・センター（ウォーラーステインの死去後、二〇二〇年に閉所）を擁するニューヨーク州立大学ビンガムトン校の大学院であった。資本主義分析の成立過程を巨視的かつ史的に理解しようとする世界システム論の誕生は、国民国家や国民経済を分析の基礎にして成り立っていた当時の社会科学に大きな衝撃を与え、政治学や国際関係論を学ぶ者にとっての学問的前提を覆されたような気がしていた。だが、留学直後に現地で経験した同時多発テロとの遭遇が、筆者の研究の方向性を大きく変えることになった。テロ直後の空港では、保安検査を待つ人々の長い列が日常化し、バイオメトリクス（生体認証）をはじめとした最先端のテクノロジーによって膨大な情報が収集・分析され、国境を越えることができる人間とそれが叶わない人間がリスク管理にもとづいて選別されるようになった。そこでは、国境ばかりではなく、人種、階級、国籍などにも引かれたあらゆる境界／隔壁が高くなったように感じた。留学中にサンディエゴからメキシコのティファナまで歩いて国境を越える機会があったが、サンディエゴからメキシコへ渡る際には三〇分とかからなかったにもかかわらず、サンディエゴへ戻る際に要した時間は二時間を超えていたと記憶している。米墨（アメリカ・メキシコ）国境は世界で一番交通量の多い国境といわれるだけあって、テロ直後に強化された国境検問を待つトラックを含めた車列の長さに驚愕したものである。そのとき痛烈に感じたのは、国境が権力や富の格差が発露するグローバルな断層線として描かれるということである。

留学から帰国後、社会学者・上野千鶴子氏の珠玉の越境異文化論である『国境 お構いなし』（朝日文庫、二〇〇七年）を神田神保町の本屋でたまたまみつけ、自分の留学生活と重ね合わせて読む機会に恵まれた。上野氏は、その著書のなかで「国境なんて、いったいだれが考えついたんだろう」と問いながら、いつのまにか、地球上のあらゆる場所に人為的に引かれてしまった国境が人の移動にとって足かせとなっている国際社会の現実について活写している。上野氏の問いに触発されて考えてみると、人類の歴史の多くは国境に壁を造る歴史と重なっているということもできる。紀元前四世紀、アレクサンドロス大王がカフカス山脈とカスピ海沿岸の間に異民族の侵入を防ぐための壁を築き、紀元前三世紀には秦の始皇帝が遊牧民族を追い払うために万里の長城を、紀元後一二二年には古代ローマの五賢帝のひとりであるハドリアヌス帝がイングランドとスコットランドの間にスコットランド部族からブリタンニア地方を守る壁を造るといったように、古代から現在に至るまで世界中でさまざまな防御壁や要塞が建造されてきたのである。★1

＊

冷戦の終焉後、ベルリンの壁が崩壊したことによってグローバル化が進展し、ボーダーレスな世界が到来するという言説が世界を席巻した。「地理の終焉」（リチャード・オブライエン）や「フラット化する世界」（トーマス・フリードマン）はその代表例である。しかしながら、同時多発テロ以後、グローバル化の流れに逆行するかのように世界の至るところで国境の壁（フェンス）が造られるようになり、国境管理が強化されるようになった。エリザベス・バレ氏（カナダ・クイーンズ大学）の研究によれば、テロ以前に建造された国境の壁は二〇箇所にも満たなかったが、二〇一九年現在、世界中の七二箇所に設置され、総延長は三万一〇〇〇キロメートルに及ぶとされる[★2]。

テロの直撃をうけた米国は、ホームランド・セキュリティという名のもとに、国境における締めつけを強化するようになった。自由と民主主義を建国の理念とする米国は、多様な背景を有する移民を受け入れるダイナミズムによって発展してきたが、テロ以降、国境を接するカナダやメキシコを巻き込む形で北米地域の要塞化を推進するようになった。自国の領土の内外に国境を拡張しようとする政策動向は、「壁の帝国」としての米国をクローズアップさせていく。二〇一七年に誕生したトランプ政権は米墨国境に「美しくて、大きな壁」を造ることを政権公約として誕生し、バイデン政権になってからもその建設は継続されると同時に、国境のハイテク化によってバーチャルな壁の構築も進んでいる。

こうした状況をふまえ、本書ではまず、社会科学において新興領域である境界研究（ボーダースタディーズ）という分析枠組みを用いて、国境ガバナンスの形成について理論的考察を試みる。政治学、国際関係論、地政学などにおいては、伝統的に国境は国家間に引かれた固定的かつ静態的なラインとして理解され、それによって囲まれた主権・領土は絶対的なものとみなされてきた。一方、境界研究の手法を用いることで、境界のひとつとしての国境を相対化する方法論的視点がもたらされ、国境を社会的な文脈に応じて常に引き直されるプロセスとして認識することができる。そして、境界研究は国境を越える人や物などを選別する排他的なアクターとして想定されてきた国家を絶対視せず、国境をコモンズとして捉える国境ガバナンスに対して新しい地平をもたらす。そこでは、企業や市民社会組織などを含めたアクターが重層的な関与を行い、国境地域の共有する課題に対して向き合うことになる。本書で取り上げる国境産業複合体（Border-Industrial Complex）は、米国国境の地理的変容のなかで出現してきた国境ガバナンスにおける主要アクターのひとつであるが、それが国家と一体化することによって新自由主義的な論理を国境政策に浸透させている意味について考察する。

また本書では、実証研究の対象として北米地域（米国・カナダ・メキシコ）を取り上げるが、日本において、国境を題材とした北米地域の動向を政治学的に考察した研究の蓄積はこれまでみられてこなかった。まして、北米の境界研究者たちが初の共同研究の成果といえる *North American Borders in Comparative Perspective*（『比較的視点からの北米国境』）を公刊したのは二〇二〇年になってからである。★3 政治的にも経済的にも超大国米国のプレゼンスがカナダやメキシコに対して及ぼしてきた影響は大きく、まして国境を接する米国とメキシコとの経済格差は世界一といわれるほどである。

しかしながら、本論で詳しく検討するように、NAFTAの締結以後、経済・貿易面における緊密化が急速に進展していたところに、同時多発テロによって、国境管理をはじめとした政治・安全保障面においてもリージョナルかつローカルな国境ガバナンスの形成にさらに拍車がかかったとみることができる。この意味で、北米地域は、非対称的な相互依存関係を抱えながらも新しい国境ガバナンスの萌芽をみることのできる場でもある。

本書は筆者のこれまでの拙い研究の軌跡を辿るひとつの成果にすぎないが、今後の研究の方向性を見定めるうえでの道標になったと考えている。本書が学問的な批判にどこまで耐えられるのかを自問・自答しているが、日本における境界研究や北米国境研究に対してささやかな貢献ができるとすれば望外の喜びである。

註

★1 以下を参照されたい。ノヴォスロフ、アレクサンドラ＋ネス、フランク『世界を分断する「壁」——フォト・ドキュメント』児玉しおり訳、原書房、二〇一七年。

★2 Vallet, Élisabeth, "State of Border Walls in a Globalized World," in Bissonnette, Andréanne and Vallet, Élisabeth, eds., *Borders and Border Walls: In-Security, Symbolism, Vulnerabilities*, London and New York: Routledge, 2021.

★3 Correa-Cabrera, Guadalupe and Konrad, Victor eds., *North American Borders in Comparative Perspective*, Tucson: University of Arizona Press, 2020.

序章　9・11テロ以後の国境ガバナンスの変貌

はじめに

二〇〇一年九月一一日に発生した同時多発テロ（以下、9・11テロ）から二〇年以上の歳月が流れた。世界を震撼させたこの事件は、米国社会ばかりではなく、世界の在り方を根本的に変えたといわれ、米国は非国家主体であるテロリストに対して戦争を仕掛けることになった。米国は、9・11テロ直後にタリバンがその首謀者をかくまっているとして、アフガニスタンへの空爆とともに「対テロ戦争（war on terror）」を開始したが、二〇二一年八月末、米軍はアフガニスタンから完全撤退し、タリバンが政権に復帰するという皮肉な幕引きとなった。9・11テロ以後も世界各地でテロは発生し、テロというみえない敵を標的とした「対テロ戦争」は、事実上、終わりなき戦争となっている。また、米国本土が攻撃された事件は、一九世紀初めの米英戦争以来のことであったのだが、9・11テロのハイジャック犯一九人は、合法的に米国へ入国していた。この事実をうけて、国境管理の強化を国家安全保障の最重要課題とする政策的気運が高まったのである。★1

そして米国は、自国の安全にとって脅威と認識される他者に対する恐怖心を常に抱きながら、「対テロ戦争」を国外ばかりではなく、国内においても遂行してきた。テロ対策という名のもとに、イスラーム系を中心とした異教徒が嫌がらせをうけ、人権を無視した捜査や取締り、プライバシーを侵害する監視活動が日常的に横行するようになった。都市は、安全への強迫観念から自閉的な空間へと変容し、移民などの外部から入り込む異質な存在に対して継続的な監視を行うという自らの要塞化を進展させた。こうした現象は、周辺部としての国境地域にも軍事化やゾーン化などを通じて観察されるようになったのだが、これは、ホームランド・セキュリティの強化を通じた米国の要塞化という地理性の空間変容を表している。★2 ホームランド・セキュリティとは、9・11テロを契機として米国社会全体に浸透した安全保障の基軸概念であり、米国の領土内部において発生するテロや自然災害などの多様な脅威から米国の領土及び国民を守ることを意味する。

これらを背景として、隣国であるカナダとメキシコの国家間関係を中心としたリージョナルなレベル、そして米墨・米加（アメリカ・カナダ）の国境地域におけるローカルなレベルにおいて国境を共同でマネジメントしていく動向もみられるようになった。★3 米国にとってメキシコとカナダとの関係づくりは、経済・貿易、文化、エネルギー、環境分野などにおける地域協力を進展させる側面があるばかりではなく、非正規移民、麻薬、テロといったファクターに対しても地域全体で向き合うために重要な意味をもつ。また、第8章で詳しく述べるが、米墨国境のサンディエゴ・ティファナ地域などにみられるように、ビジネス・コミュニティを含めた市民社会組織が相互連携するローカルな国境ガバナンスも形成されつつある。

1　北米国境をめぐる研究動向

これまで米墨及び米加の国境を事例とした研究は、それぞれの国境地域におけるクロスボーダーな関係に分析的焦点を合わせ、国境地域間の非対称的関係を是正する制度やシステムをどのように構築していくべきかについて考察してきたものが多い[★4]。オスカー・マルチネス（Oscar Martínez）の代表的な研究にみられるように、一九九四年一月の北米自由貿易協定（North American Free Trade Agreement: NAFTA）の発効後は、クロスボーダーな関係がどの程度まで統合を深化させてきたのかについての検証が盛んになった[★5]。マルチネス・モデルは、疎外（alienation）→共存（coexistence）→相互依存（interdependence）→統合（integration）に至るスペクトラムのなかで国境地域の発展の度合いを比較考察する有益な分析枠組みである[★6]。また、T・V・ポール（T. V. Paul）による研究では、クロスボーダーな関係が国境地域の周辺に形成されやすいという見方を乗り越えて、都市間のネットワーク関係、回廊としての経済・貿易関係、越境する生態系システムなどが考察されており、国家の領域的な境界線としての国境が、いかに変化やダイナミズムに対して順応的でないかが示されている[★7]。

国境地域は、区切られた具体的な場所を意味するばかりではなく、人間や物が連結されるフローの空間としても表象される。国境地域の人々にとって、国境を含む境界は誰が内包され、排除されるのかという線引きに伴うナショナリティやアイデンティティの問題にも関係するもので、その線引きは、日常生活のなかに浸潤することになる。アンシ・パッシ（Anssi Paasi）が述べるように、国境に近接して生活するということは、国境と隣り合うこと自体が生活の一部になるということから、国家の他の場所で生活することとはかなり意味合いが異なる。[★8] セキュリティ機能を果たす国境が実線としてのラインを越えてグローバルに張り巡らされることによって、国境のセキュリタイゼーション[★9]が前景化し、国境の有する多次元的な機能がセキュリティに一元的に集約されてしまうのである。[★10]

とりわけ、9・11テロ以後にみられてきた国境管理の在り方の変容は、国家が単独で国境をマネジメントできなくなっていることの証左でもある。北米地域においては、国家以外のアクターが国境管理に重層的な関与を深めており、リージョナル及びローカルなレベルにおいて国境ガバナンスの形成がみられてきた。[★11] 本来、国境を共同でマネジメントすることとは、自国の主権を維持しながら国家が協力的な関係を築くということであるが、北米地域にみられるように、関係国がすべて平等な関係にあり、公平にその恩恵を享受するということを意味していない。[★12] 非対称的な相互依存関係にある米国、カナダ、メキシコの北米三カ国は、9・11テロ以後の米国のホームランド・セキュリティが強化される政策文脈のなかで、新しい国境管理の在り方を模索しているのである。

2　国境管理におけるパラダイム・チェンジ

国境管理という政策領域は、主権国家の伝統的な専権事項であったために、こうした分野にガバナンス概念を導入することには、政治学や国際関係論における理論的抵抗があった。★13 しかしながら、ヘイナー・ハンギ（Heiner Hänggi）も指摘しているように、従来型の国家ベースのアプローチでは、グローバル化が進展し、リスクが多様化する現代の安全保障上の課題には対応できないという観点から、セキュリティを供給する主体としてのガバナンス概念に注目が集まった。★14 これは、主権国家の独占する支配能力が、民間企業や市民社会組織などの他のアクターと分有され、それらと戦略的関係を結ぶようになってきているガバナンス形態ともいえる。新しいタイプの脅威に効率的に対処するためには、垂直的で階層的な構造をもつ主権国家の政府組織だけが関与することには限界があることをふまえ、北米地域においては多様なレベルにおいて各アクターが機能的に連携し、それぞれのコントロールの行使が水平的に及ぶ国境ガバナンスの胎動もみられている。

本書における前提は、北米地域における国境（米墨国境及び米加国境）が、国境のセキュリタイゼーションの強化のうえに閉鎖性を追求する「再境界化（re-borderization）」と、人や物の移動の促進による開放性を意味する「脱境界化（de-borderization）」という二つの境界実践（bordering practice）の対立的構図によって特徴づけられてきたということである。本書では、米国のホームランド・セキュリティの強化による固定的かつ硬直的な国境イメージから脱却し、再境界化と脱境界化という二つの境界実践を架橋し、国家やそれ以外のアクターの重層的な関与をもとにして国境を共同でマネジメントしていく「共境界化（co-borderization）」を分析の視座にいれながら、二一世紀型の新しい国境像とは何かを北米地域を中心としながら展望する。★15

国境とは、基本的には、国境の外部からやってくる多様な脅威に対して、国家を防衛するラインであり、領域的な境界線としての国境にとって最重要な機能はセキュリティである。現代的な文脈において、国境とは、国境の壁（フェンス）[16]、国境警備隊などの実力部隊、赤外線カメラや地上センサーなどのテクノロジーと連動したインフラストラクチャーからなる「三位一体のシステム」として理解することができる。[17] こうしたことを背景として、9・11テロ以後、セキュリタイゼーションが進展する北米地域においては、米墨国境を中心に、領域的な境界線としての国境から拡張された軍事化ゾーンへと変貌している。米加国境が「米墨国境化」を強めているというピーター・アンドレアス（Peter Andreas）の主張は、こうした現実を反映している。[18]

歴史的にみれば、一八二〇年代に米国の連邦軍は、定住者や貿易従事者を保護するために当時の米墨国境に派遣されたが、それ以後も多様な脅威から米国の市民や財産を守るために国境警備（border policing）には軍が関与することになった。一九二〇年代に商務労働省（その後、労働省へ移管）のもとに米国国境警備隊（United States Border Patrol: USBP）が創設され、貿易や労働の問題として国境問題が理解されるにつれて、軍の活動から文民組織による国境警備が主体となるよう変遷していった。その後、非正規移民の大量流入や麻薬密輸などの問題を伏線としながら、9・11テロ以降にエスカレートする国境の軍事化は、軍・法執行機関の融合化や国土安全保障省（Department of Homeland Security: DHS）を中心とした移民・国境管理に関わる官僚組織の肥大化を招いたのである。[19]

米加国境に目を転じれば、「世界でもっとも長く無防備な国境」というソフトなイメージで語られてきた歴史を有しているにもかかわらず、一八一二年の米英戦争時に五大湖周辺が軍事化されて以降、軍の支援も得ながら国境地域における犯罪活動をどのように取り締まるのかという「法と秩序」に問題の焦点がおかれることになった。二〇世紀初めには、国境を越えるさまざまな禁輸品の取締り、二〇世紀後半には人身売買や麻薬密輸へとそのターゲットが移行していったが、9・11テロの発生は、国境地域における地上センサーなどのセキュリティ装置の敷設によって、米加国境の「米墨国境化」を加速させることになった。

アンドレアスの言葉を再度借りれば、北米国境のコントロール様式は、「対テロ戦争」を遂行するなかで再デザインされることになったが、[20]北米地域のビジネス・コミュニティからはむしろ、国境管理の強化が国境地域の生活圏に与える悪影響に対する懸念が示された。こうした懸念により、国境のセキュリティを向上させながら、経済・貿易関係を円滑に維持することのできる国境メカニズムを創出すべきであるという考え方が米国を中心とする政府レベルで提示され、情報とインテリジェンスの共有によって、国境を通過する人や物を低リスクと高リスクなカテゴリーにフィルタリング／スクリーニングする「スマート・ボーダー（smart border）」が、米加・米墨という二つの二国間主義をもとにして創出された。最先端のテクノロジーを導入して、安全保障の向上と人や物のフローのバランスをうまくとることが、このスマート・ボーダーに課された機能の核心部分である。これは、国境管理分野における徹底したリスク管理戦略の採用でもあった。米国の税関・国境警備局（Customs and Border Protection: CBP）の元コミッショナーであるアラン・バーシン（Alan Bersin）は、9・11テロ以後の世界においては、ラインとしての国境を越えて、グローバルな規模の人や物のフローを管理しなければならないとし、国境管理における「巨大なパラダイム・チェンジ」が生じていると主張した。[21]この「巨大なパラダイム・チェンジ」は、地理性の観点から国境の空間変容をもたらす。すなわち、米国を中心におく米墨・米加という二つの国境は、成層化されたゾーンとして描写されるようになるばかりではなく、北米地域の地理的外縁部を安全保障のラインとする三国間主義も議論の対象となった。具体的には二〇〇五年の「北米の安全と繁栄のためのパートナーシップ（Security and Prosperity Partnership of North America: SPP）」や、その後継として位置づけられる「セキュリティ・ペリメーター（security perimeter）」アプローチがこれであり、米国のホームランド・セキュリティを基軸として、米国国境を地理的外部に「押し出す」という政策的含意を有している。

伝統的な意味における国境は、ひとつの幻想に囚われてきたといってよい。すなわち、「国境は連続した不動の線であり、神聖で閉ざされた空間をつくり、よきにつけ悪しきにつけ、国民を他者から、社会をほかの社会から、そして国家を隣国から区別するという幻想」のことである。[22] 主権国家が存立するためには閉ざされた空間が必要であるが、国境が、国家の領土の内部と外部を明確に区別する境界線であるという位置づけに固執するかぎりにおいて、国境におけるセキュリティの強化は自明のこととして捉えられる。つまり国境を領土や主権と一律的に結びつける思考のもとでは、国境が外部空間との接触点であり、周辺環境との相互作用によってその持続的な生成を可能とするという発想を退けてしまう。[23] 実際、現在の国境は、固定化された静態的なラインというよりも、外部の要素を内部に浸透させる「フィルター」として機能しているのである。また、国境と領土の概念的混同が、国家の政治的権威の無批判的な受容につながり、異質な要素を取り結ぶ国境の役割を消去してしまっている。[24]

国境の役割は「認識される脅威の性質とともに変化」しており、国境が果たす機能的作用を、それが生成される文脈のなかで理解する必要性がでてきている。[★25] 結果として、国境については、それが自然に引かれた境界線だという論争の余地のない本質主義的な性質から脱皮し、むしろ境界が多次元の空間性を有して創出されるプロセスに目が向けられることになる。こうした点を踏まえると、多孔質な国境レジームを構築することが現実的な選択として浮上するのであり、その意味では線形性にもとづく領域性を補完する境界実践によって領域秩序を構想していくことが必要である。こうした見方にたてば、国境は、領域国家の外縁部に位置するラインとしてばかりではなく、「社会の至るところに遍在する（borders are everywhere）[★26]」ようになり、空間性を軸とした境界づけ（bordering）が人間生活を「秩序づける（ordering）」プロセスになっているのである。[★27]

3　本書の構成

本書の構成は、以下の通りである。「序章　9・11テロ以後の国境ガバナンスの変貌」では問題の所在、先行研究の動向、分析の対象と方法について述べられる。「第1章　境界研究の新しい地平」では、人文社会系分野における新しい学問領域として発展してきた境界研究（ボーダースタディーズ）を歴史的に概観し、「境界化」の分析枠組みを中心とした国境に関する新しい分析視角を考察する。「第2章　ホームランド・セキュリティと米国」では、9・11テロ以後に人口に膾炙するようになったホームランド・セキュリティの歴史的・語源的淵源を探り、「ホームランド」と「セキュリティ」が結合することによって生じた政策的インパクトを米国の国境管理の変容とあわせて検証する。「第3章　米墨・米加国境の変貌——トランプの壁と「国境」の拡大」では、米国と国境を接するメキシコとカナダの国境を、国境の軍事化やゾーン化という観点から考察し、現代のトランプの壁に通じる国境の政策的連続性を考察する。「第4章　国境産業複合体——セキュリティの担い手たち」及び「第5章　移民勾留の国境政治」では、ホームランド・セキュリティにおいて国境管理を担うアクターが形成する国境産業複合体の実態と構造に迫り、新自由主義的な国境政策が生み出す問題点について、米国の利益誘導型国境政治と移民勾留という視点を中心としながら考察する。「第6章　生政治国境の形成」では、空港を基点とした現代の航空保安ガバナンスが、バイオメトリクスを典型とする人間の身体に埋め込まれた情報やアイデンティティをもとにして行われ、「生政治国境」とでも呼ぶべき国境のコントロール形態を生み出している現状と課題について論及する。「第7章　北米国境ガバナンスの苦悩」及び「第8章　ローカル・イニシアティブ——国境地域の挑戦」では、北米地域というリージョナルなレベルとサンディエゴ・ティファナ地域を事例としたローカルなレベルでの国境ガバナンス形成の動向を探り、米国のホームランド・セキュリティの強化に焦点が合わせられる国境管理の在り方を検証し、国境を共同でマネジメントする共境界化という視点から新しい国境像について模索する。「終章　二一世紀の国境ガバナンスに向けて」では、二一世紀の北米地域における国境が抱える新しい課題を取り上げながら、国境におけるセキュリティとは何かという問いについて展望を示すことにしたい。

註

★1　National Commission on Terrorist Attacks, *The 9/11 Commission Report: Final Report of the National Commission on Terrorist Attacks Upon the United State*, W W Norton & Co, 2004.「9/11 調査委員会報告書」の全訳がテロから二〇年を迎えた二〇二一年に、テロ犠牲者の遺族の手による翻訳で公刊された。アメリカ合衆国に対するテロリスト攻撃に関する国家委員会『9/11 レポート——２００１年米国同時多発テロに関するテロ調査委員会報告書』住山貞一訳、ころから、二〇二一年。

★2　本書でいう北米地域とは、米国、カナダ、メキシコの三カ国を指すが、宗主国や文化・言語圏の異なるメキシコを除いた米国とカナダを主たる研究対象とする北米地域研究も存在してきた。上智大学アメリカ・カナダ研究所編『北米研究入門——「ナショナル」を問い直す』上智大学出版、二〇一五年；同『北米研究入門２——「ナショナル」と向き合う』上智大学出版、二〇一九年。

★3　Bow, Brian and Anderson, Greg eds., *Regional Governance in Post-NAFTA North America: Building without Architecture*, London and NY: Routledge, 2015; Morales, Isidro, *Post-NAFTA North America: Reshaping the Economic and Political Governance of a Changing Region*, London: Palgrave Macmillan, 2008.

★4　Alper, Donald, "Territorial Divisive and Connective Spaces: Shifting Meanings of Borders in the North American Borderlands," in Correa-Cabrera, Gudalupe and Konrad, Victor eds., *North American Borders in Comparative Perspective*, Tuscon: University of Arizona Press, 2020, pp. 151-153.

★5　Martínez, Oscar J., *Border People: Life and Society in the US-Mexico Borderlands*, Tucson: University of Arizona Press, 1994.

★6　岩下明裕は、「マルチネスのモデルでは、北米は国境をめぐる紛争から画定、そして移民管理など国境管理に対応しながらNAFTAによる経済的協力を進めるといった進捗のプロセスにおいて理解される」と述べる。しかしながら、岩下は、このような単線的な発展モデルにおいては、ボーダーによって突然に分断され、相互依存の進展していた地域が逆に紛争の最前線になりうる「砦返り」の現象が発生する懸念についても言及している。岩下明裕『入門 国境学——領土、主権、イデオロギー』中公新書、二〇一六年、六五—七〇頁。

★7　Paul, T.V., *International Relations Theory and Regional Transformation*, Cambridge: Cambridge University Press, 2012; Deas, Iain and Lord, Alex, "From a New Regionalism to an Unusual Regionalism? The Emergence of Non-standard

"Regional Spaces and Lessons for the Territorial Reorganization of the State," *Urban Studies* 43 (10), pp.1847-77.

★8 Paasi, Anssi, "Place and Region: Looking through the Prism of Scale." *Progress in Human Geography* 28 (4), 2004, p.13.

★9 セキュリタイゼーション（安全保障化）とは、これまで安全保障の問題とはみなされなかった問題が、新たな安全保障の問題として認識されることである。これは、一九九〇年代にバリー・ブザン（Barry Buzan）らを中心とするコペンハーゲン学派（Copenhagen school）によって提唱された概念で、政治家などによるメディアなどを通じた発言や言説によって、移民などが安全保障上の問題として社会的に構築されるプロセスを重視する。そして、国家や社会にとっての脅威が、緊急かつ例外的な措置が必要とされる問題として、「聴衆」である国民に受容されるようになったときに、その脅威が実際に安全保障上の問題として位置づけられる。また、伝統的な安全保障研究は軍事的な安全保障に比重を置きがちであったが、安全保障自体が「本質的な論争概念」であるという観点から安全保障の意味内容を問い直す傾向が研究上の大きな潮流となりつつある。安全保障の主体が社会的に構築される過程に対して、批判的なパースペクティヴから迫る必要性が求められているのである。Buzan, Barry et al., *Security: A New Framework for Analysis*, Boulder: Lynne Rienner, 1998; 塚田鉄也「安全保障化――ヨーロッパにおける移民を事例に」大矢根聡編『コンストラクティヴィズムの国際関係論』有斐閣、二〇一三年、五三―七四頁；南山淳＋前田幸男編『批判的安全保障論――アプローチとイシューを理解する』法律文化社、二〇二二年。

★10 Andreas, Peter, "Redrawing the Line: Borders and Security in the Twenty-First Century," *International Security* 28 (2), 2003, pp. 78-111.

★11 EUやアジアにおける人の移動とガバナンスに関しては、代表的な先行研究には以下がある。明石純一『人の国際移動は管理されうるのか――移民をめぐる秩序形成とガバナンス構築』ミネルヴァ書房、二〇二〇年；岡部みどり編『人の国際移動とEU――地域統合は「国境」をどのように変えるのか？』法律文化社、二〇一六年。EUを事例としながら、国際政治における主権国家の支配的位置を再確認し、その政策決定の「不完全さ」を前提とした「付加価値」としてのトランスナショナル・ガバナンスの意義と可能性については、庄司克宏＋マドゥーロ、ミゲール・P編『トランスナショナル・ガバナンス――地政学的思考を越えて』（岩波書店、二〇二一年）が参考になる。また、人の移動が国家と国際政治に与える影響を分析した近年の業績としては、以下がある。田所昌幸『越境の国際政治――国境を越える人々と国家間関係』有斐閣、二〇一八年。

★12 岡部みどり「国境の国際共同管理と移民――政治学的移民研究アプローチと「移民危機」の克服」『国際関係論研究』第二四号、二〇〇五年、六〇―六一頁。

★13 Ackleson, Jason and Lapid, Yosef, "New Directions in Border Security Governance," in Bow, Brian and Anderson, Greg eds., *Regional Governance in Post-NAFTA North America: Building without Architecture*, London and NY: Routledge, 2014, pp.54-57.

★14 Hänggi, Heiner, "Approaching Peacebuilding from a Security Governance Perspective," in Bryden, Alan and Hänggi, Heiner eds., *Security Governance in Post-Conflict Peacebuilding*, Geneva: Geneva Center for the Democratic Control of Armed Forces, 2005, pp.5-9. 足立研幾は、セキュリティ・ガヴァナンス論が近年発展してきた理由について以下のように述べている。「とりわけ冷戦終焉後、安全保障環境が大きく変化し、またグローバル化が加速度的に深化する中で、安全保障概念が拡大し始めた〔…〕安全保障の課題が拡大すると、中央政府が安全保障政策全てを自ら立案・実施することが、必ずしも効率的でなくなった。また、中央政府の予算制約も厳しくなる中で、政策実施の効率性を高めるために、安全保障政策であっても、時として政府以外の主体に協力を求めるようになっていった。こうして、依然中央政府が重要な役割を果たしつつも、中央政府と多様な主体が協働し安全保障を追求する態様を分析する、セキュリティ・ガヴァナンス論が発展してきた」。足立研幾「序章　セキュリティ・ガヴァナンス論の現状と課題」同編著『セキュリティ・ガヴァナンス論の脱西欧化と再構築』ミネルヴァ書房、二〇一八年、七頁。

★15 マシュー・ロンゴ（Matthew Longo）は、北米とEUの国境管理における比較研究のなかで、「再境界化」と「脱境界化」という対概念に対して、二カ国あるいはそれ以上の複数国間での協調的な国境管理を意味する「共境界化」という概念を案出した。これは、国境管理における国家間の共在関係（co-location）を意味し、国家は「再境界化」によって「脱境界化」に政策的に対応するのではなく、国境を共同でマネジメントするという境界化戦略のことである。これらの知見は、「境界・国境地域研究学会（Association for Borderlands Studies: ABS）」（於：米国カリフォルニア州サンディエゴ、二〇一九年四月二七日）における筆者によるロンゴへのインタビューにもとづく。以下の主著は、二〇一六年の米国政治学会レオ・シュトラウス賞（政治思想分野における最優秀論文〉を受賞したが、二〇二〇年に岩波書店より翻訳が公刊された（本書では訳語を一部変えてある）。Longo, Matthew, *The Politics of Borders: Sovereignty, Security, and the Citizen after 9/11*, Cambridge: Cambridge University Press, 2017（『国境の思想――ビッグ・データ時代の主権・セキュリティ・市民』庄司克宏監訳、岩波書店、二〇二〇年）. 以下の論文は、彼の主著のエッセンスを凝縮している。"A '21st Century Border? Cooperative Border Controls in the US and EU after 9/11," *Journal of Borderlands Studies* 31 (2), 2016, pp.187-202.

★16　ベルリンの壁の崩壊後、国境をバリア化することは、グローバル化の進展する国際関係の流れに逆行する動きとして捉えられたが、二〇〇〇年以降、多くの国でフェンスや壁が造られるようになった。意味論的な見地からすれば、壁（wall）は否定的な意味合いをもつ一方で、フェンス（fence）という用語には、それに比して、かなり肯定的な意味が示唆されている。例えば、イスラエル側からは、自国と西岸地区やガザ地区を分け隔てるバリアは、「セキュリティ・フェンス」や「反テロ・フェンス」と呼ばれる一方で、パレスチナ側にとっては、外部との交流や接触を分断する壁であり、「アパルトヘイトの壁」や「隔離壁」とも称されている。これは国境をめぐる認識の差異が表れたものであり、国境のどちら側に立つのかという自他認識によって、バリアとしての国境の意味が変化する。本書では、実体として向こう側が視覚的にみやすいフェンスではあるが、境界線の両側を分断するという意味合いを強く含む国境の壁（border wall）という呼称を一般的に用いる。Rosière, Stéphane and Jones, Reece, "Teichopolitics: Re-considering Globalisation Through the Role of Walls and Fences," *Geopolitics* 17, 2012, pp.217-234；建築家の稲垣拓は、境界研究にも触れながら、建築論や都市論の観点から国境の壁における二元論的なレトリックを乗り越える柔軟な視点や想像力をもつことを提起している。稲垣拓「二元論の「壁」を越えて――分断の場から創造の場へ」『建築討論』、二〇一九年〈https://medium.com/kenchikutouron〉（最終閲覧日：二〇二三年一月一〇日）。

★17　Garrett, Terrence, "An Analysis of U.S. Customs and Border Protection's Tripartite Mexico Border Security Policy," *Annales. Etyka w Życiu Gospodarczym*, 21 (4), 2018, pp.89-111.

★18　Andreas, Peter, "The Mexicanization of the US-Canada Border: Asymmetric Interdependence in a Changing Security Context," *International Journal* 60 (2), 2005, pp. 449-462.

★19　Payan, Tony, *The Three U.S.-Mexico Border Wars: Drugs, Immigration, and Homeland Security*, Westport: Praeger, 2016.

★20 Andreas, "Redrawing the Line," op.cit., pp. 80-85.

★21 Bersin, Alan, "Lines and Flows: The Beginning and End of Borders," *Brooklyn Journal of International Law* 37 (2), 2012, p.390.

★22 ビゴ、ディディエ「国境概念の変化と監視体制の進化——移動・セキュリティ・自由をめぐる国家の攻防」村上一基訳、森千香子＋ルバイ、エレン編『国境政策のパラドクス』勁草書房、二〇一四年、一四六頁。

★23 同上、一四八頁。

★24 領土や国境に関する規範的考察については、以下を参照されたい。ムーア、マーガレット『領土の政治理論』白川俊介訳、法政大学出版局、二〇二〇年。

★25 ディーナー、アレクサンダー・C＋ヘーガン、ジョシュア『境界から世界を見る——ボーダースタディーズ入門』川久保文紀訳、岩波書店、二〇一五年。

★26 Paasi, Ansi, "Bounded Spaces in a 'Borderless World': Border Studies, Power, and the Anatomy of Territory," *Journal of Power* 2 (2), 2009, pp.223-225.

★27 Rumford, Chris, "Theorizing Borders," *European Journal of Social Theory* 9 (2), 2006, pp.155-170.

第1章　境界研究の新しい地平

はじめに

人間は境界づけ（bordering）を不断に行う「地理的存在」であり、空間・場所を境界づける行為がいかに人間の活動やその組織にとって重要な構成要素であったのかは、人類の歴史をみれば明らかである。権力の資源である空間に線引きをし、人間が場所をつくるという行為の意味を解明することは、領域性をもって生きるという人間社会それ自体の構成原理を追求する営為である。地理学や国際法の影響をうけながら欧米で誕生をみた学際的な領域としての境界研究（ボーダースタディーズ）は、当初は西欧列強による植民地分割などに代表されるような国家の作為によって引かれた物理的・実態的なボーダーに関心を有していた。やがて人間の認識やアイデンティティにもとづく観念的・表象的なボーダーの分析にまで射程を広げることによって、一九九〇年代以降から現在に至るまで境界研究のルネサンスとも呼ぶべき状況を呈している。[★1]本章では、まず境界研究の歴史的展開を概観したうえで、境界化という分析枠組みについて説明し、資源としての国境という考え方を提示する。

1　境界研究とは何か——国境を捉える新しい視角[2]

ラテン語でローマ帝国のボーダーを意味したリメス（limes）に語源をもつ「リモロジー（limology）」としての境界研究は、社会的・政治的空間を区切るボーダーを存在論的かつ認識論的にアプローチする研究領域である。[3] 一九世紀における地理学や地政学の発展に、境界研究の誕生の萌芽をみることができるが、その背景には、帝国の盛衰とともにボーダーが引かれては、消され、また引き直される歴史があった。国家の地理的な再組織化は、一九世紀後半から一九四五年までの間の地政的秩序の基本原理となった。まさにこの時期に、ドイツの地理学者フリードリヒ・ラッツェル（Friedrich Ratzel）が、国家を社会ダーウィン主義にもとづいて「有機体（living organisms）」のように捉える見方を提示し、ボーダーを引くことこそが国家の空間的範囲を拡張する手段としての権力の発露であるとした。政治地理学の泰斗であるジョン・アグニュー（John Agnew）によれば、近代の地政的想像力の源泉は、世界政治が主要な国家アクターによって地理的に表象される支配的な思考方法であった。[4]

第一次世界大戦と第二次世界大戦の勃発は、境界研究の生成に大きな影響を及ぼした。二〇世紀米国の代表的な地理学者であるリチャード・ハートショーン（Richard Hartshorne）は、ボーダーを類型化する作業を行い、戦後ヨーロッパの領土再編や植民地としてのアジアやアフリカの国境画定の際に、経験的なデータにもとづく多数の事例研究を用いて地域の経済的・社会的な構造を抽出した。[5] この結果、領域性における時空間の相違を超えて、近代国際システムの基軸となる領域的主権を分け隔てるボーダーに地理的な安定性や機能が与えられるようになった。国境画定研究に関する第一人者であるステファン・B・ジョーンズ（Stephen. B. Jones）が、領土紛争の帰結として国境が区切られていくプロセスを、①当事国同士が領土に関して初期の政治的決定を行う「分配（allocation）」、②領土を分かつ境界線の選択を行う「国境画定（delimitation）」、③壁を造り、標石を設置することによって実際の線引きを行う「画定作業（demarcation）」、④国境が引かれた後のルール作成・運用などからなる「運用・管理（administration）」という四つのステージに区分したのもこの時期である。★6

一九七〇年代から一九八〇年代にかけては、主として、国際関係論による境界研究へのアプローチが試みられ、国家間の境界＝国境の機能分析に焦点があてられた時期である。国際関係論における現実主義モデルにおいては、国際関係におけるもっとも重要なアクターとして国家が認識され、その主権や安全を守るラインとしての国境の役割が重視される一方で、自由主義モデルにおいては、国家は国際関係の単なるアクターのひとつにすぎず、国境は越境的な相互作用を促進するツールとしてみなされる。グローバルモデルは、国家を含めたあらゆるアクターがネットワークによって結びつき、政治的境界としての国境が経済的境界や文化的境界からどのように影響をうけているのかに関心をもつ。この時期には、国家レベルや国境を接する二国間関係だけにとどまらず、あらゆるアクターのネットワーク的な関係やグローバル・リージョナル・ナショナル・ローカルといった多次元レベルで構成された国際関係の重層的な領域性の問題が分析の射程に入れられるようになった。

一九八〇年代後半から一九九〇年代前半にかけて現れたグローバル化の波は、「ボーダレス・ワールド」[★7]の到来を予兆し、境界研究のルネサンスに逆行する現象として捉えられた。ソ連邦の消滅や東西両ドイツの統一に伴うベルリンの壁崩壊などは、東西両陣営を分け隔てていた物理的かつシンボル的な境界の溶融を示す歴史的出来事であった。グローバル化によって自由貿易や投資が促進され、運輸通信手段の発達によって比類なき経済的繁栄がもたらされるといった主張の背後には、国家と国境の役割が次第に縮小していくということが含意されていた。こうした現象が「距離と地理の終焉」をもたらすとさえ主張する論者も出現したが、実際にわれわれが目撃したのはそれに逆行する現象であり、つまりそれはあらゆるレベルでの「新しい領土生産のセット」とも呼ぶべき国境の壁の増殖であった。ディーナーとヘーガンは以下のように述べる。

> 世界の主権国家の数が一九四五年における約七〇から一九八〇年代までに一七〇以上にも増えたことを考えれば、植民地期の国境が、比較的ほとんど変更なく維持されたことは、驚くべきことかもしれない。このことは改めて、いかに近代の国家システムが、民族自決の主張よりも国家の領土保全を優先したのかを強調している。〔…〕現代の国境の大半は、比較的最近になって生み出され、極めて恣意的なものであったが、ある程度の不変性と時代を超越する性質をもっていた。[★8]

地図のなかに埋め込まれている不可視の権力を抉り出し、地図の読み方を根本的に変える必要性を説いたジェレミー・ブラック（Jeremy Black）によれば、地図上に線を引くことは、境界線（boundary）を地図上に表示する行為であり、それが国境という主権国家間の境目である場合には、

「特殊な意味合いを帯びる」という。

境界は政治的地図の二つの側面が交わる位置をしめる。すなわち、国内の境界と外国との境目である。むろん外国との境界がはるかに重要なのは言うまでもない。地図にかかわる問題点の第一は国と国との境目にある。そこで国際レベルでの地図作成では境界線の示し方に多大な努力と慎重さが求められる。かかる前提は時代遅れかもしれないが、多くの人にとって国と国との境目は今でも国際政治の眼目であり続けている。★9

しかしながら、ブラックは、国内外の社会的事象が変化する文脈において、伝統的な境界の引き方では困難に直面するとして、「国家中心のものの考え方」や「国際政治の実践者」などから決別することの重要性を論じたうえで、「権力の添え物」として奉仕してきた地図学を批判し、空間的意味に焦点を合わせた「国際関係の地理学」の在り方を探るべきだとした。★10 このようにみると、「国際政治の眼目」であり続けてきた線形的な国境概念の限界を越え、国境概念に空間性をもたせるという議論は、その創出プロセスのなかにネットワーク的な性質を見出す契機になった。さらに、現代においては、国境の機能とその位置に大きな乖離がみられてきており、これは時空間のなかで常に固定されてきた国境概念に対して批判的な視点を提示し、動的な視点を通じて国境を理解する必要性を示している。★11

現代の国境は、超領域化現象によって、人間の身体と分離することのできない「遍在する様式としてのガバナンス」として理論化されている。つまり、人や物のフローに対するコントロールを領土の枠内に限定するのではなく、人や物自体を「捕捉の手段」や「データ生産の拠点」として用いるようになってきているのである。[12] このように考えれば、国境、領土、主権、空間、ガバナンスという概念が交錯する現代的状況においては、いくつかの概念を選択的に援用して、国境のコントロール形態を多形的に理解していくことが必要であり、実際これまでの研究においても、変化する文脈に応じて、「複雑なアッサンブラージュ」、「社会技術のネットワーク」、「目的、アクター、場所、規制を伴う集合的実体」として描出されている。[13]

2　内部（インサイド）／外部（アウトサイド）を超えて

エティエンヌ・バリバール（Etiénne Balibar）は、境界としての国境が、本来、矛盾する二重の意味や機能を有しており、主権国家の領域を画する境界線としての位置づけをもつと同時に、経済・貿易活動、重なり合う文化、アイデンティティやシンボルを表象してもいると論じた。[14] これは国境を含むあらゆる境界が社会的構築物であり、境界を創造し維持する行為が社会的・政治的権力の発露現象であることを意味している。ジェームズ・アンダーソン（James Anderson）とリアム・オドウ（Liam O'Dowd）によれば、国境とは、接触と対立のゾーンという両義的な性格をもつものとされ、[15] エドワード・ソジャ（Edward Soja）は、日常生活あるいはグローバルなレベルのいずれにおい

ても、国境が人間にとって機会の場であるばかりではなく、抑圧が行われる場にもなりうることを指摘している。[★16]

バリバールは、「私たちは、配置と機能の両面において、国境の揺らぎの時代に生きている」としたうえで、「国境はもはや国境ではない」と主張し、国境が地図に埋め込まれた制度的な場所ではなくなっているとする。[★17] こうした主張を踏まえれば、伝統的な国境観にもとづいて、政治秩序、安全保障、シチズンシップなどを枠組づけてきた方法論は再検討されなければならなくなる。国境を新しく概念化する必要性を説いた研究者は、バリバールばかりではない。アシーユ・ムベンベ（Achille Mbembe）は異質性や多様性に富む現代世界においては、内部と外部を分け隔てた政治領域など意味をなさないと主張する。[★18] それにもかかわらず、新しい境界の想像力を追求する段階になると、一方では現代のグローバル・ポリティクスにおける国境の複雑さに直面し、他方ではそれに対処する理論的構想力が欠如しているという事態に直面する。

政治理論としての国際関係論という観点から、国境の内部（インサイド）／外部（アウトサイド）という二分法的思考法を批判的に精査したのは、ロブ・ウォーカー（Rob Walker）である。[★19] ウォーカーは、確固とした定義を境界線に与えるのは困難で、常に開かれた問いを孕む存在として捉えており、「われわれ／彼ら・彼女ら」あるいは「この場所／あの場所」という二分法的な境界思考では、「対テロ戦争」におけるデータ収集、リスク管理、プロファイリング、「よそ者」の拘束、ネットワーク型の監視によって特徴づけられ、急速にセキュリタイズされた場所や空間が遍在化する現状を捉えることができないと主張する。[★20] つまり現代の政治生活は、境界線を、分断の軸として捉えるだけで何も生み出すことのない静態的な場としてではなく、その両側に存在する可能性や潜在性を見出すモメントや実践の場として理解しようとする試みにかかっているのである。

ディディエ・ビゴ（Didier Bigo）は、ポリシングの分析を通じて、領土の内部と外部のセキュリティの間の絡まり合いを考察し、軍事活動と警察活動の線引きを明確に行うことは困難になっていると指摘した。[★21] しかし、これは、内部（インサイド）／外部（アウトサイド）の境界線が消失するということを意味しない。新しいセキュリタイゼーションの核心は、国境とは異なる境界線の引き方を前提としており、ビゴは、セキュリティ・チェック（人間のふるい分け）が体系的かつ平等な方法で国境においてなされておらず、国境の下流（downstream）あるいは上流（upstream）で実行されているとして、「国内／国外」や「ナショナル／インターナショナル」という政治空間の二分法的理解を乗り越える「セキュリティ・フィールド（security field）」という概念を発展させた。[★22] 伝統的に国境は、政治的な空間を隔てる物理的で可視化されたラインとして理解されてきたが、現代では「メビウスの帯」のアナロジー（境界は存在するが、誰が内側にいて誰が外側にいるのかを判別できない循環ロジック）を援用して国境を理解していくべきかもしれない。[★23]

3　境界化の理論的枠組み

境界研究における新しい理論的展開が社会構築的なプロセスを重視するように、国家や制度に由

	制約要因	可能要因
脱境界化	脅　威	資　源
再境界化	障　壁	防御盾
共境界化	調　整	ガバナンス

表1－1　境界化の理論的枠組み
出所：Herzog and Sohn, "The Cross-Border Metropolis in a Global Age: A Conceptual Model and Empirical Evidence from the US-Mexico and European Border Region," *Global Society* 28 (4), 2014, p.447 の table 1 をもとに筆者が加筆・修正し、作成。

来する国境の機能的作用は日常的に再解釈され、国境は「ダイナミックな制度」として位置づけられることになる。★24 アンソニー・ギデンズ（Anthony Giddens）の「構造化（structuration）」の理論を用いれば、アクターはみずからの行為を制約し、あるいは可能にする構造を日常的に生産・再生産している。★25 本書では、再境界化が閉鎖性ロジックを、脱境界化が開放性ロジックを意味する二分法的な境界思考を乗り越える方法論的視座を提示していく。脱境界化を制約要因として捉えれば、麻薬やテロリストなどの負のファクターが流入する「脅威（threat）」として理解できるのに対して、可能要因として考えれば、国境地域におけるクロスボーダーな協力関係を促進する「資源（resource）」として認識できる。再境界化に関していえば、制約要因としての国境の閉鎖はそうした協力関係を阻害する「障壁（obstacle）」になるのに対して、国境内部にいる人間やコミュニティを守ってくれる「防御盾（shield）」としての可能要因としても理解できるのである（表1－1を参照）。

脱境界化における資源や再境界化における防御盾としての機能的作用が同時に働く国境の構造化論は、異なるレベルでのアクターが領域性のリスケーリングをもたらす国境ガバナンス論へと通じていく。★26 これは、脱境界化に対する政策的反動として再境界化が発生し、その逆も同様に起こるという境界現象を脱構築する。つまり、リージョナルあるいはローカルなレベルにおいて、地域全体の抱える共通課題に対処するために、国境をまたぐ組織間の「調整（coordination）」という問題を抱えながらも、両者を接合させる共境界化という分析視角に依拠したガバナンス形成へと向かうのである。境界化の空間戦略においては、人や物のフローを阻害しうる抑圧的な制約要因を極小化し、異なる空間スケールを連結する可能要因を極大化する最適解の創出が重要であり、リージョナルあるいはローカルなレベルでのガバナンス形成に関しては、国境をマネジメントする制度メカニズムの構築が求められている。★27

おわりに

人間の集合的想像力における境界としての国境は、空間を区切り、人や物の移動をコントロールする道具であるばかりでなく、国家が国民に対して行使する権力のマーカーでもある。すでに述べたように、国境は社会が作動するうえで、制約要因としてばかりではなく、可能要因としても機能する。アグニューによれば、国境とは、領域国家を画定する政治的資源として、国内市場を保護する経済的資源として、あるいは帰属やナショナル・アイデンティティの形成に資する社会文化的資源としての多重な機能を有している。★28 近年の境界研究の動向に関していえば、国境がどのように人間社会をコントロールするのかという側面に関するものばかりではなく、境界／国境地域（ボーダーランズ）における多様なアクターが、生活圏としての国境地域を豊かにするために政府の国境政策に対してみずから働きかける主体的行為に焦点を合わせる研究もみられてきた。このような行為主体に重きをおく見方は、境界形成プロセスにおけるローカルな人々の営為に光をあてることになる。

国境それ自体が国境地域の人々や組織にとってさまざまな機会を付与するという考え方は、境界研究においてマージナルな位置を占めるにすぎなかった。しかし、この三〇年の間に、境界／国境（ボーダー）の構築や変容のプロセスに焦点を合わせるポスト構造主義的な潮流が台頭し、境界研究に大きなインパクトを与えてきたとされる。★29 機会を付与する場として国境を理解するという考え方が広まった背景には、一九九〇年代以降のヨーロッパや北米におけるクロスボーダーな協力関係の推進や地域統合のダイナミズムがある。国境が開放されるようになれば、ツインシティに代表されるように国境地域の一体化が進むことになる。また、地域統合のダイナミズムは、越境的な場所創出のプロセスを促進させることになり、異なる法体系、政治制度、規範や価値が融合する場としての国境が、生活様式のイノベーションや文化のハイブリッド化へと通じる資源となる。★30 こうした新しい形態の境界実践は、国境を越えた日常的な交流による相互学習や生活環境への適応過程を反映しており、国境を資源として理解する考え方は、これまでの国境と住民との間の固定的な関係を逆転させることから始まる。すなわち、国境が住民に対して何を行うかということではなく、国境地域の住民や組織が国境のプレゼンスに対していかに戦略的に対処するかということが重要であり、住民や組織が能動的な行為主体として位置づけられることになる。

クリストフ・ソーン（Christophe Sohn）によれば、境界研究の批判的アプローチでは、境界／国境の有する閉鎖的・抑圧的な性質に加えて、移民・難民に対する暴力的な側面がクローズアップされる傾向があるのに対して、資源としての国境という考え方では、国境のセキュリタイゼーションに対抗する行為主体の能動的な性質を重視する。しかし、ソーンは、こうした二者択一的な視座では、国境の有する可能要因と制約要因という両義的な性質を見逃してしまい、国境の創出過程を複合的に理解できないと主張する。

また、ポピュリズムやナショナリズムを背景にした、外部の脅威から内部の空間を守るという国境防衛が政治的資源として認識され、後に詳述する「国境産業複合体」の形成にみられる利潤追求型の国境機能が経済的資源として理解されるように、国境の軍事化が機会構造に対しても影響を及ぼすという点にも着目する必要がある。政治・経済エリートが、資源としての国境をみずからの利益のために利用し、それを独占しようとすれば、国境地域におけるクロスボーダーな協力関係を推進する過程において、資源としての国境が、市場や企業にとって競合的優位を保つためのスローガンになることもしばしばである。資源という用語には、肯定的な意味合いが一般的に含まれており、資源としての国境という理解では、国境を越えることやその相互作用といった国境の肯定的側面にしか目を向けない傾向が高まる。しかしながら、こうした見方は一面的である。国境のダイナミズムを捉えるためには、国境の開放あるいは閉鎖の度合いばかりではなく、どの行為主体によって調整がなされるのかというガバナンスのメカニズムに分析的焦点をあてる必要がある。

巨大権力を有する政治・経済エリートが国境を資源として用いることになれば、国境地域の人々や組織における文脈的意味は異なってくる。資源としての国境の利用価値を極大化するために、行為主体としての政治・経済エリートは国境が作動する方法さえ変容させてしまうかもしれない。ポピュリズムの政治的文脈においては、外部からの脅威や人種的な恐れをコントロールするために言説的な資源としての国境が可視化される場合がある。政治家みずからの論理や関心に従って国境が再構成される可能性があるのであり、それと連動して発展する国境産業複合体は、国境における巨大権力の融合を促進させる。国境産業複合体は、国境のセキュリタイゼーションによって収益を得ており、国境における非正規移民や麻薬の流入という事象のうえに、政治・経済エリートの存立が成り立っているともいえる。[31] 換言すれば、彼らにとって、国境を資源として認識できる度合いは、国境のコントロールがどの程度まで貨幣価値に変換できるのかに依拠しているのである。

このような状況を背景として、領土・国境の防衛は本来、公共の集合財として捉えられてきたが、アウトソーシングを含む「国境のビジネス化」からも利益を得る構造が確立されてきた。政府が企業の管理テクノロジーを採用することによって、国境を戦略的・集中的に利用する現象は、コリン・クラウチ（Colin Crouch）のいう「ポスト・デモクラシー」の時代にみられる新自由主義型の国境管理の在り方かもしれない。[32] 国境地域の人々や組織が、政治・経済エリートの主導する国境政策に対抗するうえで、国境のステークホルダーとして主体的な役割を担い、制度的な調整やガバナンスという国境のコントロール形態をめぐる新たなオルタナティブを理論的に位置づけることは「希望の地平」となる。[33] 資源としての国境が生産・再生産されるプロセスにおいて重要な視点は、境界実践の社会的文脈のなかに構造化される非対称的な権力関係に対して批判的なまなざしを向けることである。

註

★1 Newman, David, "Contemporary Research Agendas in Border Studies: An Overview," Wastl-Walter, Doris ed., *The Ashgate Research Companion to Border Studies*, London and NY: Routledge, 2011, pp.33-48.

★2 ここでの記述は、以下の拙稿の一部と重なることを付記しておく。川久保文紀「ボーダースタディーズの生成と展開――批判地政学との接点」『現代思想』第四五巻第一八号、二〇一七年、一二六―一三一頁；同「「モバイルな」国境と領域秩序の変容――国境の内部化と外部化を手がかりとして」西海真樹＋都留康子編『変容する地球社会と平和への課題』中央大学出版部、二〇一六年、三五一―三七一頁。

★3 Kolossov, Vladimir, "Border Studies: Changing Perspectives and Theoretical Approaches," *Geopolitics* 10, 2005, pp.606-632; Popescu, Gabriel, *Bordering and Ordering the Twenty-first Century: Understanding Borders*, Lanham: Lowman & Littlefield Publishers, 2011, pp.7-27. また、哲学者のトーマス・ネイル（Thomas Nail）は、動力学的な境界（kinopower border）という概念を導入し、静態的なボーダー概念を乗り越える「批判的リモロジー」を提唱した。そのなかで、ネイルは、境界は「社会的分割のプロセス」であるとし、フロー、連結点、循環という三つの視点から境界の動力学的作用を分析した。Nail, Thomas, *Theory of the Border*, Oxford: Oxford University Press, 2016, pp.10-14, pp.24-31.

★4 Agnew, John, "The 'Civilizational' Roots of European National Boundaries," in Kaplan, David H. and Häkli, Jouni eds., *Boundaries and Place*, Lanham: Rowman & Littlefield, 2002.

★5 Hartshorne, Richard, "Suggestions on the Terminology of Political Boundaries," *Annals of the Association of American Geographers* 26 (1), 1936, pp.56-57.

★6 Jones, Stephen B., *Boundary-Making: A Handbook for Statesman, Treaty Editors, and Boundary Commissioner,* Washington, D.C.: Carnegie Endowment, 1945.

★7 大前研一『ボーダーレス・ワールド』田口統吾訳、新潮社、一九九四年。

★8 ディーナー＋ヘーガン『境界から世界を見る』、七二―七三頁。

★9 ブラック、ジェレミー『地図の政治学』関口篤訳、青土社、二〇〇一年、一六六頁。

★10 同上、一六二―一六三頁。

★11 Amihat Szary, Anne-Laure and Giraut, Frédéric, "Borderities: The Politics of Contemporary Mobile Borders," Amihat Szary, Anne-Laure and Giraut, Frédéric eds., *Borderities and the Politics of Contemporary Borders,* NY: Palgrave, 2015, p.6.

★12 Vaughan-Williams, Nick, *Border Politics: The Limits of Sovereign Power,* Edinburgh: Edinburgh University Press, 2009.

★13 Burridge, Andrew, Gill, Nick, Kocher, Austin and Martin, Lauren, "Polymorphic Borders," *Territory, Politics, Governance* 5 (3), 2017, p.245.

★14 Balibar, Etiénne, *Politics and the Other Scene,* London and NY: Verso, 2002.

★15 Anderson, James and O' Dowd, Liam, "Borders, Border Regions, and Territoriality: Contradictry Meanings, Changing Significance," *Regional Studies* 33 (7), 1999, pp.593-604.

★16 Soja, Edward, "Borders Unbound: Globalization, Regionalism, and Post-metropolitan Transformation," in Van Houtum, Henk, Kramsch, Oliver and Zierhover, Wolfgang eds., *B/ordering Space*, Farnham: Ashgate, 2005, pp.33-46.

★17 Balibar, Etiénne, "The Borders of Europe," trans. by J. Swenson, in Cheah, Pheng and Robbins, Bruce eds., *Cosmopolitics: Thinking and Feeling Beyond the Nation,* London and Minneapolis: University of Minnesota Press, 1998, p.217.

★18 Mbembe, Achille, *Necropolitics,* Durham: Duke University Press, 2019.

★19 Walker, Rob, *Inside/Outside: International Relations as Political Theory,* Cambridge: Cambridge University Press, 1993.

★20 Walker, Rob, *Out of Line: Essays on the Politics of Boundaries and the Limits of Modern Politics,* London and NY: Routledge, 2016, pp.14-15.

★21 Bigo, Didier, "When Two Become One," in Kelstrup, Morten and Williams, Michael eds., *International Relation Theory and the Politics of European Integration: Power, Security and Community*, London and NY: Routledge, 2000, p.171.

★22 ビゴが概念化した「セキュリティ・フィールド」は、ピエール・ブルデューの「フィールド理論」に着想を得ている。相互連結したセキュリティの関係は、内部（インサイド）／外部（アウトサイド）モデルの物質的な曖昧化を伴うばかりでなく、それに付随する知識の在り方の変容を示唆している。

★23 Bigo, Didier, "The Möbius Ribbon of Internal and External Security (ies)," in Albert, Mathias, Jacobson, David and Lapid, Yosef eds., *Identities, Borders, Orders: Rethinkng Inernational Relations Theory*, Minneapolis: University of Minnesota, 2001.

★24 Newman, David, "The Lines That Continue to Separate Us: Borders in Our 'Borderless' World," *Progress in Human Geography* 30 (2), 2006, pp.143-161.

★25 Giddens, Anthony, *The Constitution of Society: Outline of the Theory of Structuration*, Cambridge: Polity Press, 1984（『社会の構成』門田健一訳、勁草書房、二〇一五年）; Herzog, Lawrence A. and Sohn, Christophe, "The Cross-Border Metropolis in a Global Age: A Conceptual Model and Empirical Evidence from the US-Mexico and European Border Region," *Global Society* 28 (4), 2014, p.447.

★26 Gualini, Enrico, "Cross-border Governance: Inventing Regions in a Trans-national Multi-level Polity," *disP* 39, 2012, pp. 43-52.

★27 Haselsberger, Beatrix, "Decoding Borders: Appreciating Border Impacts on Space and People," *Planning Theory and Practice* 15 (4), 2014, pp.505-526.

★28 Agnew, John, "Know-Where: Geographies of Knowledge of World Politics," *International Political Sociology* 1 (2), 2007, pp.138–139.

★29 Paasi, Anssi, "Generations and the Development, of Border Studies," *Geopolitics* 10 (4), 2005, pp.663-671.

★30 Sohn, Christophe, "The Border as a Resource in the Global Urban Space: A Contribution to the Cross-border Metropolis Hypothesis," *International Journal of Urban and Regional Research* 38 (5), 2014, pp.1697-1711; O'Dowd, Liam, "The Changing Significance of European Borders," *Regional and Federal Studies* 12 (4), 2002, pp.13-36.

★31 Andrijasevic, Rutvica and Walters, William, "The International Organization for Migration and the International

Government of Borders," *Environment and Planning D: Society and Space* 28 (6), 2010, pp.977-999.

★32 クラウチ、コリン『ポスト・デモクラシー——格差拡大の政策を生む政治構造』山口二郎監修＋近藤隆文訳、青灯社、二〇〇七年。

★33 Brambilla, Chiara and Jones, Reece, "Rethinking Borders, Violence, and Conflict: From Sovereign Power to Borderscapes as Sites of Struggles," *Environment and Planning D: Society and Space* 38 (2), 2019, pp.12-15.

第2章　ホームランド・セキュリティと米国

はじめに

9・11テロ直後の九月二〇日、ジョージ・W・ブッシュ（George W. Bush、以下ブッシュ〔ジュニア〕）大統領は、上下両院合同議会において「ホームランド・セキュリティ（Homeland Security）」について言及した。★1 ブッシュ（ジュニア）大統領は、米国の「ホームランド（homeland）」をテロから防衛する基本方針を示したうえで、「対テロ戦争」に対する国民の忍耐と協力を求めた。しかしながら、二〇〇一年一〇月の「米国愛国者法（US Patriot Act）」★2 の制定や、二〇〇三年一月のＤＨＳ創設に至る一連のテロ対策の策定過程において、ホームランド・セキュリティの連字符であるホームランドという用語に内包された歴史的意味やその多義性が問われることはなかった。

米国政府がその国土をこれまでホームランドと呼ぶような状況は過去にあったのだろうか。本章ではまず、テロ政策の言辞的象徴のひとつとなったホームランドが、米国史のなかで「普遍性」と「多様性」のせめぎ合う二つの理念のなかで根づいてきたダイナミックな概念であることについてふりかえる。★3 次に、米国は北米地域における戦略的地位を占めるための重要な要素として国境管理を位置づけてきたが、ここでは国境の軍事化やゾーン化という観点から米墨・米加という二つの国境の歴史的諸相にアプローチする。二〇一七年に誕生したドナルド・トランプ（Donald Trump）政権によって脚光を浴びることになった米墨国境における物理的な国境の壁の建設は、突如として始まったものではなく、米国の国境政策の歴史的連続性のなかに位置づけることができる。そして、二〇二〇年に政権に就いたジョー・バイデン（Joe Biden）大統領の命によって、9・11テロから二〇年目を迎える二〇二一年八月末、米軍はアフガニスタンから完全に撤退することになったが、テロリスト掃討を至上命題として米国の地理的外部で展開されてきた「対テロ戦争」が、米国のホームランドという領域空間においても前景化されてきた経緯とその実態について、ホームランド・セキュリティと国境管理という観点から探ってみることにしたい。

1　ホームランドとは何か

米国は、「普遍性」と「多様性」という二つのせめぎ合う理念を建国のダイナミズムとして発展してきた歴史を有しており、これらを背景として、国民統合のプロセスには二つのアメリカ像が存在する。★4 ひとつは、血統や紐帯ではなく、自由や民主主義などの普遍的価値が米国国民をひとつに纏め上げているとする流れであり、ナショナリズムに還元されないコスモポリタニズムに系譜をもつ「アメリカニズム」は、この流れに位置している。★5 もうひとつは、人種や民族などを紐帯的基盤としながら、他者という存在を設定することによって米国のナショナリズムが語られる歴史である。★6 この米国像は、人種、階級、ジェンダーなどの境界線を共同体内部に幾重にも引き、「われわれ」の範疇には入らない他者を排除するという構造に着目することによって、普遍的価値では語ることのできない国民国家への統合の歴史にアプローチする立場である。

米国における建国のダイナミズムについてみてみると、9・11テロ以後、対外的には米国が「帝国」として圧倒的な軍事力を背景にグローバルに展開しながら、対内的には排外主義が蔓延し市民的自由が制限されるというアメリカン・デモクラシーを否定するような事態が引き起こされ、そこでは「普遍性」が「多様性」をのみこんでいく過大な圧力がかかることになった。★7 9・11テロ以後に前景化した「われわれ」のホームランドを防衛するセキュリティにこそ、普遍的価値を求めるべきではないのかという論調が、他者に対する寛容さを国民的特徴としてきた「移民国家」アメリカの歴史を後景へと追いやる契機となった。

それでは、米国の歴史のなかでホームランドという用語はどのように用いられてきたのであろうか。エイミー・カプラン（Amy Kaplan）によれば、第二次世界大戦時に、「戦地（Battle field）」から遠く離れた「国内戦線（Home front）」という用語が使われたことはあるが、★8 ブッシュ（ジュニア）大統領以前の歴代大統領が米国の国土に言及する際に、ホームランドという用語を用いることはなかった。★9 フランクリン・D・ルーズベルト（Franklin D. Roosevelt）大統領は、一九四二年二月にジョージ・ワシントン（George Washington）初代大統領の生誕二一〇周年を記念した炉辺談話において、オランダがナチス・ドイツに対して、「そのホームランドを制圧されながらも」、海外において力強く戦っていることを賞賛した。そして、ルーズベルト大統領は、一九四五年に行なった一般教書演説において、敵国であったナチス・ドイツや日本の領土のことを、「敵のホームランド（enemy homeland）」と表現したが、アメリカの国土をホームランドとは呼ばなかったのである。★10 さらには、冷戦期のハリー・S・トルーマン（Harry S. Truman）[★11]、ドワイト・D・アイゼンハワー（Dwight D. Eisenhower）、ジョン・F・ケネディー（John F. Kennedy）、リンドン・B・ジョンソン（Lyndon B. Johnson）、リチャード・M・ニクソン（Richard M. Nixon）の主要演説や、旧ソ連邦を「悪の帝国」と称したロナルド・W・レーガン（Ronald W. Reagan）の演説にでさえ、米国の国土がホームランドとして登場することはなかった。

以下の代表的な英英辞典によれば、ホームランドとは、ネイティブにとっての土地を本来意味しており、同じ血統、紐帯、民族的同質性に結びつくイメージをもった用語であることが明らかになる。[★12]

Oxford English Dictionary[★13]

1. the land which is one's home or where one's home is; one's native land（故郷である土地、または故郷がある場所；故国）.

Merriam-Webster[★14]

1. native land; FATHERLAND（故国；父祖の地）.
2. a state or area set aside to be a state for a people of a particular national, cultural, or racial origin（特定の国籍、文化、あるいは人種を起源とする人々のために設けられた国家または地域）.

The American Heritage Dictionary of the English Language[15]

1. One's native land（故国）.
2. A state, region, or territory that is closely identified with a particular people or ethnic group（特定の人々や民族と密接に結びついた国家、地域、または領土）.
3. Any of the ten regions designated by South Africa in the 1970s as semiautonomous territorial states for the Black population. The Black homelands were dissolved and reincorporated into South Africa by the 1994 constitution（一九七〇年代に南アフリカが指定した、黒人のための半自治的な領土国家である一〇地域のうちのいずれか。一九九四年憲法によって黒人自治領は解消され、南アフリカに再統合された[16]）.

このようにみると、米国をホームランドとして捉えようとする思考は、共通の慣習、出自、言語、生活様式をもつネイティブによって形成された国家であるという従来の国民国家観と、多くの移民やその子孫が紡ぎ出してきた歴史によって、国家形成のダイナミズムが語られる「移民国家」アメリカの現実との葛藤を反映していることがわかる。[17]

ホームランドという用語には、単数形的な意味合いで *The* homeland と定冠詞がつくことによって、米国のナショナル・アイデンティティが内包する複数性（plurality）とは相容れない意味合いを有している。[18]これは、米国に渡ってきた多くの移民が、米国の国土を、土地に対する愛着と紐帯をもつという意味でのホームランドとして認識しているのかという根本的な疑問とも相通じる。さらには、現代のグローバル化の時代において、生まれた国と居住している国を頻繁に行き来することが可能になった移民は、二重の帰属意識をもつ傾向が強くなってきており、これは、米国の国民性や愛国主義を形成する要素を考えるうえで重要な論点になりつつある。[19]

マイケル・ウォルツァー（Michael Walzer）は、「アメリカ人」が自分たちの国のことを、父祖の地（fartherland）や母国（motherland）と呼んだことはこれまで一度もないと述べている。[20] 米国における忠誠心は、家族や共同体のなかに認められるような「自然的で本能的な」ものであり、「それぞれに異なった多くの祖国」がある移民やその子孫は、いつになればネイティブになれるのかという決着のつかない問題と常に向き合ってきたのである。[21]

アメリカは「故郷（ホーム・ランド）」（ひとつの民族という家族が住む場所）ではないし、少なくとも普段の会話や非反省的な感情のレベルでは——他の国々の場合とは違って——「故郷」ではない。アメリカは移民たちの国であり、その移民たちは、どんなにこの新しい土地に感謝していようとも、かつて住んでいた古い場所をいまだに記憶してもいるのだ。彼らの子孫もまた、断片的な知識でしかないにしても、自分のルーツがここことは別のどこかにあることを知っている。もちろん、彼らはここアメリカで生まれ育ったのであるが、この地の新しさと、遠いあの地の古さという、何とも落ち着かない感覚が、この土地を「ホーム」と呼ぶことをためらわせるのである。[22]

「およそアメリカ人にとっての共通の経験は、どこかよそから移動してきたという記憶[23]」だと述べたのは、米国移民史の泰斗ジョン・ハイアム（John Hayem）であるが、こうした移民現象を米国の国家形成の中心的要素と捉える理解は、「新しい土地」と「かつて住んでいた古い場所」との狭間にある「記憶」の相互作用から出てくるものである。自分が生まれ育った場所や土地に対して愛着や帰属意識をもつことは、ナショナル・アイデンティティの重要な構成要素のひとつであるが、「アメリカ人」は、こうした「記憶」の相互作用によって、特定の地理的な場所に対する強い愛着心や自分たちの住む土地への紐帯を意識することが少なかったのである。米国の国民性を特徴づける社会的流動性や、米国の国土が常に変動し続けてきたというフロンティア史観も、「アメリカ人」が固定化された土地にもとづいて、ホームランドを捉えることが困難であったという歴史的見方を裏づける。[24] 国民がどれだけ愛国心をもっていたとしても、米国を父祖の地や母国と呼ばなかったのは、こうした歴史的背景があるからであり、サミュエル・P・ハンチントン（Samual P. Hungtinton）は、ホームランド（祖国）という概念は、ある意味において「非アメリカ的」であると述べている。[25] こうした指摘は、ホームランドには、その土地に生まれ育ったネイティブとしての「われわれ」によって国家が形成されるという言辞的意味が内包されていることに由来し、こうした理解からは、多元性を重んじる「移民国家」としての米国の歴史的歩みを捉えることは困難である。

9・11テロ以後の米国政治の文脈において可視化されるようになったホームランドという概念は、主として、同じ血統や紐帯、民族的同質性にもとづいて、境界線で囲い込まれた均質的な領域的空間を意味しており、その境界線の内側にいる他者を排除しようとする「同質化圧力」が作動することによって維持される空間でもある。換言すれば、境界線で引かれた共同体内部にいる「われわれ」は、みずからの存在を明確にするために、他者の存在を必要としており、そしてまた他者を排除することによって創り上げられてきた擬制の空間としてのホームランドにみずからを一体化することが求められてきたのである。

2　セキュリティの変容

本章の冒頭で述べたように、9・11テロ直後に開かれた上下両院合同議会において、ブッシュ（ジュニア）大統領はホームランド・セキュリティに言及したが、その政策内容のひとつとして、二〇〇一年一〇月、ホワイトハウス内に国土安全保障省の前身である国土安全保障室（Office of the Homeland Security: OHS）の創設が盛り込まれていた。その国土安全保障室の初代室長には、ペンシルバニア州知事のトム・リッジ（Tom Ridge）が就任することになったが、その就任スピーチにおいて、リッジは以下のように述べた。

われわれは、この国を守るのと同じように、自由を守るために働き続けるだろう。自由は、われわれが市民に与えたもっとも価値ある贈り物である。それこそが、テロリストがもっとも恐れ、九月一一日に破壊しようとしたものである。われわれは、アメリカ人の本質的自由が守られ、テロリストたちがわれわれの生活様式を奪い去ることのないように働く決意をしている。これがホームランド・セキュリティと呼ばれるものである。そうした努力が、ここ〔国土安全保障室〕から始まるのであるが、あらゆるレベルにおける米国の関与が必要であろう。ホームランドにいるすべての人間が、役割を果たさなければならないのである。わたしは、米国国民に忍耐、自覚、決意を求めるであろうし、こうした任務の達成には国民的努力が必要となる。われわれは、大陸横断鉄道の建設、第二次世界大戦における戦い、人類の月面着陸のいずれを問わず、そうした国民的努力を過去にみてきたのである。[★26]

この就任スピーチからは、ホームランドをテロなどの外的脅威から防衛すると同時に、外部世界に向けて米国の国家権力を拡張していくという意図を読み取ることができる。[★27] ホームランドには、境界線によって画定された土地という意味も含まれているが、リッジが述べた最後の一文からも読み取れるように、さまざまな境界線を越えて米国の国家権力が膨張していくという帝国的発想をもとにした領土意識も同時に含まれている。[★28] 外部世界へと向かう米国の拡張路線が、その内部に潜む「異質な存在」の監視・統制にまで及び、彼らを駆逐・排除する同質化圧力を生み出す可能性も指摘されている。[★29] こうしたなかで、「対テロ戦争」は、米国から地理的に遠く離れたアフガニスタンやイラクにおける実際の戦場で行われてきたわけだが、国内においても、ホームランド・セキュリティの名のもとで、市民的自由や移民の権利などが犠牲にされる「対テロ戦争」が遂行されているという側面にも目を向ける必要がある。

こうした問題系から捉えたホームランド・セキュリティの強化とは、公／民、軍／警察、内政／

外政との間に引かれてきた境界線が曖昧になることを意味している。伝統的に軍事力を用いた国防・防衛を意味するホームランド・ディフェンスが外的脅威からの防衛ラインとして機能してきたのに対して、ホームランド・セキュリティは、国内外で恒常的に行われる「対テロ戦争」の遂行を正当化し、補強する役割を果たす。[★30] 9・11テロ以後、ホームランド・ディフェンスではなく、脅威の対象をさらに拡大させた包括的な概念であるホームランド・セキュリティが多用されるようになり、政府部門ばかりではなく、民間部門の積極的な関与を前提としながら、ホームランド・セキュリティが扱う政策領域は、大規模な自然災害などの緊急事態への組織的対応を含め、多岐にわたっている。それゆえに、その概念の捉える範囲の広さもあいまって、ホームランド・ディフェンスとホームランド・セキュリティとの間にある境界線も曖昧になってくる。このような状況のなかで、戦場は地理的に遠く離れた場所にあり、米国のホームランドは安全であるという「無垢な神話」は崩壊しつつあり、米国のホームランド自体が「ラディカルな不安定さ」[★31]を生む戦場になってしまうというホームランド・セキュリティの陥穽もみえてくるのである。境界線の内部に他者としての敵をいくらでも設定できてしまうという「対テロ戦争」の本質は、こうした「ラディカルな不安定さ」を恒常的に生み出している「例外状態」に投影されているといわなければならないのである。

『〈帝国〉』の著者であるアントニオ・ネグリ（Antonio Negri）とマイケル・ハート（Michael Hardt）も、9・11テロ後に出版した『マルチチュード』のなかで、超国家的主権をもつ〈帝国〉が出現し、戦争の形態が変容するなかで、軍事活動と警察活動がますます渾然一体化の様相を呈するようになり、国家の外側と内側の相違がかつてないほどに小さくなってきている現状について指摘している。これを踏まえて、9・11テロ以後、米国が推進している「対テロ戦争」における「政策転換」について、以下のように論じている。

> 戦争が新たに積極的かつ構成的な特徴を帯びていることを示すひとつの指標に、米国政府が、とりわけ二〇〇一年九月一一日以降の対テロリズム戦争の一要素として推進している、「防衛」から「セキュリティ」への政策転換がある。合衆国の外交政策に即していえば、防衛からセキュリティへのシフトは国境の内外を問わず、受動的で保守的な姿勢から積極的で生産的な姿勢への移行を意味する。すなわち、現在の国内の社会的・政治的秩序を維持することからその変革へ、そして外からの攻撃に反応する受動的な戦争の姿勢から先制攻撃をねらいとする積極的な姿勢へ、ということである。〔…〕セキュリティの名のもとに先制攻撃や予防戦争が正当化されることによって、国家主権は明らかに損なわれ、国境はますますその意味を失いつつある。国の内外を問わず、セキュリティの提唱者たちは単なる現行の秩序維持以上のものを要求する。実際に脅威が発生してから行動を起こすのでは遅すぎるというのだ。セキュリティは、積極的かつ恒常的に軍事活動／警察活動を行うことを通じて環境を形づくることを必要とする。積極的に形成された世界だけが、安全な世界だというわけである。★32

国家権力の市民生活への介入は、第一に、共同体内部から他者である「異質な存在」を排除し、「国境線を内側から回復」しようとする「セキュリティの政治」が先鋭化することによって生じている。[33] それは、ある特定の国籍・宗教・言語をもつ人間を「潜在的テロリスト」であるとみなし、共同体内部から「さまざまなリスクやノイズ」を駆逐し、同質性を維持しようとする「最適化」の政治であるということもできる。第二に、電話や電子メールなどの盗聴活動をはじめとする日常生活へのモニタリングが徹底化され、「技術的監視」が強化された「監視社会」[34]の出現も、まさにこうした「セキュリティの政治」と軌を一にして生じている。ニューヨークやロンドンでは、ポスターなどによる政府の宣伝キャンペーンに促される形で、地下鉄、空港、ストリートなどの公共の場所において「市民による市民の」監視活動が恒常化している。ジュディス・バトラー（Judith Butler）は、9・11テロ以後の市民による市民の監視活動が、自由と安全の名のもとに、人種的な方法によって人間を観察する「ボーダーワーク（border work）」を生み出している現実を「無期限の勾留」と呼んだ。[35] 9・11テロ以後にみられる監視社会の全面的強化による「萎縮的風潮」と「秘密主義」の蔓延は、ジョージ・オーウェル（George Orwell）がディストピア小説『一九八四年』のなかで描いた「独裁者」ビッグブラザーを想起させる。いまや監視社会は政府によってのみつくられるものではなく、そこではセキュリティ関連企業や一般市民も動員され、お互いを疑い合うという「疑いの文化」が醸成されている。

境界線の内部を「最適化」しようとする「境界線の政治」には、究極的には共同体内部におけるリスクが完全に消滅するまで、徹底的に人間を排除していくという作用が働く「自己破壊的、あるいは自己否定的な側面」があるということ、さらには、「異質な存在」を受け入れないために共同体外部との接触を完全に断つことは、現代のグローバル化の時代においては、実現不可能であるという二つの論点が内包されていることを読み解かなければならない。[36] 領域国家を画定してきた境界線の意味が次第に薄れ、国内政治と国際政治との間に明確な境界線を引くことが困難になっている状況が、「セキュリティと移民の連鎖」をもたらしている。[37]

今日のテロリズムの大きな特色のひとつは、組織化された「インフォーマルな」暴力が、不可視な存在であり、予測困難な行動をするというみずからの利点を最大限に利用した非国家的行為主体によって行使されるということである。[38] それは、「フォーマルな」国家組織による宣戦布告という形をとって開始される伝統的な戦争とは異なり、国際テロ組織のようにトランスナショナルなネットワークを駆使して、非対称的な紛争・対立がグローバル化するという特色をもっている。組織化されたインフォーマルな暴力のグローバル化は、メアリー・カルドー（Mary Kaldor）が「新しい戦争」[39]と名づけた組織的暴力の拡散と同様の文脈で捉えることができる。現代においては、テロリズムと戦争との識別が曖昧になり、「テロリズムの戦争化」と「戦争のテロリズム化」が同時進行しているのである。[40] その結果として、軍事活動と警察活動が渾然一体化する米国の国土安全保障政策に典型的にみられるように、国境の内部と外部、外的脅威からの攻撃と内部における抑圧の構造を区別することがますます困難になってきており、「戦争を国境の外の現象に外部化し」ながら、国境の内部では「限定的な暴力の行使によって」秩序を暫定的に維持してきたシステムが破綻しつつあることが明らかになってきている。[41]

こうした時代状況のなかで、国境内部における「異質な存在」としての移民がセキュリタイゼーションされていくプロセスは、グローバルな見地に立って「他者の権利」[42]の問題を射程に入れたものでなければならない。国家権力が行使されることによって引かれる境界線＝国境は、政治的共同体の成員資格を決定し、人が移動する自由と国境をマネジメントしようとする国家主権が常にせめぎ合うダイナミズムによって変動する。国家主権が相対化されるグローバル化の時代であっても、「外国人」や「よそ者」を排除するために、国境は依然として機能しており、われわれは「古い政治」を残したまま、グローバル化に対応する「新しい政治の形式」を模索し続けなければならないのである。セイラ・ベンハビブ（Seyla Benhabib）は、他者を政治共同体に編入するための「原理と実践」を模索するという文脈において、「われわれは、異なる時代に描かれ、異なる必要に対応した古い地図をてがかりに、未知の領域を進んでいる旅人のようなもの」と述べているが、「セキュリティと移民の連鎖」が前景化される今日の状況においては、「他者の権利」を視野に入れながら、「古い地図」の書き換えと「われわれが横断している未知の領域の目立った断層線」への深い洞察が求められているのである。[★43]

包摂と排除のダイナミズムは国民国家編成の基軸原理のひとつであるといえるが、ホームランド・セキュリティを錦の御旗にして「対テロ戦争」を国内外で遂行している米国は、排除に力点をおいたうえで、「例外状態」を日常的に生活することがあらゆる人間に求められるような状況におかれている。ジョルジョ・アガンベン（Giorgio Agamben）が剔抉しているように、「永続的な緊急状態を国家の都合で創造するということは、今日の国家の本質的な実践の一つになって」[★44]いる。「国家の都合」によって、「われわれ」と他者との間に引かれている境界線など容易に消去される可能性が大きくなっている現在の状況を踏まえれば、ホームランドの内部にいてセキュリティの恩恵を享受していると思っている「われわれ」も、やがてはホームランドの外部に放擲されてしまう日常のなかに生きていることを認識する必要性がみえてくる。

3　ホームランド・セキュリティと国境管理

二〇〇一年一〇月八日、ブッシュ（ジュニア）大統領は大統領令一三二二八号（Executive Order 13228）を発出し、それにもとづいて、国土安全保障会議（Homeland Security Council）が創設された。二〇〇二年五月、ハート・ラドマン委員会（Hart Rudman Commission）の最終レポートにもとづきながら、ジョゼフ・リーバーマン（Joseph Lieberman）上院議員が、ホームランド・セキュリティを一元的に担う新しい連邦政府組織としてのＤＨＳ創設に関する法案を提出した。ハート・ラドマン委員会は、二〇〇一年一月三一日に公表した最終レポート「国家安全保障へのロードマップ――変化への緊急対応（Roadmap for National Security: Imperative for Change）」において、移民・国境管理や税関などのホームランド・セキュリティに関連するあらゆる政府組織を再編・統合し、閣僚レベルの連邦国土安全保障庁（National Homeland Security Agency: NHSA）の創設を盛り込んだ提言を行ったが、連邦議会での議論が進展しないままに、二〇〇一年九月一一日を迎えることになってしまった。[★45]

ＤＨＳは、二〇〇二年の「国土安全保障法（Homeland Security Act of 2002)」によって創設され、テロ対策、移民・国境管理、税関、サイバーセキュリティ、自然災害などを含む緊急事態などを担当する二二の関連政府組織を再編・統合する巨大政府組織になった。[★46] DHSの発足は、トルーマン政権が冷戦期の安全保障体制の構築を目指した、国防総省（Department of Defense: DOD）、国家安全保障会議（National Security Council: NSC）、中央情報局（Central Intelligence Agency: CIA）の創設という連邦政府の大規模な再編以来の組織改革である。DHSが掲げるホームランド・セキュリティのミッションは、以下の五つである。

（1）テロリズムの防止とセキュリティの向上
（2）国境の安全と管理
（3）移民法の執行と管理
（4）サイバー空間の防衛
（5）自然災害への柔軟な対処

これらの目標を達成するための五つの戦略的共通点は、DHSのリーダーシップ、階層化されたセキュリティの展開、領域認識の最大化、共通の組織文化の促進、国内外のパートナーシップによる「国境の拡大」である。「四年ごとの国土安全保障の見直し（Quadrennial Homeland Security Review: QHSR）」によって、国境におけるセキュリティの政策的改善点が検証されることになっている。9・11テロ以後、ホームランドがセキュリティと連字符的に結合することによって生まれたホームランド・セキュリティという概念は、米国が「対テロ戦争」を遂行するうえでは欠かせないものとなり、「米国内におけるテロ攻撃の防止、テロに対する米国の脆弱性の軽減、テロ攻撃による損害の最小化、攻撃からの復旧回復のためにとられる一致した国民的努力」と定義されている。★47 それは、軍事力などを用いて、国家主権と独立を守るという意味での従来の「国家安全保障(National Security)」を補完する役割を有し、国家への多様な脅威に対して、連邦政府、州政府、ローカルな自治体、民間企業が組織的に連携して対処するという包括的な安全保障の枠組みのことである。★48

DHSの創設によって、以下の代表的な五つの移民・国境管理部門がその傘下に移管され、システム全体の大幅な改革につながった。★49 それらは、税関・国境警備局(Customs and Border Protection: CBP)、移民・税関捜査局(Immigration and Customs Enforcement: ICE)、米国市民権・サービス局(U.S. Citizen and Immigration Services: USCIS)、運輸保安局(Transportation Security Administration:TSA)、沿岸警備隊(United States Coast Guard: USCG)である(図2－1を参照)。USBPはCBPの傘下に入り、USBPのセクター(管轄区域)は北部国境と南部国境を中心として二〇に分かれている(表2－1を参照)。

二〇〇三年のDHSの創設以降、連邦政府は移民法執行部門に三〇〇〇億米ドル以上を支出してきたとされるが、それは「ボーダーセキュリティ(border security)」と「国内における移民法執行(interior enforcement)」の二つに大別される。★50 前者の予算には、国境検問所(Port of Entry: POE)及び国境線を取り締まるCBPの人員や資源が含まれるのに対して、後者の予算は、国内における非

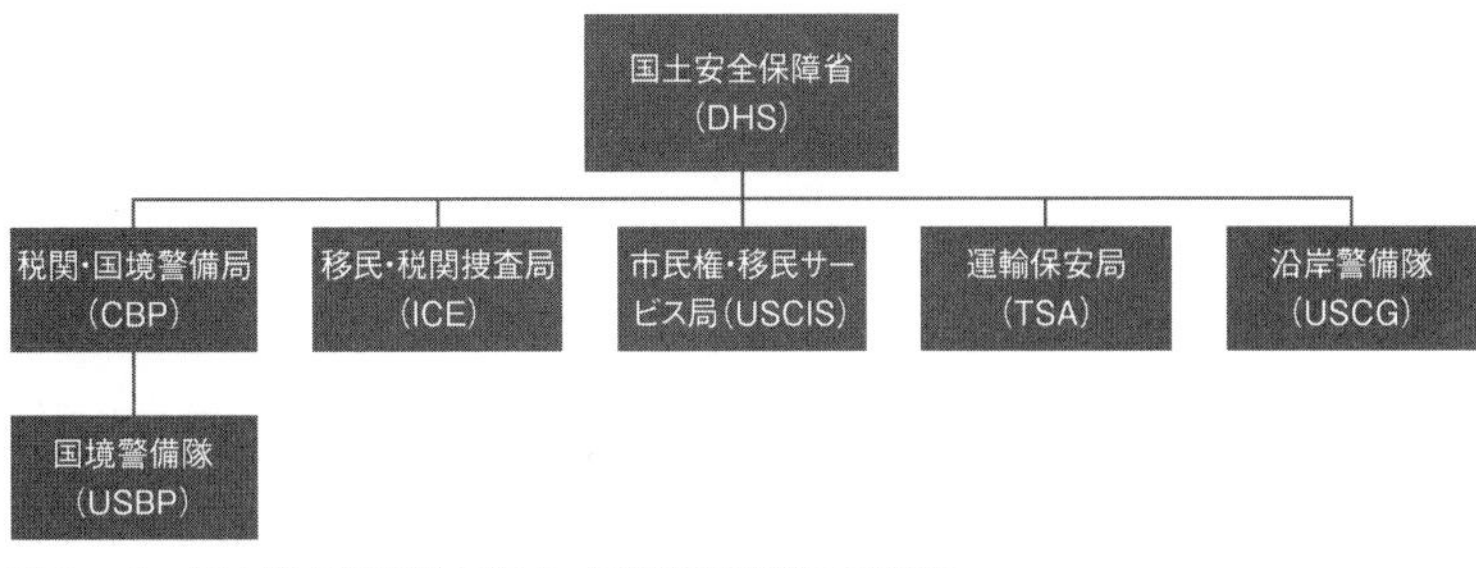

図2－1　国土安全保障省と移民・国境管理部門の組織図
出所：筆者作成

セクター（管轄区域）	設置州
ビッグベンド	テキサス
ブレイン	ワシントン
バッファロー	ニューヨーク
デル・リオ	テキサス
デトロイト	ミシガン
エルセントロ	カリフォルニア
エルパソ	カリフォルニア
グランドフォークス	ノースダコタ
ハブル	モンタナ
ハウルトン	メーン
ラレド	テキサス
マイアミ	フロリダ
ニューオーリンズ	ルイジアナ
ラメイ	プエルトリコ
リオグランドバレー	テキサス
サンディエゴ	カリフォルニア
スポケイン	ワシントン
スワントン	バーモント
ツーソン	アリゾナ
ユマ	アリゾナ

表2－1　USBP のセクター
出所：U.S. Customs and Border Protection <https://www.cbp.gov/border-security/along-us-borders/border-patrol-sectors>.

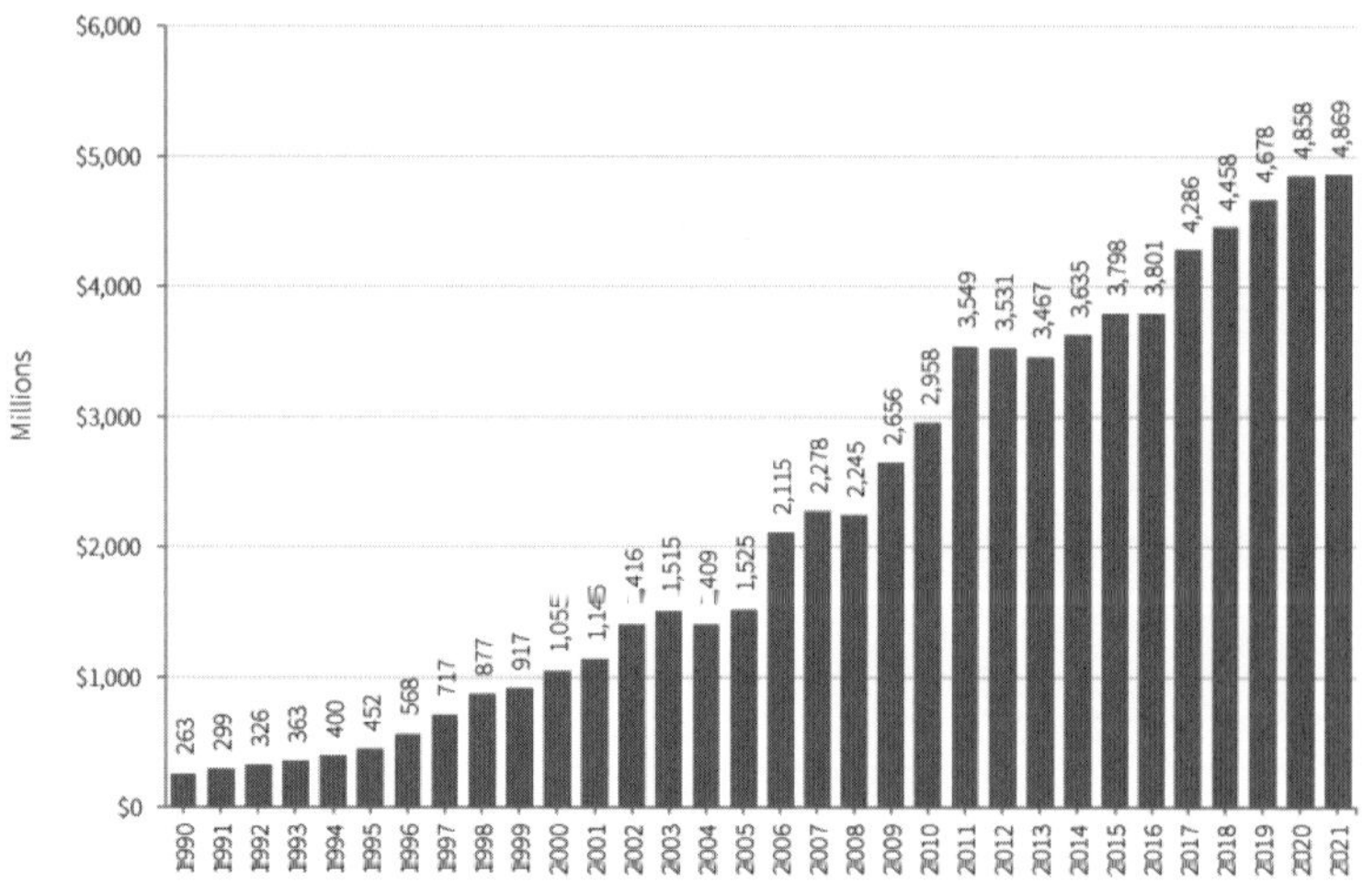

表2－2　USBPの予算推移（1990年—2021年）
出所：American Immigration Council, *The Cost of Immigration Enforcement and Border Security*, 〈https://www.americanimmigrationcouncil.org/sites/default/files/research/the_cost_of_immigration_enforcement_and_border_security.pdf〉

市民の摘発・勾留や国外強制送還を行うＩＣＥに対するものが主な対象である。[★51]

まず、ＵＳＢＰの予算についてみてみると、一九九〇年には、二億六三〇〇万米ドルであったが、二〇二一年には、その一五倍以上となる四八億八六九〇万米ドルに膨れ上がった。いくつかの時期で予算が減少に転じることもあったが、基本的には右肩上がりの傾向で続いてきたといえる（**表２－２**を参照）。

二〇〇三年の創設以降、ＩＣＥの支出は三三億米ドルから現在の八三億米ドルへと約三倍になり、この予算の多くは、ＩＣＥが国内各地で移民を勾留する施設の建設・維持のために使われている。ＩＣＥと同じ年に創設されたＣＢＰの予算に関しても現在に至るまでに約三倍増加し、二〇〇三年の五九億米ドルから二〇二一年には一七七億米ドルへと過去最高額に達した。[★52]

これら三つの組織人員に関しては、以下のことがいえる。[53] ＵＳＢＰのエージェントの数は一九九三年時点での四一三九人からその後急増し、二〇一八年には二万三六四五人となった。そのうち、米墨国境に配備されているのは一万六七三一人で、一九九二年に配置されていた三五五五人の四倍以上に増加した。米加国境には、一九九二年の七倍以上となる二〇七三人のエージェントが配置されるようになった。ＰＯＥに常駐するＣＢＰのオフィサーの数は、二〇〇三年の一万七二七九人から二〇一九年には二万四五一一人へ、移民の国内における取締りと国外強制送還にあたるＩＣＥのエージェントの数は、二〇〇三年の二七一〇人から二〇一九年には八二〇一人に増加した。

米国は、二〇一二年までに一八〇億米ドルの予算を移民・国境管理に投じてきた。[54] その額は、連邦捜査局（Federal Bureau of Investigation: FBI）、麻薬取締局（Drug Enforcement Administration: DEA）、アルコール・タバコ・火器及び爆発物取締局（Bureau of Alcohol, Tobacco, Firearms and Explosives: ATF）の合計額よりも二四％多い。[55] 現在、ＤＨＳは退役軍人省、ＤＯＤに次ぐ第三の連邦政府機関であり、二四万人のフルタイムで働く職員と六一〇億米ドルの予算を有している。[56] また、近年における組織的特徴としては、以下のようなことが明らかになっている。

ＤＨＳが警察や特殊部隊としてのＳＷＡＴチームに対して、恒常的に補助金を支給することによって、地方自治体は軍用車両を購入できるようになった。ＤＨＳによる軍事装備品の購入増加は、地方におけるＳＷＡＴチームの強化とパラレルな動きとして捉えられる。結果として、通常の警察業務にＳＷＡＴチームが使用されるケースが爆発的に増えているとされ、国境地域の取締りにおける警察の軍事化が進展している現状にはこうしたことが背景にある。またDHSは、近年、驚くべき量の弾薬を備蓄していることが明らかになっているが、二〇一三年の時点においては、二億六〇〇〇万発の弾薬をストックしており、それは職員一人あたり一三〇〇―一六〇〇発の弾薬を保有している計算になる（一方、陸軍の場合、兵士一人あたりの弾数は約三五〇発である）。★57

また、DHSは、全米に配置されたフュージョンセンター（Fusion Center）を利用し、広範な監視ワークを構築している。国家安全保障局（National Security Agency: NSA）の支援をうけ設立された、全米各地に散らばるデータ収集機関であるフュージョンセンターは、少なくとも七八カ所あり、全米のコミュニケーション網を監視し、インターネットでの活動やウェブ検索履歴、テキストメッセージ、電話、電子メールなどのデータを収集し、データベース化している。これらのデータは、CIAからFBI、FBIから地元警察といったように、政府機関の相互連携によって提供される。

あるいは国境検問からドローンの広範な使用に至るまで、国境地域における過度な取締り行為は治安国家的な権力行使につながっていると指摘されている。★58 次章で詳しくみるように、CBPの活動はメキシコとの国境から一〇〇マイル以内で行われており、移民・難民ばかりではなく約二億人のアメリカ国籍を有する人々が捜索や押収、さらにはドローンによる監視の対象となっている。CBPは、国境を越える人々に対して、彼らのスマートフォンなどの個人用電子機器を令状なしで捜索することも可能である。また、POEにおいては車両ナンバープレートリーダーを導入し、車両を撮影・識別したうえでデータベースと照合し、車両の動きを追跡することも行っている。★59

おわりに

憲法学者のジョン・ホワイトヘッド（John Whitehead）は、9・11テロ以後の政策文脈におけるホームランド・セキュリティの強化を、米国の国土に「常備軍（standing army）」をつくるようなものだとし、「DHSの官僚組織は無能で手際の悪い組織だが、米国の建国の父祖たちがもっとも恐れていたこと、すなわち米国のホームランドに常備軍をつくることに関しては、冷酷なまでに効率的である」と糾弾した。[★60] ここでは、『ザ・フェデラリスト』の起草者のひとりであり、合衆国の父祖であるジェームズ・マディソン（James Madison）が、一七八七年にフィラデルフィアで開催された憲法制定会議の際に「常備軍と肥大化した政府機構は、長い間自由に対する安全な伴侶とはならないだろう」と警告を発していたことを想起すべきであろう。[★61] ホームランド・セキュリティの名のもとに、DHSを中心とした政府機構が肥大化している背景には、私企業との強い結合関係があり、それによって社会諸勢力のネットワークと連動したホームランド・セキュリティ国家の出現へとつながっている。[★62]

註

★1 The White House Release, "Address to a Joint Session of Congress and the American People," September 20, 2001 〈http://www.whitehouse.gov/news/releases/2001/09/20010920-8.html〉（最終閲覧日：二〇二一年八月一〇日）.

★2　USA PATRIOT Act (U.S.H. R. 3262, Public Law 107-56).

★3　Kaplan, Amy, "Homeland Insecurities: Transformations of Language and Space," in Dudziak, Mary L. ed., *September 11 in History: A Watershed Moment*, Durham: Duke University Press, 2003, pp.55-69; idem, "Violent Belongings and the Question of Empire Today: Presidential Address to the American Studies Association," *American Quarterly* 56 (1), 2004; idem, *The Anarchy of Empire in the Making of U.S. Culture*, Boston: Harvard University Press, 2005（『帝国というアナーキー――アメリカ文化の起源』増田久美子＋鈴木俊弘訳、青土社、二〇〇九年）. カプランの言説分析に依拠しながら、「ホームランド・セキュリティ」、「人種」、「都市統治（ニューヨークのジュリアーニ体制）」の視点から「アメリカ帝国論」を紹介した邦語文献としては、以下が有益であった。村田勝幸「〈帝国〉状況を／から透かしみる――取り締まられるアメリカ都市空間、「ホームランド・セキュリティ」、人種」山下範久編『帝国論』講談社選書メチエ、二〇〇六年。また、「ホームランド」という視点から、米国のナショナ・アイデンティティの「形成、変容、解体、再構築」というプロセスにおいて、政治性の力学がどのように作用しているのかを、文学作品や映画分析を通じて迫った業績としては、以下が挙げられる。小谷耕二編『ホームランドの政治学――アメリカ文学における帰属と越境』開文社出版、二〇一九年。

★4　松本悠子『創られるアメリカ国民と「他者」――「アメリカ化」時代のシティズンシップ』東京大学出版会、二〇〇七年、四―一三頁。

★5　古矢旬『アメリカニズム――「普遍国家」のナショナリズム』東京大学出版会、二〇〇二年。

★6　米国史を通じて、戦時における「他者」に対する差別・排斥・隔離の歴史は、「人種」というプリズムを通して行われてきた。ダワー、ジョン・W『容赦なき戦争――太平洋戦争における人種差別』猿谷要監修、斎藤元一訳、平凡社ライブラリー、二〇〇一年。

★7　米国が対外的には、「自由の帝国」として、建国の理念である自由や民主主義を世界大に売り込みながら、対内的には、排外主義や画一的なナショナリズムの熱狂のなかで、「自由の名による自由の抑圧」とでも呼ぶべき現象を発現させてきたことは以前から指摘されてきた。斎藤眞『アメリカ外交の論理と現実』東京大学出版会、一九六二年；古矢旬『アメリカ――過去と現在の間』岩波新書、二〇〇四年。

★8　米国におけるホームランド・ディフェンスは、伝統的に国防の中心課題ではなかった。なぜならば、戦地は地理的に離れたヨーロッパやアジアであったために、米国の本土は、戦闘状態からは隔離された「安全な」場所であるという「無垢の神話」が信じられてきたからである。土山實男「不安の「帝国」アメリカの悩める安全保障――9.11以後」山本吉宣＋武田興欣編『アメリカ政治外交のアナトミー』国際書院、二〇〇六年、四六頁。

★9　Kaplan, "Homeland Insecurities: Transformations of Language and Space," op.cit., p.58.

★10　Roosevelt, Franklin D., State of the Union 1945. 一般教書演説を含む歴代大統領の主要演説については以下を参照されたい。American History: From Revolution to Reconstruction and Beyond〈http://www.let.rug.nl/usa/P/index.htm〉(最終閲覧日：二〇二一年五月一〇日).

★11　冷戦初期の核の脅威に直面したトルーマン政権は、一九五〇年の「連邦民間防衛法」制定と「民間防衛局」の創設によって、「平時から銃後を国内戦線（Home front）として戦争にビルトインさせていく」体制を作り上げた。詳しくは、以下を参照されたい。川上耕平「トルーマン政権における民間防衛政策の展開――冷戦初期の「安全保障国家」アメリカによる社会動員」『比較社会文化研究』第一四号、二〇〇三年、一六九―一八一頁。

★12　日本語訳は筆者による。

★13　*Oxford English Dictionary*, Second edition, Oxford: Clarendon Press, 1989.

★14　*Merriam-Webster Dictionary*〈https://www.merriam-webster.com/dictionary/homeland〉(最終閲覧日：二〇二一年五月一〇日).

★15　*The American Heritage Dictionary of the English Language*〈https://www.ahdictionary.com/word/search.html?q=homeland〉(最終閲覧日：二〇二一年五月一〇日).

★16　この脚注は筆者による。南アフリカでは、アパルトヘイト政策の一環として、先住民である黒人を「外国人化」させるために、一〇の「ホームランド」(シスカイ、ベンダ、ボプタツワナ、トランスカイ、レボワ、クワズールー、クワクワ、ガザンクル、クワンデベレ、カングワネ)と呼ばれる「部族別居留地」がつくられ、土地を剥奪された黒人はそこに強制移住させられたのであった。白人優越主義にもとづくアパルトヘイト政策は、黒人を不毛な土地である「ホームランド」へと空間的に隔離することによって推進されたが、これは、一九九四年の民主的憲法制定まで維持されることになった。

★17 「移民国家」とは、ヨーロッパ型の国民国家とは異なる米国の国民国家としての「特殊性」を示す「メタファー」であり、「移動する多様な民」に「形成史の核心的要因」が求められる国家を意味している。詳しくは、以下を参照されたい。古矢旬「「移民国家」における「移民問題」――現状と展望」五十嵐武士編『アメリカの多民族体制――「民族」の創出』東京大学出版会、二〇〇〇年。

★18 Kaplan, "Homeland Insecurities," op.cit., p.59.

★19 これに関しては、移民の送出国と受入国との間に脱領域的な社会的ネットワークが形成される越境的社会空間が形成されている。詳しくは、以下を参照されたい。村井忠政「現代アメリカにおける移民研究の新動向(上)――トランスナショナリズム論の系譜を中心に」『名古屋市立大学人文社会学部研究紀要』第二〇号、二〇〇六年;小井戸彰宏「グローバル化と越境的社会空間の変遷――移民研究におけるトランスナショナル視角の諸問題」『社会学評論』第五六巻第一号、二〇〇五年。

★20 ウォルツァー、M『アメリカ人であるとはどういうことか――歴史的自己省察の試み』古茂田宏訳、ミネルヴァ書房、二〇〇六年、三八頁、八一頁訳注。

★21 同上、三八―四〇頁。

★22 同上、三九頁。

★23 ハイアム、ジョン『自由の女神のもとへ――移民とエスニシティ』斎藤眞+阿部斉+古矢旬訳、平凡社、一九九四年、二四頁。

★24 ブルース・カミングズ(Bruce Cumings)は、フロンティアの拡大としての「西漸運動」の延長上に米国の太平洋への膨張過程を描き、米国内外の境界線を取り払いながらその運動律を論じた。カミングズ、ブルース『アメリカ西漸史――《明白なる運命》とその未来』渡辺将人訳、東洋書林、二〇一三年。

★25 ハンチントンによれば、ナショナル・アイデンティティの構成要素として、国土の占める割合が低いことには二つの原因があるとされている。第一に、米国における豊富な土地は、廉価で容易に手に入れやすく、労働や資本と比較して、はるかに手に入れやすい資源であったからである。第二に、米国の国土は、歴史を通じて常に拡大し、ある時期に国境内に含まれる土地に対して、「何らかの特別な神聖さを認めることは不可能」であったからである。「マニフェスト・デスティニー」にもとづく西方への領土拡大は、「ホームランド」に対する執着・忠誠をもたない「移動する民」としてのアメリカ人の歴史的遺産であった。ハンチントン、サミュエル『分断されるアメリカ――ナショナル・アイデンティティの危機』鈴木主税訳、集英社、二〇〇四年、七九―八三頁。

★26 The White House Press Release, "Gov. Ridge Sworn-In to Lead Homeland Security," October 8, 2001 〈http://www.whitehouse.gov/news/releases/2001/10/20011008-3.html〉(括弧は筆者による)(最終閲覧日:二〇二一年五月一〇日).

★27 Kaplan, "Homeland Insecurities," op.cit., p.60.

★28 Ibid., pp.60-61.

★29 村田、前掲論文。

★30 藤原帰一は、9・11テロを「犯罪」と「戦争」との「境界線を揺るがす出来事」であったとしたうえで、冷戦崩壊後の世界秩序における「国内治安」と「対外安全保障」の収斂化現象について、以下のように述べている。「もっぱら国内治安の課題と「テロ」対策が各国の協力に支えられた「戦い」に変わることによって、国内治安と国際的な安全保障が緊密に結びつくことになった。伝統的な観念によれば、国内の治安を保つのは警察の仕事であり、国際的安全保障とは軍の職分となっていた。だが、犯罪の謀議と執行における国際性と、犯罪行為のもたらす破壊の規模が拡大すれば、警察と軍の伝統的な分業に従うだけでは実効的な対処とることができない。国家によって引き起こされる戦争ばかりではなく、個人や社会集団に企てられたテロ行為も世界全体の安全に対する挑戦として受け取られるようになることで、戦争と組織暴力の違いは相対化され、軍と警察の分業は曖昧になっていった」。藤原帰一「軍と警察――冷戦後世界秩序における国内治安と対外安全保障の収斂」山口厚+中谷和弘編『融ける境 越える法(2)――安全保障と国際犯罪』東京大学出版会、二〇〇五年、二七頁。

★31 Kaplan, "Homeland Insecurities," op.cit., p.64.

★32 ネグリ、アントニオ+ハート、マイケル『マルチチュード――〈帝国〉時代の戦争と民主主義』(上)、幾島幸子訳、水嶋一憲+市田良彦監修、日本放送出版協会、二〇〇五年、五六頁(傍点原文)。

★33　杉田敦『境界線の政治学（増補版）』岩波現代文庫、二〇一五年、iii－xiv頁。
★34　ライアンの監視社会研究については、以下を参照されたい。ライアン、デイヴィッド『9・11以後の監視――〈監視社会〉と〈自由〉』田島泰彦監修、清水知子訳、明石書店、二〇〇四年；同『膨張する監視社会――個人識別システムの進化とリスク』田畑暁生訳、青土社、二〇一〇年；同『監視スタディーズ――「見ること」と「見られること」の社会理論』田島泰彦＋小笠原みどり訳、岩波書店、二〇一一年；同『監視文化の誕生――社会に監視される時代から、ひとびとが進んで監視する時代へ』田畑暁生訳、青土社、二〇一九年。
★35　バトラー、ジュディス『生のあやうさ――哀悼と暴力の政治学』本橋哲也訳、以文社、二〇〇七年；川久保文紀「ボーダーワーク」現代地政学事典編集委員会編『現代地政学事典』丸善出版、二〇二〇年、五八六－五八七頁。またセキュリティの都市化をはじめとした軍事的アーバニズム（military urbanism）に関しては、以下を参照されたい。Graham, Stephen, *Cities Under Siege: The New Military Urbanism*, London and NY: Verso, 2010; Marcuse, Peter, "Urban Form and Globalization After September 11th: The View from New York," *International Journal of Urban and Regional Research* 26 (3), 2002, pp.596-606.
★36　杉田、前掲書、iii－xiv頁。
★37　Tirman, John, *The Maze of Fear: Security and Migration After 9/11*, NY: The New Press, 2004.
★38　コヘイン、ロバート「テロリズム――グローバル化するインフォーマルな暴力」広瀬健太郎＋河野勝訳、山本吉宣＋河野勝編『アクセス安全保障論』日本経済評論社、二〇〇五年、一七五頁。
★39　カルドー、メアリー『新戦争論――グローバル時代の組織的暴力』山本武彦＋渡部正樹訳、岩波書店、二〇〇三年。
★40　小林誠「システム特性としてのグローバル・テロリズム――柔らかい恐怖について」『現代思想』第三一巻第三号、二〇〇三年。
★41　同上、二三頁。
★42　ベンハビブ、セイラ『他者の権利――外国人・居留民・市民』向山恭一訳、法政大学出版局、二〇〇六年。
★43　同上、六頁。
★44　アガンベン、ジョルジョ「例外状態」高桑和巳訳、『現代思想』第三二巻第九号、二〇〇四年。

★45 正式には、「二一世紀国家安全保障委員会（Commission on National Security in the 21st Century）」と呼ばれた。

★46 Bullock, Jane A., Haddow, George D. and Coppola, Damon P., *Introduction to Homeland Security: Principles of All-Hazards Risk Management*, Sixth edition, Amsterdam: Elsevier, 2020；土屋恵司「米国における２００２年国土安全保障法の制定」『外国の立法』第二二二号、二〇〇四年；伊藤潤「国土安全保障（ホームランドセキュリティ）」現代地政学事典編集委員会編『現代地政学事典』丸善出版、二〇二〇年、五八二―五八三頁。

★47 Office of Homeland Security, *National Strategy for Homeland Security*, July 2002, p.2.

★48 Ibid., p.5. ナショナル・セキュリティ（国家安全保障）、ホームランド・ディフェンス（国土防衛）、ホームランド・セキュリティ（国土安全保障）の概念的異同については以下を参照されたい。富井幸雄「国土安全保障の概念――法的考察」『法学会雑誌』第五八巻第二号、二〇一八年。伊藤潤によれば、国土安全保障と国家安全保障は並列概念であるのか、あるいは国家安全保障のなかでテロ対策などを包括的に取り扱うのが国土安全保障であるのかについては議論が分かれていたが、近年行われた国土安全保障会議（ＨＳＣ）の国家安全保障会議（ＮＳＣ）への統合などの組織再編を踏まえると、前者は後者の下位概念になるという見方が一般的とされる。伊藤、前掲書、五八三頁。

★49 Lovato, Roberto, "Building the Homeland Security State," *NACLA*, November/December 2008 〈https://nacla.org/sites/default/files/A04106017_1.pdf〉（最終閲覧日：二〇二一年八月二五日）.

★50 創設から現在までのＤＨＳの年間予算と推移については、以下を参照されたい。Department of Homeland Security, DHS Budget 〈https://www.dhs.gov/dhs-budget〉.

★51 American Immigration Council, "The Cost of Immigration Enforcement and Border Security," January 21, 2021 〈https://www.americanimmigrationcouncil.org/sites/default/files/research/the_cost_of_immigration_enforcement_and_border_security.pdf〉（最終閲覧日：二〇二一年五月二〇日）.

★52 Ibid.

★53 Ibid.

★54 Whitehead, John, "Has the Dept. of Homeland Security Become America's Standing Army?" *CHRON*, June 16, 2014 〈https://www.chron.com/neighborhood/friendswood/opinion/article/WHITEHEAD-Has-the-Dept-of-Homeland-

Security-9677926.php〉（最終閲覧日：二〇二一年五月二四日）.

★55 Ibid.

★56 Ibid.

★57 Ibid.

★58 Ibid.

★59 Ibid.

★60 Ibid.

★61 Hunt, Gaillard, *The Writings of James Madison: 1787 The Journal of the Constitutional Convention*, Volume III, NY and London: G.P. Putnam's Sons, 1902, p.317.

★62 Gonzales, Alfonso, "Neoliberalism, the Homeland Security State, and the Authoritarian Turn," *Latino studies* 14 (1), 2016, pp.80-98.

第3章　米墨・米加国境の変貌

トランプの壁と「国境」の拡大

はじめに

NAFTA発効後、北米地域における経済的相互依存関係が深化・拡大する状況において、9・11テロの発生は、米国のホームランド・セキュリティを基軸とした地域全体の枠組みづくりが推進される契機となった。それ以後、米国と国境を接するカナダとメキシコは、米国との関係において地域における自国の位置づけを規定する傾向を強くしていった。ホームランド・セキュリティの強化による米国の要塞化によって、カナダとメキシコの国境を含めた北米地域の地理的外縁部が国境化されるという現象が生まれてきたのである。本章では、9・11テロ以前から非正規移民や麻薬などの問題によって軍事化が進展してきた米墨国境の歴史をふりかえり、現代のトランプの壁に通じる変貌の実態について概観する。[★1] そのうえで、米国の領土内部に引かれた「一〇〇マイル国境ゾーン」を素材としながら、米国国境の伸縮性についても論及し、レイシズムや「法と秩序」にもとづく国境管理の在り方について考察する。最後に、「世界でもっとも長い無防備な国境」といわれてきた米加国境が、とりわけ、米墨国境と同じ軌跡をたどるようになった背景を探りながら、それに抗う潜勢力としてのガバナンス形成や境界文化の可能性について論じてみることにする。

写真３－１　米墨国境の最西端
（於：メキシコのティファナ側、 2019 年 4 月 27 日、筆者撮影）

１　米墨国境の軍事化

米墨国境は、米国の四つの州（カリフォルニア州、アリゾナ州、ニューメキシコ州、テキサス州）と、メキシコの六つの州（バハ・カリフォルニア州、ソノラ州、チワワ州、コアウイラ州、ヌエボレオン州、タマウリパス州）に接する全長一九五一マイル（三一四一キロメートル）に及ぶ、世界でもっとも行き来の多い国境といわれている。カリフォルニア州サンディエゴとメキシコのバハ・カリフォルニア州ティファナが接する西側から、テキサス州ブラウンズビルとメキシコのタマウリパス州マタモロスが接する東側まで伸びており、途中のテキサス州エルパソとメキシコのチワワ州シウダーフアレスのツインシティの国境からは、メキシコ湾へ

写真３－２　米墨国境の最東端、リオ・グランデ川がメキシコ湾へそそぐ河口
（於：メキシコのボカチカ国立公園、2019 年 5 月 22 日、筆者撮影）

そそぐリオ・グランデ川に沿って国境が走っている。

さて、米墨国境は、いくつかの紆余曲折を経て現在の国境線になったわけであるが、最終的には米墨戦争終結後のグアダルーペ・イダルゴ条約（一八四八年）とガズデン購入（一八五三年）によって画定することになった。そして、国境の軍事化へと通じる軍・法執行機関の協力関係は、コルティナ戦争（一八五九年―一八六一年）にその萌芽をみることができるが、それはグアダルーペ・イダルゴ条約によって、多くのメキシコ人地主がテキサス州当局によって土地が奪われたことを契機としている。[★2]メキシコ国籍の農場主であるフアン・コルティナとその家族は、テキサス州ブラウンズビル近郊に大規模な土地を所有していたが、腐敗したブラウンズビルの役人と土地をめぐる争いを抱えていた。一八五九年七月一三日、コルティナは、彼の牧場で働いていたメキシコ国籍を有する人々がブラウンズビルの保安官に暴力をふるわれたことをきっかけとして、その保安官を射殺した。この事件が、コルティナとその部下、テキサス・レンジャー、陸軍との間での激しい武力紛争へと発展した。

米国南西部の征服プロセスは、脅威として認識された先住民、黒人及びメキシコ系移民に対して恐怖政治を敷いたテキサス・レンジャー（一八三五年―一九一八年）による統治に端を発する。[★3]米国最古の州法執行機関であり、準軍事組織として位置づけられるテキサス・レンジャーは、紛争時には、軍や州兵と協力して国境警備を含めた治安維持活動に従事した。その出現は、軍・法執行機関の融合化に関する初期の統治形態を示しながら、先住民、黒人及びメキシコ系移民に対するアングロサクソン系米国人の優位性を再確認する作業でもあった。換言すれば、米墨国境の歴史は、アングロサクソン系米国人が抱く人種的他者への不安感や警戒感によって、植民地化と領土化を通じた米国の国家主権への明白な執着につながっていったということもできる。

メキシコ革命（一九一〇年―一九二〇年）における政治的混乱や第一次世界大戦時の米国における労働力不足は、メキシコから米国を目指す多くの移民を生み出した。[★4]一九二四年に制定された「移民法（ジョンソン＝リード法）」は、一八九〇年以降に大規模な移民を送り出した東部・南部ヨーロッパやアジアからの移民数を厳しく制限し、国別割当を設定したうえで米国の「雑種化」を防ぐことを目的とした。一九二四年、メキシコからの非正規移民の流入阻止を企図した「労働歳出法（Labor Appropriations Act）」も成立し、その実行部隊としてのＵＳＢＰが誕生した。[★5]多くのテキサス・レンジャーはUSBPへと吸収されたが、「望ましくない存在（undesirables）」としてのメキシコ系やアジア系の移民が主たる取締りのターゲットにされることになった。[6] 一九二〇年代、米国における農業ビジネスは、メキシコからの移民を低賃金かつ過酷な労働条件で雇用していたことから、「輸入された植民地主義（imported colonialism）」と称された。[7] これは、一九世紀にメキシコ北部を米国が植民地化する歴史の遺産であり、移民が米国で労働に従事しながらもその法体系や政治制度から除外され、レイシズムによる「臣民化」にもとづいて統治されるという米国の社会関係を反映している。これは、「古典的な植民地主義のような正式な植民地構造やモデルが米国内に存在したというわけではな」く、「公式の植民地ではない関係と空間に埋め込まれた、事実上の社会的・法的状態」が存在していることを意味する。[8]

その後、USBPによって、メキシコ系の非正規移民の大規模な摘発・送還作戦が、「ブラセロ・プログラム（Bracero Program）」（一九四二年―一九六四年）や「オペレーション・ウェットバック（Operation Wetback）」（一九五四年―一九五八年）のもとで実施され、一〇〇万人以上を国外強制送還することになった。このようにみると、米墨国境地域は、方法としての軍事主義、法執行機関による取締り及び移民の身体に埋め込まれたレイシズムが歴史的に交錯する構図のなかで形成されてきたといえる。[9]

ティモシー・ダン（Timothy Dunn）によれば、一九七〇年代から九〇年代にかけては、米墨国境地域における「低強度紛争（Low Intensity Conflict: LIC）」に対応するために軍・法執行機関の融合化が進展した時期である。[10] これは、「政治的、社会的、経済的、心理的な目的を達成するための限定的な政治的・軍事的闘争」と定義され、米墨国境の麻薬の押収や非正規移民の摘発を目的にした軍とUSBPの協力関係が促進されることを意味する。

一九七一年六月一七日の連邦議会演説において、ニクソン大統領は、「米国の公衆上の敵が薬物乱用である」と述べ、メキシコとの「麻薬戦争（war on drug）」を宣言した。これによって、政治的・軍事的な意味において、中南米諸国を「カルテルに支配され、麻薬密輸が横行する腐敗した地域」とし、米国の国家安全保障にとってのリスクであると位置づけた。一九八〇年代に入ると、麻薬密輸とその取締りが同時に活発化したが、レーガン政権下での国内外における反麻薬キャンペーンの展開は、「新しい」麻薬戦争と呼べるものであった。[★11] これには、南米コロンビアから南フロリダを通じてコカインとマリファナが流入することへの対応を迫られたという側面もあった。一九八二年に開始された南フロリダ・タスクフォース（The South Florida Task Force）は、南東部国境における空と海からの麻薬密輸ルートの摘発・監視の強化を目指したものである。しかしながら、マジノ戦線にも似たこの麻薬取締り戦略は、メキシコから米国への麻薬流入を防ぐ解決策にはならず、麻薬の流入ルートが単に米国の南東部国境から南西部国境へ移動することにつながった。

レーガン政権は、米墨国境の軍事化を進めるうえで大きな役割を果たした。それは、一九八二年に国防権限法を成立させたうえで、軍の国内における警察活動への関与を禁じたポス・コミテイタス法（Posse Comitatus Act）を改正し、軍が捜索、押収、逮捕などの警察機能を果たす法体系を整備したという意味においてである。[★12] 国防権限法の第一八章「文民法執行官との軍事協力」の第三七一節から第三七四節には、陸・海・空軍及び海兵隊による法執行機関に対する情報提供、軍事基地や軍装備品の使用許可、法執行官の養成・訓練が明記された★13。これによって、テキサスでは国境警備に陸軍のモホーク偵察機（OV-1）が用いられ、アリゾナでは軍とＵＳＢＰの共同訓練が開始されることになった。一九八六年に国家安全保障決定指令二二一を発出し、非正規移民を国家安全保障上の「問題」として位置づけたのもレーガン政権であった。このように、麻薬密輸の活発化と非正規移民の流入という言説的カップリングは、軍と法執行機関の融合化を促進しながら、国境の軍事化を進展させる大きな誘因となった★14。

ブッシュ（シニア）政権は、「麻薬戦争」におけるＤＯＤの役割を増大させるために、国防権限法を一九八九年に成立させ、第一二〇八節「余剰個人資産の譲渡」にもとづきＤＯＤの資産を法執行機関に対して一時的に譲渡することを認めた★15。また同年、ジョイント・タスクフォース６（JTF-6）と呼ばれる軍と警察の作戦活動も本格的に開始され、「麻薬戦争」における軍の法執行機関に対しての物資・戦略両面の支援が実施されるようになった。これは、テキサス州エルパソのフォートブリス陸軍基地に設立され、ＤＯＤと法執行機関の調整を行う行政組織であった。JTF-6は、一九八六年に設立された省庁間タスクフォース「オペレーション・アライアンス（Operation Alliance）」と連携しながら、南西部国境地域における共同での麻薬取締り活動を行い、ＵＳＢＰはその指揮系統における重要な組織として位置づけられた。

一九九〇年代の南西部国境における「オペレーション・ホールドライン（Operation Hold the Line）」（テキサス州エルパソ）、「オペレーション・ゲートキーパー（Operaion Gatekeeper）」（カリフォルニア州サンディエゴ）及び「オペレーション・セーフガード（Operation Safeguard）」（アリゾナ州ツーソン）は、「抑止による阻止（prevention through deterrence）」という新しい戦略にもとづいて開始された。[16] 一九九四年、ＵＳＢＰは、国境の取締りに関する初の「国境警備戦略計画（Border Patrol Strategic Plan: BPSP）」を発表した。[17] これは、不法侵入がもっとも多い国境地域にＵＳＢＰの資源を集中的に配置するためのアプローチであり、「抑止による阻止」の原型になった。この戦略は、往来の活発な国境地域を対象として、ＵＳＢＰの人員増加、国境の壁（フェンス）建設、テクノロジーの活用によって推進されたもので、一九九四年のNAFTA発効による人や物の越境的移動の急速な増加に伴う国境取締り強化戦略ともいえる。

NAFTAの発効はメキシコの農村地域に壊滅的な打撃を与えると同時に、ウォルマートに代表される米国の大型店舗のメキシコへの相次ぐ進出も、中小企業の倒産にみられるようにメキシコ経済に対して深刻な影響を与えた。この時期のメキシコ国籍を有する人々の賃金の減額とそれに伴う貧困率の上昇により、メキシコから米国への非正規移民の数は、一九九五年には約三〇〇万人であったところが、二〇〇七年には約七〇〇〇万人へと膨れ上がった。[18]

クリントン政権は、国防権限法を成立させることによって一〇三三プログラムを実施した。[19] 一〇三三プログラムはこの法律の第一〇三三節に規定されたプログラムであり、ＤＯＤの内局である国防兵站局（Defense Logistics Agency: DLA）によって運営され、法執行機関に対する余剰軍装備品の譲渡を可能にした。これによって、米国における「警察の軍事化」は急速に進行し、一九九〇年代以降、ＤＯＤから七四億米ドルにのぼる資金や物資が八〇〇〇を超える法執行機関に行き渡ったとされる。一九九五年の一般教書演説において、クリントン大統領は、非正規移民が脅威である

ことを強調し、あらゆる手段を駆使してその脅威を軽減させることにつなげると主張した。[★20]
一九九六年には「不法移民改革・移民責任法（Illegal Immigration Reform and Immigration Responsibility Act: IIRIRA）」が成立し、移民の国外強制送還が促進され、クリントン政権期に国外強制送還された非正規移民の数はそれまでの二万人から一五万人にまで急増した。[★21]

オバマ政権は大統領令一三六八八号（executive order 13688）に署名し、州や地方の法執行機関がグレネード・ラウンチャー（擲弾発射筒）や軍用機などの軍装備品をDODから提供をうけることを禁止したが、トランプ政権はこうした禁止措置を二〇一七年に解除した。後述するジョージ・フロイド事件に対する抗議運動への法執行機関の過剰な対応の背景には、トランプ政権のこうした軍・法執行機関の融合化への回帰を促す政策スタンスがある。今日のUSBPに用いられているテクノロジーには、地上センサー、投光照明器、軍事車両、ボート、全地形対応型車両、レーダー、ヘリコプター、ドローン、テレビシステム、ガンマ線装置、コンピューター情報処理センター、国境を越えるすべての人間や車両をクロスチェックする統合型情報システムなどが含まれている。戦争で用いられる兵器や戦略が平時の国境においても用いられるようになったわけだが、一方でUSBPがその行動に対する説明責任をほとんど負っていないことも人権団体から報告されている。[★22]

2　トランプの壁の構造と実態

二〇一七年に誕生したトランプ政権は、「巨大で、美しい壁（big, beautiful border wall）」をメキシコとの国境に建設することを政権公約としていた。[★23] 難攻不落の壁をイメージさせる国境の壁建設を政権の主要政策の柱とすることは、国境の壁を長大化させることによって国家の抱える諸問題に視

写真３－３　高さ 30 フィート（約 9 メートル）の国境の壁（フェンス）
（於：カリフォルニア州サンディエゴ、2019 年 11 月 13 日、米国国境警備隊による撮影）

写真３－４　米墨国境の壁（フェンス）
（於：アリゾナ州ノガレス、2019 年 6 月 21 日、筆者撮影）

覚的に訴える形で対処するという発想のもとで行われているともいえ、それは政治家が国民のために「何か」を行っているという、ホームランド・セキュリティのもつシンボル的行為を表している。[★24] これは、政治家が国境の壁を舞台にして、非正規移民を「敵」や「侵略者」にみたてようとする劇場化したポピュリズムの政治とみなすこともできる。

トランプの壁は、二〇二一年一月現在、総延長は七二八マイルに及ぶが、実際のところ歴代政権によって建設された既存のフェンスを置き換えるものが大部分であった。トランプ大統領は、国境の壁の建設のために要求した予算五七億米ドルの確保が連邦議会から否決されたために、「国家非常事態宣言」を発出し、財務省の麻薬没収基金から六億米ドル、ＤＯＤの麻薬取締プログラムから二五億米ドル、その軍事会計から三六億米ドルを流用する意向を示した。[★25] トランプ大統領は、大統領選の最中には、国境の壁をコンクリートで造ると述べていたが、当選後は、USBPがメキシコ側を監視できるようにスチール製の柱の壁を造ることを命じた。連邦議会調査局（Congressional Research Service: CRS）のレポートによれば、建設されたもののの多くは、上部に鉄板を貼り合わせた一八―三〇フィート（五・五―九・一メートル）の強化フェンスとなっている。[★26]

国境の壁の建設には、一マイルにつきほぼ二〇〇〇万米ドルかかると試算され、五八六マイル（約九三八キロメートル）にのぼる新しい国境の壁を建設するには一一〇億米ドルの費用が見込まれるとされた。[★27] ブッシュ（ジュニア）政権期には一マイルにつき四〇〇万米ドルかかったとされるが、トランプ政権期はその五倍の費用になった。総計一一〇億米ドルという費用は原子力空母一隻分の建造費用に匹敵するとされ、リース・ジョーンズ（Reece Jones）は、「トランプの壁は今世界でもっとも高価な壁であり、一マイルの建設に関して二〇〇〇万米ドルかかるという費用は、現在世界で建設中の他のいかなる壁よりも高額である」と述べている。[★28]

さて、壁の建設は、米墨国境地域にどのような影響を及ぼしたのか。ここでは、環境破壊と先住民の人権の問題について考えるために、アリゾナ州にある「オルガン・パイプ・カクタス国定公園（Organ Pipe Cactus National Monument）」と先住民居留地「トホノ・オーダム・ネイション（Tohono O'odham Nation）」を事例にしてみていくことにする。アリゾナ州のソノラ砂漠に位置するオルガン・パイプ・カクタス国定公園は、一九六七年に国連から「国際生物圏保護区（international biosphere reserve）」に指定され、豊かな植生に満ちている。国定公園の南部はメキシコ国境（メキシコ・ソノラ州）、北西部は野生動物保護区、東部は先住民居留地トホノ・オーダム・ネイションに囲まれている広大な土地である。サボテンの種類は、セグアロやオルガン・パイプなど二八種類にも及び、野生動物に関してもピューマやジャベリナなどが多数生息しており、ハジロバトやミチバシリなどの貴重な鳥類もみられる。多くの観光客を惹きつける米国の名所のひとつでもある。

ところが、二〇〇二年にパークレンジャーのクリス・エーグル（Kris Eggle）が勤務中にメキシコの麻薬カルテルに殺害されて以降、ここは国境警備の最前線となり、二〇〇三年から二〇一四年まで国定公園全体が閉鎖されていた経緯がある。この事件以降、パークレンジャーは五名から一五名に、USBPは一五名から五〇〇名に増員され、国境沿いのチェックポイントも増設されるようになった。[★29] 米国南西部環境センターのアマンダ・ムンロ（Amanda Munro）は、「こうした貴重な場所を壁で囲い込むことは、とてつもない失敗であり、国家的悲劇になるだろう」と述べている。[★30] 環境保護主義者は、DODとCBPが競うようにしてこの国定公園に国境の壁を築くことにより、米国における生態系的にも文化的にも貴重な場所のひとつが破壊されることを危惧した。米国魚類野生生物局（U.S. Fish & Wildlife Service）は、建設業者をはじめとする人間や車両の出入りが、二三の絶滅危惧種をさらに深刻な状態へ追いやると警告した。[★31]

トランプ政権は、ブッシュ（ジュニア）政権が二〇〇五年に成立させた電子IDカード法（REAL ID Act）を活用したうえで、自然環境の保護を政策的に考慮することなく、建設業者に対して五一の環境関連規制を適用免除した。[★32] CBPは、連邦環境法のマグナカルタといわれる国家環境政策法（National Environmental Policy Act：NEPA）からの規制を免れることができるようになった。道路やダムなどの大規模公共工事プロジェクトに対しては、NEPAの規制によって環境への影響評価を行うことが義務づけられているが、国境の壁の建設に関しては、この例外となったのである。

オルガン・パイプ・カクタス国定公園では、国境の壁建設のために用いるコンクリートを混ぜるためにソノラ砂漠の帯水層から毎日数万ガロンもの貴重な水を掘り出していることが明らかになった。[★33] これが水の循環による生態系バランスを崩壊させることにつながり、環境保護という点から憂

写真3－5　トホノ・オーダム・ネイションの最高峰バボキバリ山
（於：アリゾナ州、2019年12月6日、筆者撮影）

写真3－6　オルガン・パイプ・カクタス国定公園
（於：アリゾナ州、2019年12月7日、筆者撮影）

慮すべき事態であると、元パークレンジャーで現在は生物多様性センター（Center for biological diversity）に勤務するライケン・ジョーダル（Laiken Johdal）は指摘する。[34] この国定公園には、クイトーバキート・スプリングス（Quitobaquito Springs）という唯一のオアシスがあり絶滅危惧種を含む数百種にも及ぶ動物の水飲み場として機能しているが、国境の壁の建設によってこのオアシスが破壊される可能性も指摘されている。[35]

もうひとつの事例は、先住民の人権に関わるものである。先住民居留区としてのトホノ・オーダム・ネイションは、一八五三年のガズデン購入まではメキシコとの国境をまたぐ形で存在していた。メキシコ側には、いまだに二万人を超す先住民が住んでおり、かつては通勤・通学や通院のためなど、容易に国境を越えることが可能であった。しかし9・11テロ以降、トホノ・オーダム・ネイションにおけるCBPのプレゼンスが大きくなり、住民の日常生活レベルへ与える影響も大きくなった。[36] ソノラ砂漠の一角を形成するトホノ・オーダム・ネイションは、米国とメキシコとの間に六二マイルの国境を有しているが、そこに造られた国境の壁は、米国の領土内部にも監視の目を張り巡らしたバーチャルな国境を形成することになった。

二〇一九年三月、トホノ・オーダム・ネイションの立法評議会は、イスラエルのエルビット・システムズ（Elbit Systems）社が、居留区内に国境監視システムとしての統合固定型監視タワー（Integrated Fixed Tower: IFT）を一〇基建設することを認可する決議を行った。トホノ・オーダム・ネイションで生まれ育ち、現在はアリゾナ州ツーソンにある国際先住民条約評議会のオフィス・マネージャーを務めるエイミー・フアン（Amy Juan）は、トホノ・オーダム・ネイションは米国で

写真３－７　CBP のチェック・ポイント
（於：アリゾナ州アホ付近、2019 年 12 月 7 日、筆者撮影）

もっとも軍事化されたコミュニティになるだろうと深刻な懸念を表明した。[★37]彼女は、二〇一七年一〇月にイスラエルの西岸地区における分離壁に関するシンポジウムに出席し、同じ境遇にあるパレスチナの人々と交流をもち、分離壁とそれに付随するさまざまなテクノロジーがもたらす負の影響について議論した経験もある。トホノ・オーダム・ネイションにおいては、近年、ＣＢＰのチェックポイントが至る所に造られ、買い物や学校へ行くたびにチェックをうけなければならず、とくに子どもたちに与える心理的な影響は計り知れないという。ときにはＣＢＰのエージェントが車両のなかを捜索し、親に問い質すこともあるようで、そのたびに子どもたちが恐怖を覚えてしまうことを「チェックポイント・トラウマ（checkpoint trauma）」になっているとフアンは述べている。[★38]

国境の壁の建設は、米国への非正規移民と麻薬の流入阻止に対して有効な手立てなのであろうか。ピューリサーチセンター（Pew Research Center）の統計によれば、非正規移民の米国への流入は二〇〇七年の約一二二〇万人をピークにその後は減少し続け、現在居住する約一〇〇〇万人は、一〇年以上にわたって米国に滞在し、税金を納め、家族を養っている人々である。★39 さらに、新型コロナウイルスが蔓延する状況においても、非正規移民の多くがエッセンシャルワーカーとして働き、危機的状況下においても米国社会を支えている実態も報告されている。★40 もうひとつの傾向として、メキシコ以外の地域からの非正規移民が増加していることが挙げられる。とくに多いのがアジアからの移民であり、そうした地域からの非正規移民が増加したということは、米国への入国ルートが変化していることを示している。また移民のなかには、合法的なビザで入国したうえで、出国期限を超過したオーバーステイも多く存在してもいる。★41

さらには、国境の壁の建設によって、越境しようとする人々が自然環境が過酷で危険度の高い山間部や砂漠地帯に迂回させられることになり、その結果一九九〇年代以降、移民の死亡者数が急増したことも問題として挙げられる。政府説明責任局（Government Accounting Office: GAO）は、一九九〇年代にさまざまなオペレーションが始まってからの一〇年間で、国境越えする人々のうちの死亡者数が以前よりも倍増したとしている。★42 この点に関しては、「国境線の破線化」という現象が背景にある。すなわち、人口や交通量の多い都市部には国境の壁が建設される一方で、自然環境によって壁を建設できない国境地域においては、ＵＳＢＰの人員増加などによって国境管理が補完されているのである。★43 また、国境管理を強化すればするほど、多くの非正規移民を米国内に滞留させることになり、移民の循環サイクルを崩壊させることになる。つまり、移民からすれば再入国に伴う高いコストと身体的なリスクを考慮すると、以前に比べて米国における滞在を長期化させる動機づけが強くなっているといえる。

一方、一九九〇年代初めから国境管理に多額の費用が投じられてきたにもかかわらず、多くの非正規移民が米国へ入国することに成功してきた。カリフォルニア大学サンディエゴ校（University of California at San Diego: UCSD）のウェイン・コーネリアス（Wayne Cornelious）らは、長期的な調査を行い、九〇％以上の非正規移民が成功するまで何度も国境を越えようとし、そのほとんどがコヨーテ（密入国仲介業者）に依頼していることを明らかにした。★44

また、国境の壁の建設が米国への麻薬流入を阻止することに役立っているのかどうかも検討の余地がある。トランプ大統領は、国内に出回っているヘロインの九〇％はメキシコと接する国境から流入していると主張し、国境の壁があれば国内への麻薬の流入阻止に役立つと主張した。★45 二〇一八年から二〇二〇年にかけて、メタンフェタミン、コカイン、ヘロイン、フェンタニルが押収された場所は、正式な国境通過ルートとしてのＰＯＥにおいてであり、国境の壁をいくら長大化しても、麻薬の流入阻止にはほとんど効果がないとも考えられている。★46

ＤＥＡによれば、米国内にあるヘロインの大半はメキシコ産で、そのほとんどは個人所有の車や輸送用トラックによって運ばれるのだが、他の商品に混入して隠されたうえでＰＯＥから流入している。★47 もっとも多く取引されているのはマリファナであり、二〇二〇年にメキシコとの国境で押収された量はゆうに二〇〇トンを超える。★48 また、アリゾナ州ノガレスの国境付近では、麻薬の大半が

麻薬カルテルの掘った大規模な地下トンネル、あるいは下水道を用いて密輸されている。[★49]

こうしたPOEのパフォーマンスの低さは、政策的な優先順位に誤りがあることを示している。スーザン・ギンズバーグ（Susan Ginsburg）は、POEがテロリストの移動に使われる場所であり、それに対する重点的なインフラ投資や整備が急務であると主張する。[★50] しかしながら、一九九三年から二〇一〇年の間にUSBPの人員は五倍増加し、その予算は九倍になった一方、POEの人員はほとんど増えず、予算も二倍にしかならなかった。[★51] しかし現実にはPOEの人員を教育・訓練し、インフラ施設の合理化・近代化を進めることによって、限りある資源を効果的に活用する国境管理の在り方が求められており、それは国境のセキュリティを高める有効な手立てである。

二〇一八年末ごろに発生した中米からの移民キャラバンの多くが、家族単位で国境を越え、米国当局に自発的に身を委ねる形で法的権利である難民申請を行っているという事実に鑑みれば、国境の壁の建設に関する政策的有効性には疑問符がつく。また、移民法廷において、難民申請者に対して公平で迅速な審理を行うためには、より多くのスタッフと資源が必要であるにもかかわらず、壁建設のための資金調達をめぐって連邦政府が史上最長期間にわたって閉鎖された結果、米国の移民法廷が開廷できないなどの多くの弊害が生じた。

トランプ政権は、国境に巨大な壁を建造することを国家権力の強さの象徴として認識し、テロや無秩序から自国を守る「要塞国家」の誇り高き城壁としてその壁を理解していた。このような考え方は、米国が外部世界との交流や相互依存を通じてより強固になれるという考え方を否定しているともとれる。[★52] 米国は、移民に対する法的・道徳的な義務を果たすことで、建国の理念に対するコミットメントを世界に示すことができるのであり、国境を越える貿易の活発化は地域経済を安定化させ、他者に対して寛容なビザ制度は、米国を経済的にも文化的にも豊かにする可能性をもつ[★53]。国境の壁が有するファンタジーは、一方で他者との隔離や分断という否定的思考をもたらすものである。しかし、「移民国家」としての米国の理念は、多様性のなかで常に自己を定義し直す作業によって磨かれてきたといえるだろう。

二〇〇〇年代初頭には、全米で反移民感情が高まり、パラミリタリー的な性格をもつ自警団組織が組織され、米国の国家主権を国家と共同で守ると主張した。自警団組織「ミニットマン・プロジェクト」(二〇一〇年に解散)がその代表例であるが、現在では、陸軍退役軍人のティム・フォーリー率いる「アリゾナ・ボーダー・レコン(Arizona Border Recon)」のような組織にも受け継がれている。こうした自警団組織は、ウェブページやブログ、動画共有サイトやソーシャルメディアに至るまで、インターネットを駆使して全米からボランティアを募り、「われわれは不法移民の侵入から国境を防衛している」と世論に訴えかける。彼らは、反移民感情を拡散させると同時に、国家に代わって自分たちが領土や国民を守っているのだとしている[★54]。

アンドレアスによれば、軍事化の様相を呈している米墨国境においては、「法を執行する者」と「法から逃れようとする者」との間で「国境ゲーム(border game)」が行われている[★55]。「ゲーム」というメタファーを用いることによって、それを観戦する「聴衆(audience)」を意識しながら、アンドレアスは、「国境警備のエスカレーションは、究極的には、麻薬や移民のフローを阻止するというよりも、国境のイメージを作り直し、国家の領域的権威をシンボル化して再確認することに重きを置いていた」とも述べた。このような文脈から理解すれば、国境管理の強化によって非正規移民や麻薬密輸組織が摘発されるというパフォーマンスが可視化されることで、国境をめぐるカオス・イメージを政治的に払拭し、秩序立った国境のイメージを聴衆に植えつけることになる。★56 これは国境の壁の実効性を疑問視することなく、この壁が国家や国民を守っているのだと主張する「国境の物語」の蔓延にもつながっている。

3 「一〇〇マイル国境ゾーン」――レイシズムと国境化するホームランド

二〇二〇年五月二五日、米国ミネソタ州のミネアポリスで黒人男性のジョージ・フロイド(George Floyd)が白人警察官に首を圧迫されて死亡した。死亡する直前に「息ができない」と言葉を発した彼の事件は、黒人に対する白人警察官の過剰な暴力を糾弾するブラック・ライヴズ・マター(Black Lives Matter: BLM)を巻き起こした。★57 一九九二年のロサンゼルスで発生したロドニー・キング(Rodney King)事件や二〇一四年のミズーリ州ファーガソンにおけるマイケル・ブラウン(Michael Brown)事件など、レイシズムに端を発するこうした抗議運動は今回が初めてではない。ただ今回は、事件の発生したミネアポリスばかりではなく、ニューヨーク、ロサンゼルス、シカゴなどの大都市を中心として全米各地へと広がり、同時に世界各地でのグローバルな連帯の波へとつながった。

こうした動きに対して、トランプ大統領は「法と秩序」を回復するという大義名分のもとに、抗議運動の起こっているシカゴやポートランドなどの都市に対して連邦政府の治安要員やDHSの特殊部隊を派遣し、武力で鎮圧することを表明した。[★58]ここで注目すべきは、二〇〇五年に成立した「一〇〇マイル国境ゾーン」によって、米国国境が、カナダ及びメキシコと接するラインから一〇〇マイルにわたって領土内部へとゾーン化したという事実である（図3-1を参照）。このゾーンにおいて、CBPは、合衆国憲法修正第四条に違反する恐れのある「正当な理由」なく車両を停止させ、通行人をチェックできるという権限をもつことになった。このゾーンには、一〇ある米国の大都市エリアのうち九つ（ニューヨークシティ、ロサンゼルス、シカゴ、ヒューストン、フィラデルフィア、フェニックス、サンアントニオ、サンディエゴ、サンノゼ）までもが含まれ、この範囲内には米国の全人口の約三分の二を占める約二億人が居住している。BLMの抗議運動への取締り強化が、こうした米国国境の内部へのゾーン化現象と地理的な意味で連動していることも見逃すべきではない。

トランプ政権が実体の不明確な実力行使部隊を配備したことによって、オレゴン州ポートランドは全米の注目の的となった。名称や所属を明らかにしない実力行使部隊が、抗議運動の激化した米国各地において展開され、一般市民に対して催涙ガスやゴム弾を用いて鎮圧するという光景は、大統領の身内である共和党からも批判があがった。[★59]二〇二〇年六月、ポートランドでは、ダウンタウンの連邦裁判所近くにある抗議者の野営地が「不正な集会」であるとされ、九人が逮捕された。チャド・ウルフ（Chad Wolf）DHS長官代行がポートランドを訪れた際には、BLMの抗議者を

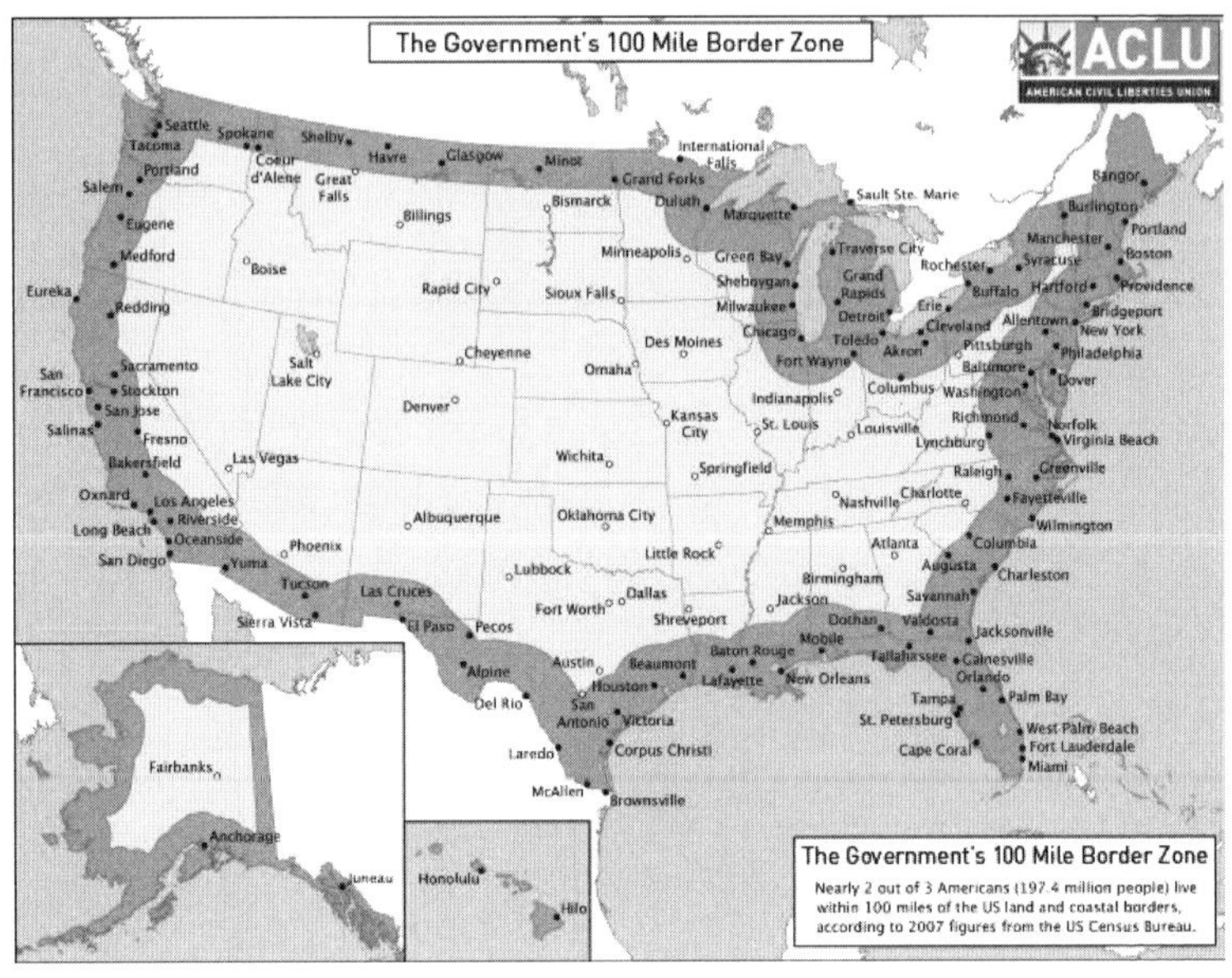

図3－1　100マイル国境ゾーン
出所：米国自由人権協会（ACLU）〈https://www.aclu.org/other/constitution-100-mile-border-zone〉.

「無法なアナーキスト」であり、連邦財産を破壊する暴徒だと非難した。[60]

事態の推移をみると、DHSの下部組織であるCBPやICEがDODから軍装備品の提供をうけ、本来の任務である税関や国境の取締りという管轄範囲を超えて抗議運動の鎮圧や治安維持活動に従事していたことが明らかになっている。ジョージ・フロイド事件の前、トランプ大統領は、みずからの移民政策に対して非協力的な民主党支持者が市長を務めているアトランタやシカゴなどの「聖域都市（sanctuary city）」[61]にCBPのSWAT型特殊部隊であるBORTAC（Border Patrol Tactical Unit）を派遣し、ICEとともに非正規移民の大量摘発を支援した。[62] この部隊の本来の任務のひとつは、国境地域において、麻薬や武器の密輸を摘発・押収するために急襲作戦を行うことである。トランプ政権が聖域都市におけるBORTACとICEの共同作戦によって、移民の国外強制送還と収容政策を強化し、またBLMにおける抗議運動を鎮圧するためにBORTACを急派したことは、聖域都市の移民コミュニティに新たな恐怖を呼び起こした。

「麻薬戦争」や「対テロ戦争」は、ターゲットとする人種を囲い込み、「色づけられた」居住空間へと埋め込んでいく。多様な人種コミュニティは麻薬やテロの温床になるというイメージがつくられ、米国社会における安全保障上の問題として認識される空間へと変貌する。そこでは、国家による監視と社会的コントロールの必要性が謳われることになる。こうした国家の行為は、国境地域から都市部へとやがて移転されるようになっていく。そしてまた、米墨国境地域や都市部との間のフィードバック・ループ化された言説や戦略がつくられた結果、多様な人種が混在するコミュニティのなかには恐怖や不安が遍在するようになり、そういった危険から身を守ることを目的として監視が常態化されることになる。

伝統的な国家間の戦争とは異なり、米国の遂行してきた「麻薬戦争」と「対テロ戦争」には時間的・空間的な意味での限定性はなく、「法と秩序」を維持するうえで絶え間なく行使される戦争となっている。そしてそこでは組織間の境界線や、都市部と国境地域の地理的な境界線を曖昧なものにしている。ティモシー・スナイダー（Timothy Synder）は、『暴政』と題した著作のなかで、二〇世紀の歴史から学ぶ教訓のひとつとして「準軍事組織には警戒せよ」というものがあり、「指導者を崇める準軍事組織と警察と軍隊がないまぜになると、すでに終わりが」くるのだと述べた。★63 民主主義社会では、合法的な暴力を占有し、行使できるのは国家だけであり、国家は自らを縛る法律に従わなければならない。実際、国家組織はそれぞれの管轄範囲とそれを定めた法体系を有している。法の下では軍は対外的な権力であり、警察やCBPなどは対内的な権力として存在する。そのような法執行機関が管轄範囲を超えて、武装化を行い、一般市民に対して弾圧的対応を行う現代の構図は「暴政」の一形態ともいえる。民主主義社会では、誰がどのように統治しているのかに関して、その由来と手段が明確でなければならないが、組織間の境界線と地理的な境界線が曖昧化する現代の米国の状況においては、その統治形態がレイシズムと暴力を介在させた権威主義へと変貌する危険性が常につきまとっているのである。

4 南北国境のシンクロナイズ——米加国境の「米墨国境化」

米加国境は、伝統的に「世界でもっとも長く無防備な国境」といわれてきた。★64 しかしながら、9・11テロ以降、米加国境は、両国間の歴史を反映した友好的なイメージを表象するソフトな国境から、多様なセキュリティ装置が国境地域に埋め込まれるハードな国境へと変貌した。米加国境は総延長五五二五マイル（八八九五キロメートル）に及び、同じ二ヵ国にまたがる国境としては世界最長である。現在の米加国境は、宗主国イギリスからの分離・独立を求めた北米一三州との戦争を終結させた一七八三年のパリ条約によって画定された。一七九四年にはジェイ条約によって国境委員会が創設され、北緯四九度線に沿って国境が西方に延伸された。歴史的にみれば、米加関係は、さまざまな政策分野において、国家間関係という厳格な枠組みを強固にするというよりも、機能的な協力関係を発展させてきたといったほうが適切かもしれない。例えば、一九〇九年に設立された「国際合同委員会」は、共有する河川や五大湖に関する機能的な連携を深め、さまざまな政策分野において密接なパートナーシップを構築してきた代表的な例である。★65

しかし、9・11テロ以後、米加国境はセキュリティの強化された「分厚い」国境へと変貌していった。★66 実際、国境画定委員会によって引かれた国境線と両国の管轄権が変わることはないが、これまで国境線における点として構成されてきたPOEが、ゾーンや回廊地帯へと変容してきている。★67 禁酒法（プロンステッド法）時代を除けば、二〇世紀中において、国境管理自体が米加関係の中心的なトピックになることはほとんどなかったといってよい。一九九〇年代末には、USBPのエージェントの数は、米加国境全体に配置された数よりも、米国テキサス州のブラウンズビル一カ所だけに配置された数の方が多かったほどである。しかしながら、二〇〇一年から二〇一一年までの間に米加国境に配置されたUSBPのエージェントの数は、そこから五五八%増加するという驚異的な伸びを示した。★68 米加国境には州兵も派遣され、POEにおけるパトロールを行うようになり、USCGは五大湖を横断するすべての船を監視するようになった。暗視レンズつきの監視カメラが国境の一部に設置されるようになり、衛星追跡システムも導入された。米加国境の軍事化の兆候もみえはじめ、国境のある州には五つの空軍と海兵隊の基地も造られた。★69

9・11テロ以降のカナダにおける治安立法制定において、もっとも重要なものは、二〇〇一年の反テロリズム法（antiterrorism act）と二〇〇二年の公共安全法（public safety act）であり、これらの法律によってカナダ王立騎馬警察（Royal Canadian Mounted Police: RCMP）や治安機関に新たな監視と法執行の権限が与えられ、米国のホームランド・セキュリティと政策的歩調を合わせるようになった。二〇〇三年一二月には、カナダ国境サービス庁（Canadian Border Services Agency: CBSA）が税関・歳入庁、市民権・移民局、食品検査庁などの機能の一部を統合することによって創設された。二〇一二年六月、DHSは米加国境に関する初めての戦略レポートである北部国境戦略（Northern Border Strategy）を発表し、1)テロやその他の違法行為の抑止、2)合法的な貿易と旅行に関する安全の確保、3)自然災害及び人為的災害に対するコミュニティの回復力の獲得を目指すとした。[★70]

GAOの報告書は、北部国境の多くの箇所で効果的な監視・モニタリングが行われていないと結論づけており、政府組織間での情報共有の調整がうまくいかなかったことがその主な原因であるとした。[★71] 米国の上院国土安全保障委員会が発表したプレスリリースのなかでは、「メキシコには存在しないイスラーム過激派グループがカナダに存在すること、北部国境は南部国境の二倍の長さがあること、DHSが北部国境に配置している人員や資源は南部国境に配置している数分の一であることから、北部国境を越えるリスク脅威は南部国境よりも高い」ということが述べられている。[★72] また、カナダとの国境には大きな人口集中地区が点在し、多数の高速道路が交差しているために、越境する非合法活動を発見することが難しくなっているとも指摘した。[★73]

米国の上院議員からなるグループは、ロバート・ゲイツ（Robert Gates）国防長官とジャネット・ナポリターノ（Janet Napolitano）国土安全保障長官宛てに書簡を出し、「低空飛行する航空機による麻薬密輸を探知・撲滅するために、軍事用レーダー技術を配備すること」を求めた。[★74] これをうける形で、二〇一一年三月に行われた上院国土安全保障委員会においてナポリターノ長官は、「カナダとの国境では、赤外線カメラシステム、モバイル監視システム、遠隔ビデオ監視システムなどの技術を導入し、CBPのプレデターB（無人機）による初の空域パトロールを行う」と述べた。[★75] また同月には、米国ミシガン州のセルフリッジ空軍基地内にオペレーション・インテグレーション・センター（Operation Integration Center: OIC）が開設された。[★76] この施設は、CBPが連邦政府、州政府、地方自治体、国際的なパートナーとともに、北部国境の五大湖地域におけるオペレーションにとって欠かせないデータを収集、分析、発信するための中核的な拠点となり、そこにはヘリコプターや無人機からのライブ映像をモニターできるコントロール・ルームが設置された。[★77]

さてここでは、米加国境における主要な「国境回廊」である太平洋岸北西部地域（Pacific Northwest）のカスカディア地方（Cascadia region）を事例にとって、米加国境のセキュリティの昂進化が国境地域に与えた大きな影響について検証する。[★78] カスカディア地方は、米国のホームランド・セキュリティ強化の影響をうけながらも、国境のステークホルダーが活発に活動する「革新的な国境地域」である。[★79] この国境回廊は、カナダ側が九九号線、米国側がI―五号線で連結し、米加国境間で物流をはじめとした交通量がもっとも多いルートのひとつであり、バンクーバーからシアトルまでの大都市圏を構成している地域である。この国境地域にあるカナダ側の町としては、西からダグラス／ピースアーチ、パシフィックハイウェイ、アルダーグローブ／リンデン、アボッツフォード／スマスがあるが、このなかにはセキュリティの昂進化によって私有地が接収された場所もある。

国境線から離れた米国のワシントン州ブレインやカナダのブリティッシュ・コロンビア州ホワイトロックにおいても、USBPの地域事務所や国境警備関連の使用機器の保管施設などが置かれ、その建設などによって地域住民が立ち退きを命じられたりすることもあった。[80]

そうした施設の拡張などによって、セキュリティが確保された地域とそうでない地域の差別化が、地域住民の分断感情を呼び起こした。[81] USBPが常駐することによって、美しい自然を求めて多くの人間が移り住んでくる海沿いの町ブレインにも、セキュリティが多くの場所に浸潤するようになった。こうした現象は、ブレインばかりではなく、東部のリンデンやスマス、南はベリンハムにまで広がっていることが報告されている。[82]

カスカディア地方に蔓延しているのは「不確実性」の抱えるリスクである。国境機能のすべての側面がセキュリティ機能に変換されていることによって、通勤・通学やツーリズムなどにおける国境が担う重要な機能が副次的な位置においやられてしまう。[83] 二〇一〇年に西ワシントン大学国境政策研究所（Border Policy Research Institute: BPRI）とビクター・コンラッド（Victor Konrad）が行った共同調査によれば、米国にとってのカナダ国境には「穴の開いた（porous）」国境イメージがつきまとい、カナダからみた米国国境は日常的な人の移動や経済・貿易関係を阻害する「分厚い（thick）」国境という、両国にとって相反する意味をもつようになったことが明らかになった。[84]

この調査結果から読み取れるのは、国境地域に住む人々のコミュニティの間で生まれる「信頼の欠損（trust deficit）」という事態である。[85] カスカディア地方におけるセキュリティの昂進化は、国境地域の生活空間にさまざまな負の影響を与えてきた。文化的な相互作用をもつゾーンとしての国境

写真３－８　ピースアーチ（左）と米加国境（右）
（於：ワシントン州ベリンハム、2015 年 2 月 4 日、筆者撮影）

地域は、ひとつの国家に対応するひとつの文化を包含する場ではなく、複数の文化やアイデンティティが混在・融合する固有の空間を形成しているのであり、セキュリティの昂進化に直面しても、それに対抗しうる潜勢力としての文化が再生する素地を有している。★86 国境地域における文化は、国境を接する国家間関係の健全さを示すメルクマールのひとつとなるが、国境地域における急激な変化を緩和するローカルなステークホルダーの役割に着目することによって、過度のセキュリティの昂進化を抑制する契機にもなる。クロスボーダーな文化的相互作用によって、政治と経済の摩擦を緩和しようとする境界文化の形成は、新しい地理的秩序を形成するひとつの要素になってきたといえる。クロスボーダーな文化は、「ひとつの国家／ひとつの社会」に対応する「ひとつの国民文化」という対概念への疑義をなげかけ、国民文化という境界によって区切られた一国単位的な文化モデルを批判的に理解する。こうした文脈において、レナート・ロサルド（Renato Rosaldo）は、「共有された意味やパターン」という伝統的な文化理解に立つのではなく、ある文化の内部あるいは複数の文化間の差異が表象される空間としての国境地域を、「創造的な文化を生産するゾーン」として捉えている。[★87] コンラッドは、国境地域を「国境の一方の側にいる人間が価値、信仰、感情、期待を、もう一方の側にいる人間と共有する相互作用の場」と定義した。[★88]

カスカディア地方における国際モビリティ回廊プロジェクト（International Mobility and Trade Corridor Program: IMTC）は、CBPやCBSAという政府レベルの組織ばかりではなく、国境に関わる民間企業や大学などの研究機関を含む多様なステークホルダーが定期的に意見交換し、国境関連の情報共有を行う国境地域の二国間連合組織である。[★89] ロッキー山脈の真ん中に位置するグレーシャー国立公園（米国モンタナ州）とウォータートン・レイク国立公園（カナダ・アルバータ州）は、世界で唯一国境にまたがる国際平和自然公園を形成し、自然環境の保護やツーリズムの観点から重要な地理的役割を果たしている。このように、国境地域の安定と繁栄には、多様なレベルにおけるステークホルダーの重層的関与とセキュリティの昂進化に対抗しうる境界文化の醸成が必要となっている。

おわりに

本章では、9・11テロ以後のホームランドセキュリティの強化によって米国が、カナダとメキシコを巻き込む形で北米地域全体の要塞化を進めていくプロセスを、北米国境の歴史的変遷をふりかえりながら考察した。米墨・米加という二つの国境を比較する視点から捉えることによって、米国が地域内で圧倒的なヘゲモニーを占めるなかで推進される地域統合という視点を相対化し、国境を越えたあらゆるレベルでの境界線の複層的なつながりを可視化することができる。本章でみてきたように、米国の歴史は国境線を引き直し、国境の壁を長大化してきた歴史と重なり、北米地域は軍事化やゾーン化によって国境の伸縮性を体現する空間となっている。このような状況のなかで、生活空間としての国境地域に住む人々や組織は、国家間の人為的な線引きやセキュリティの昂進化によって翻弄されてきたのである。トランプの壁の建設によって明らかになった生態系の保護や先住民の人権なども視野にいれた社会文化的な境界をどのように構築していくのかというテーマが北米国境では重要になっているといえよう。

註

★1　米墨国境の歴史や現状に関する近年の代表的著作としては、以下がある。Ganster, Paul and Collins, Kimberly,

The U.S.-Mexican Border Today: Conflict and Cooperation in Historical Perspective, Fourth edition, London: Rowman & Littlefield, 2021. また米墨国境におけるトランプの壁建設に至る史的文脈を、人の移動の規制という観点から探った業績に以下がある。小田悠生「アメリカ・メキシコ国境問題　アメリカ合衆国から見た米墨国境——歴史のなかの国境線・国境地帯・国境」『歴史学研究』第九九五号、二〇二〇年。

★2　Correa, Jennifer G. and Thomas, James M., "From the Border to the Core: A Thickening Military-Police Assemblage," *Critical Sociology* 45 (7-8), 2019, pp.1133-47.

★3　Ibid.

★4　Ibid.

★5　USBPの誕生の歴史については、以下が詳しい。Hernandez, Kelly L., *Migra!: A History of the U.S. Border Patrol*, CA: University of California Press, 2010; 加藤洋子『「人の移動」のアメリカ史——移動規制から読み解く国家基盤の形成と変容』彩流社、二〇一四年。

★6　Correa and Thomas, "From the Border to the Core: A Thickening Military-Police Assemblage," op.cit.

★7　ナイ、メイ・M『「移民の国アメリカ」の境界——歴史のなかのシティズンシップ・人種・ナショナリズム』小田悠生訳、白水社、二〇二一年、一七六—一七八頁。

★8　同上、二三〇頁。

★9　Correa and Thomas, "From the Border to the Core: A Thickening Military-Police Assemblage," op.cit., p.1137.

★10　Dunn, Timothy, *Militarization of the U.S.-Mexico Border 1978-1992: Low-Intensity Conflict Doctrine Comes Home*, Austin, TX: University of Texas at Austin, 1996.

★11　Correa and Thomas, "From the Border to the Core: A Thickening Military-Police Assemblage," op.cit., p.1137.

★12　Ibid.

★13　Ibid.

★14　Ibid.

★15　Ibid., pp.1137-1138.

★16　不法越境志願者たちが「オペレーション・ゲートキーパー」によって直面することになった過酷な越境環境

については、以下のルポルタージュがある。エリングウッド、ケン『不法越境を試みる人々——米国・メキシコ国境地帯の生と死』仁保真佐子訳、パーソナルケア出版部、二〇〇六年。

★17 U.S. Border Patrol, *Border Patrol Strategic Plan 1994 and Beyond*, July 1994.

★18 Public Citizen, "The NAFTA-CAFTA Legacy: Failed Trade Policy That Drove Millions from Their Homes," September 1, 2019 〈https://www.citizen.org/article/the-nafta-cafta-legacy-failed-trade-policy-that-drove-millions-from-their-homes/〉（最終閲覧日：二〇二一年五月三〇日）.

★19 Correa and Thomas, "From the Border to the Core: A Thickening Military-Police Assemblage," op.cit., p.1138.

★20 Clinton, William J., "Address Before a Joint Session of the Congress on the State of the Union," 24 January, 1995 〈https://www.presidency.ucsb.edu/documents/address-before-joint-session-the-congress-the-state-the-union-11〉（最終閲覧日：二〇二一年五月三〇日）.

★21 Lind, Dara, "The Disastrous, Forgotten 1996 Law That Created Today's Immigration Problem," *Vox*, April 28, 2016 〈https://www.vox.com/2016/4/28/11515132/iirira-clinton-immigration〉（最終閲覧日：二〇二一年五月三〇日）.

★22 American Immigration Council, "Still No Action Taken: Complaints Against Border Patrol Agents Continue to Go Unanswered," August 2, 2017 〈https://www.americanimmigrationcouncil.org/research/still-no-action-taken-complaints-against-border-patrol-agents-continue-go-unanswered〉（最終閲覧日：二〇二〇年三月二日）.

★23 『ニューヨーク・タイムズ』の記者であるジュリー・デイビス（Julie Davis）とマイケル・シア（Michael Shear）は、二〇一九年に出版した『国境戦争——移民を攻撃するトランプ政権の内幕』において、国境の壁建設をめぐるホワイトハウス内の驚くべき内幕について暴露した。そのなかで、トランプ大統領は、水を張った溝にヘビやワニを放し、壁（フェンス）に電気を流したいと真剣に考えていたと論じている。Davis, Julie H. and Shear, Michael D., *Border Wars: Inside Trump's Assault on Immigration*, NY: Simon & Schuster, 2019.

★24 Hiemstra, Nancy, "Performing Homeland Security within the US Immigrant Detention System," *Environment and Planning D: Society and Space* 32 (4), 2014, pp. 571-588.

★25 Pramuk, Jacob and Wilkie, Christina, "Trump Declares National Emergency to Build Border Wall, Setting up Massive Legal Fight," *CNBC*, 15 February, 2019 〈https://www.cnbc.com/2019/02/15/trump-national-emergency-declaration-border-wall-spending-bill.html〉（最終閲覧日：二〇二一年六月一〇日）.

★26　Congressional Research Service, *DHS Border Barrier Funding*, Updated January 29, 2020.

★27　Burnett, John, "$11 Billion and Counting: Trump's Border Wall Would Be The World's Most Costly," *National Public Radio*, January 19, 2020〈https://www.npr.org/2020/01/19/797319968/-11-billion-and-counting-trumps-border-wall-would-be-the-world-s-most-costly〉（最終閲覧日：二〇二〇年一月二七日）.

★28　Ibid. 世界で二番目に高額な壁は、イスラエルが西部地区に建設している壁であり、一マイルにつき一〇〇万米ドルから五〇〇万米ドルの費用がかかるといわれている。

★29　Carroll, Rory, "Arizona's Organ Pipe Park is a 'Paradise' for Tourists but a Death Trap for Migrants," *The Guardian*, October 15, 2015〈https://www.theguardian.com/us-news/2015/oct/15/organ-pipe-national-monument-migrants-mexico〉（最終閲覧日：二〇二一年六月一〇日）.

★30　Gilbert, Samuel, "'National Tragedy': Trump Begins Border Wall Construction in UNESCO Reserve," *The Guardian*, September 13, 2019〈https://www.theguardian.com/environment/2019/sep/12/border-wall-organ-pipe-cactus-arizona〉（最終閲覧日：二〇二一年六月一〇日）.

★31　Burnett, John, "Border Wall Rising in Arizona, Raises Concerns Among Conservationists, Native Tribes," *National Public Radio*, October 13, 2019〈https://www.npr.org/2019/10/13/769444262/border-wall-rising-in-arizona-raises-concerns-among-conservationists-native-trib〉（最終閲覧日：二〇二一年六月一〇日）.

★32　Clean Water Act, Archeological Protection Act, Wild Horse and Burro Act など。

★33　Brocious, Ariana, "Border Wall Groundwater Pumping Thatens to Push Endangered Species to 'Brink of Extinction'" *Arizona Public Media*, August 11, 2020〈https://news.azpm.org/p/news-topical-nature/2020/8/11/178359-border-wall-groundwater-pumping-threatens-to-push-endangered-species-to-brink-of-extinction/〉（最終閲覧日：二〇二一年六月一五日）.

★34　Jordahl, Laiken, "A Year of Devastation in Arizona's Wild Lands," *New York Times*, November 1, 2020〈https://www.nytimes.com/2020/11/01/opinion/trump-wall-arizona-environment.html〉（最終閲覧日：二〇二一年六月一五日）.

★35　Ibid.

★36 Miller, Todd, "How Border Patrol Occupied the Tohono O'odham Nation," *In These Times*, June 12, 2019 〈http://inthesetimes.com/article/21903/us-mexico-border-surveillance-tohono-oodham-nation-border-patrol〉（最終閲覧日：二〇二〇年二月三日）.

★37 ここでの知見は、筆者によるファン氏へのインタビューにもとづく（於：アリゾナ州ツーソン、二〇一九年一二月六日）。

★38 Ibid.

★39 Lopez, Mark H., Passel, Jeffrey S. and Cohn, D'vera, "Key Facts about the Changing U.S. Unauthorized Immigrant Population," Pew Research Center," April 13, 2021 〈https://www.pewresearch.org/fact-tank/2021/04/13/key-facts-about-the-changing-u-s-unauthorized-immigrant-population/〉（最終閲覧日：二〇二一年六月二〇日）.

★40 Kerwin, Donald, Nicholson, Mike, Alulema, Daniela and Warren, Robert, "US Foreign-Born Essential Workers by Status and State, and the Global Pandemic," Center for Migration Studies 〈https://cmsny.org/publications/us-essential-workers/〉（最終閲覧日：二〇二一年六月二〇日）.

★41 Lopez, Passel and Cohn, "Key Facts about the Changing U.S. Unauthorized Immigrant Population," op.cit.

★42 Ibid.

★43 小田、前掲論文、三九頁。

★44 Cornelius, Wayne A. and Salehyan, Idean, "Does Border Enforcement Deter Unauthorized Immigration?: The Case of Mexican Migration to the United States of America," *Regulation & Governance* 1 (2), 2007, pp.139-153.

★45 Rodgers, Lucy and Bailey, Dominic, "Trump wall: How Much Has He Actually Built?" *BBC News*, October 31, 2021 〈https://www.bbc.com/news/world-us-canada-46824649〉（最終閲覧日：二〇二一年六月二〇日）.

★46 Ibid.

★47 Ibid.

★48 Ibid.

★49 USBPは、二〇二〇年二月、アリゾナ州ノガレスの道路下に大きな越境麻薬トンネルが発見されたと報告している。その発表によると、トンネルは手掘りで、もっとも深いところでは深さ二〇フィート、長さ三〇フィートあった。KNAU News Talk, “Another Large Cross-Border Drug Tunnel Discovered In Nogales,” *Arizona Public Radio*, February 28, 2020〈https://www.knau.org/knau-and-arizona-news/2020-02-28/another-large-cross-border-drug-tunnel-discovered-in-nogales〉（最終閲覧日：二〇二一年六月二四日）.

★50　Ginsburg, Susan, “Countering Terrorist Mobility: Shaping an Operational Strategy,” *Report: Independent Task Force on Immigration and America's Future*, Washington, D.C.: Migration Policy Institute, 2006.

★51　U.S. Department of Justice, National Drug Intelligence Center, *National Drug Threat Assessment 2010*, February 2010, p. 21.

★52　Gawthorpe, Andrew, “Why Trump's ‘Big, Beautiful’ Border Wall Will Never Work,” *The Guardian*, January 15, 2019〈https://www.theguardian.com/commentisfree/2019/jan/15/trump-mexio-border-wall-dangerous-illusion?CMP=gu_com〉（最終閲覧日：二〇二一年六月二七日）.

★53　Ibid.

★54　Costley, Willie, “Online Vigilantes: The Virtual Semiotics of AZ Border Recon,” *Public Voices* 17 (1), 2020, pp.21-31.

★55　Andreas, Peter, *Border Games: Policing the U.S.-Mexico Divide*, Second edition, Ithaca: Cornell University Press, 2012.

★56　Amoore, Louise and Hall, Alexandra, “Border Theatre: On the Arts of Security and Resistance,” *Cultural Geographies* 17 (3), 2010, pp. 299-319.

★57　二〇一二年にフロリダ州で起こった黒人の高校生一七歳を白人の自警団長が射殺し、無罪となった事件に端を発する。

★58　二〇二〇年の大統領選における再選のために、「法と秩序」を掲げて「強い大統領」を世論にイメージづける狙いがあった。Ignatius, David, “Trump's ‘Law and Order’ Is a Code for Maintaining Personal Power,” *The Washington Post*, July 14, 2020〈https://www.washingtonpost.com/opinions/trump-the-law-and-order-candidate-thats-a-laugh/2020/07/14/17037e86-c610-11ea-b037-f9711f89ee46_story.html〉（最終閲覧日：二〇二一年七月二七日）.

★59　Walker, Tim, “First Thing: Is Trump a ‘Law and Order’ President, or a Lawless One?” *The Guardian*, July 23, 2020〈https://www.theguardian.com/us-news/2020/jul/23/first-thing-is-trump-a-law-and-order-president-or-a-lawless-one〉（最終閲覧日：二〇二一年七月二七日）.

★60 U.S. Department of Homeland Security, "Acting Secretary Wolf Condemns The Rampant Long-Lasting Violence In Portland," July 16, 2020 〈https://www.dhs.gov/news/2020/07/16/acting-secretary-wolf-condemns-rampant-long-lasting-violence-portland〉(最終閲覧日：二〇二一年七月二七日).

★61 「聖域都市」という概念自体は「論争的」なものである。トランプ大統領は、不法移民の厳格な取締りを行わず、みずからの移民政策に批判的な民主党系首長の多い州や地方政府を「聖域都市」と呼んだが、法律的及び一般的な定義も存在していない。連邦政府の移民政策に批判的なスタンスをとる州や地方政府が積極的に「聖域都市」と称することも多い。西山隆行『〈犯罪大国〉アメリカのいま——分断する社会と銃・薬物・移民』弘文堂、二〇二一年、とくに「第6章　聖域都市」。

★62 Dickerson, Caitlin and Kanno-Youngs, Zolan, "Trump Administration to Deploy Elite Border Patrol Agents to Sanctuary Cities, Including Chicago and New York," *The New York Times*, February 14, 2020 〈https://www.nytimes.com/2020/02/14/us/Border-Patrol-ICE-Sanctuary-Cities.html〉(最終閲覧日：二〇二〇年七月二二日).

★63 Snyder, Timothy, *On Tyranny: Twenty Lessons from the Twentieth Century*, Tim Duggan Books, 2017 (『暴政——20世紀の歴史に学ぶ20のレッスン』池田年穂訳、慶應義塾大学出版会、二〇一七年).

★64 Haddal, Chad C., *Border Security: The Role of the U.S. Border Patrol*, CRS Report, Washington, D.C.: Congressional Research Service, August 11, 2010, p. 20.

★65 ブルネイ=ジェイ、エマニュエル「9.11同時多発テロ以降のカナダ=米国国境——カナダ側からの見解」川久保文紀監訳、『境界研究』第二号、二〇一一年、一二四—一二五頁。

★66 Ackleson, Jason, "From 'Thin' to 'Thick' (and Back Again?): The Politics and Policies of the Contemporary US-Canada Border," *American Review of Canadian Studies* 39 (4), 2009, pp.336-351.

★67 Konrad, Victor, "Borders, Bordered Lands and Borderlands: Geographical States of Insecurity between Canada and the United States and the Impacts of Security Primacy," in Vallet, Elisabeth ed., *Borders, Fences, and Walls: State of Insecurity?* London and NY: Routledge, 2014, pp.88-89.

★68 Haddal, "Border Security," op.cit., p. 22.

★69 五つの基地は、ワシントン州ベリンハム、ニューヨーク州プラッツバーグ、ミシガン州デトロイト、ノースダコタ州グランドフォークス、モンタナ州グレイトフォークスにある。

★70 U.S. Department of Homeland Security, *Northern Border Strategy*, June 2012.

★71 Government Accountability Office（GAO）, *Border Security: Enhanced DHS Oversight and Assessment of Interagency Coordination Is Needed for the Northern Border*, GAO-11-97, December 2010.

★72 Dana Gabriel, "The Militarization of the US-Canada Border: The Proposed Canada-U.S. Trade and Security Perimeter Agreement," *Global Research*, April 26, 2011〈https://www.globalresearch.ca/the-militarization-of-the-us-canada-border/24513〉（最終閲覧日：二〇二一年六月三〇日）.

★73 Ibid.

★74 Ibid.

★75 Ibid.

★76 Ibid.

★77 Ibid.

★78 カスカディア地方とは、一般的にはカスカディア山脈の周囲にある地域全体を意味するが、広義には、米国のワシントン州、オレゴン州、アイダホ州、モンタナ州、アラスカ州の五つの州と、カナダのブリティッシュ・コロンビア州とユーコン準州の二州にわたる地域を指している。

★79 Alper, Donald and Hammond, Bryant, "Bordered Perspectives: Local Stakeholders' Views of Border Management in the Cascade Corridor Region," *Journal of Borderlands Studies* 26（1）, 2011, p.102.

★80 Konrad, Vicotor, "Borders and Culture: Zones of Transition, Interaction and Identity in the Canada-United States Borderlands," *Eurasia Border Review* 5（1）, 2014, pp.47-48.

★81 Ibid., pp.55-56.

★82 Konrad, "Borders, Bordered Lands and Borderlands," op.cit., p.90.

★83 Ibid., p.93, pp.96-97. なお、セキュリティの昂進化が、カスケード・ゲートウェイの東部にあるカスカディア山脈周辺の境界地域における環境に与える影響も懸念されている。この地域は、ハイイログマなどの絶滅危惧種の生息地域とも重なり、国家や州による環境保護のための規制が強い地域であるが、こうした環境規制が、

USBPの円滑な活動遂行のために妨げになっているとの理由から、共和党議員を中心にその緩和や撤廃が叫ばれるようになった。カスカディア地方の自然環境保護に関心をもつ住民は、セキュリティの昂進化が、共通の価値である環境保護に対して、多様なステークホルダー間の国境を越えた連携を困難にしていると感じている。しかしながら、カスカディア地方における大気保全、アボッツフォード地域全体に影響を及ぼすヌックサック川の洪水対策、スマス帯水層の保護に関する越境協力は一定の進展をみてきているとされる。

★84　Konrad, Victor, “Breaking Points,” but No ‘Broken’ Border: Stakeholders Evaluate Border Issues in the Pacific Northwest Region,” *Border Policy Research Institute Report* 10, Western Washington University, 2010.

★85　Konrad, “Borders and Culture,” op.cit., p.49.

★86　コンラッド、ビクター「境界文化（ボーダーカルチャー）」川久保文紀＋竹内雅俊編集・翻訳、現代地政学事典編集委員会編『現代地政学事典』丸善出版、二〇二〇年、五五六―五五七頁。

★87　Rosaldo, Renato, *Culture and Truth: The Re-Making of Social Analysis*, Boston: Beacon, 1989, pp.27-28（『文化と真実――社会分析の再構築』椎名美智訳、日本エディタースクール出版部、一九九八年）.

★88　Konrad, “Borders and Culture,” op.cit., p.45.

★89　Ibid., p.56.

第4章　国境産業複合体　セキュリティの担い手たち

はじめに

「対テロ戦争」というグローバルな内戦状態において、「安全保障国家（security state）」の肥大化が顕著になった。[1] 安全保障国家は本来、第二次世界大戦という総力戦や米ソ二極陣営が対立する冷戦の文脈のなかで形成されてきた。しかし、9・11テロ以降にみられる安全保障国家の特質は、日常生活の至るところまで「安全保障装置（security apparatus）」が張り巡らされる状況にある。米国の国境ジャーナリスト、トッド・ミラー（Todd Miller）は、米国の国境政治の文脈における安全保障装置の量的拡充と質的変容を「国境産業複合体（border-industrial complex）」と名づけた。[2]

国境産業複合体とは、連邦政府（とりわけDHS）、連邦議会、国土安全保障関連の民間企業、大学などの研究機関が構造的に結びついて形成される利益誘導型の非公式な協力関係のことをいう。[3] 本章ではまず、米国の歴代政権が推し進めてきた国境の軍事化の様相をふりかえりながら、国境産業複合体の歴史的展開について概観する。そして、その中核をなす主要企業の動向を検証したうえで、国境産業複合体を形成する利益誘導型国境政治の構造と実態について考察し、その問題点について論及する。

1　歴史的展開

一九六一年一月、アイゼンハワー大統領がその退任演説のなかで、軍と産業界の強い結びつきに警鐘を鳴らす形で言及した「軍産複合体（military-industrial complex）」は、「軍、それに関連する政府組織、政府の政策に影響を与える軍需産業の非公式な同盟関係」と定義される。★4 近年、軍産複合体に類似した構造をもつ国境産業複合体が急速に成長を遂げ、米国における利益誘導型国境政治が台頭してきた。★5 軍産複合体の中核は、連邦政府（とくにDOD）、連邦議会、軍需産業であったが、国境産業複合体の主要な構成要素はDHSを中心とした連邦政府、連邦議会、国土安全保障関連の民間企業であり、その企業の多くは軍需産業と表裏一体である。★6 国境産業複合体は、1)物理的な国境の壁の建設、2)バーチャルな国境の壁の建設、3)移民・難民の勾留施設の建設や運営・維持、4)移民・難民の国外強制送還に大きく関与している。

まず、米国の国境管理政策の変容を民間企業との結びつきの観点からみていく（表4－1を参照）。USBPは、一九七〇年に初めて対象物の動作を感知するモーションセンサーを米墨国境に埋め込んだといわれている。★7 このセンサーは、ベトナム戦争時、南ベトナムと北ベトナムを分け隔てるマクナマラ・ライン（McNamara Line）において用いられた電子監視システムを内蔵しており、地震学や音響学の応用であるとされる。★8 マクナマラ・ラインは、USBPの機能の一部を自動化する方法を提供し、不法移民の侵入から国を守るためのものであった。

マクナマラ・ラインの開発を担当したDODの「国防コミュニケーション計画グループ

時期	国境管理政策の主要動向	国境管理テクノロジー	内容
ニクソン政権以降 (1970年代) 予算増加	＊オペレーション・インターセプト		＊ベトナム戦争時のマクナマラ・ライン戦略の米墨国境への活用
レーガン政権 (1980年—1987年) 1980年：3億9,410万米ドル 1991年：9億205万米ドル	＊移民改革・コントロール法		＊国境における監視装置の急増と質の向上 ＊国境検問所（POE）の増設
ブッシュ（シニア）政権 (1988年—1991年) 1988年：10億米ドル 1991年：13億米ドル	＊侵入探査イニシアティブ		＊ヘリコプター部隊の増強 ＊サンディエゴ・ティファナ地域への7マイル（11キロメートル）のフェンスの設置
クリントン政権 (1992年—1999年) 1992年：15億米ドル 1999年：40億米ドル	＊「抑止による阻止」 ＊オペレーション・ホールドライン ＊オペレーション・ゲートキーパー ＊オペレーション・セーフガード ＊オペレーション・リオ・グランデバレー ＊移民改革・移民責任法	＊統合監視インテリジェンスシステム ＊米国の盾イニシアティブ ＊IDENT（自動バイオメトリック認証システム）	＊物理的な国境の壁の建設、USBPの人員増加、監視カメラ、モーションセンサー、スタジアムライトといったテクノロジー装置の米墨国境への設置（エルパソ、サンイシドロ、ノガレス、ダグラス、ラレド、ブラウンズビル）
ブッシュ（ジュニア）政権 (2000年—2008年) 2000年：42億ドル 2008年：143億ドル	＊DHSの創設	＊安全な国境イニシアティブ（SBI） ＊安全な国境イニシアティブ・ネットワーク（SBInet）の開始 ＊「安全なフェンス法」の制定	＊無人機（10機）の導入 ＊650マイル（約1,000キロメートルの国境の壁の建設
オバマ政権 (2009年—2016年) 2009年：173億米ドル 2016年：194億米ドル	＊非正規移民の国外強制送還の増加	＊SBInetの中止 ＊アリゾナ・テクノロジー計画	＊統合固定型監視タワー（IFT） ＊遠隔ビデオ監視システム（RVSS） ＊モバイルビデオ監視システム（MVSS） ＊モバイル監視能力（MSC）

トランプ政権 (2017年—2020年) 2017年：212億米ドル 2018年：237億米ドル	＊大統領行政命令13769（イランやシリアなどのイスラム諸国からの入国制限措置） ＊ゼロ・トレランス政策（家族と帯同してきた子どもの隔離措置） ＊移民保護のプロトコル（難民申請者をメキシコに待機させる政策） ＊新型コロナウイルス蔓延による公衆衛生命令42条にもとづく移民の入国停止及び国外強制送還	＊米墨国境に国境の壁を建設（取替え含む） ＊アリゾナ・テクノロジー計画の完了 ＊HART（ホームランド先進認証テクノロジー）	＊トホノ・オーダム・ネイション（先住民居留地）へのIFTの設置計画 ＊アリゾナからテキサスへのRVSSとMSCの重点配置
バイデン政権 (2020年—現在)	＊国境の壁の建設中止を表明（実際には壁の建設を継続中）		＊バーチャルな壁の建設を推進 ＊無人機の積極的な活用 ＊ロボット・パトロール犬の開発

表4－1　米国の国境政策の変容
出所：Miller and Buxton, *Biden's Border: The Industry, the Democrats, and the 2020 Elections*, Transnational Institute, 2021, pp.9-10 の table1 をもとに筆者が加筆・修正し、作成。

(Department of Defense, Communications Planning Group: DCPG)」のエンジニアがチュラビスタ（カリフォルニア州）、エルセントロ（カリフォルニア州）、ユマ（アリゾナ州）の所定地区を調査したうえで、ニューメキシコ州アルバカーキのサンディア社は一七七個のセンサーを米墨国境に設置することを決定した。[9] マクナマラ・ラインに代表される新しい軍事戦略は、南西部国境を実験場としてフロンティアを拡大する「壁の帝国」としての米国の原動力になった。[10]

一九八〇年代に入り、司法省(Department of Justice: DOJ）の移民帰化局（Immigration and Naturalization Service: INS）[11]は、メキシコからの麻薬密輸活動の深刻化に伴い、国境管理のインフラ整備に予算を集中投下することに決めた。ダンによれば、全米すべての国境警備セクターに監視用ヘリコプターが配備されたのだが、音声で警告を与えるヘリコプターの配備は、非正規移民の流入への抑止手段として威力を発揮した。★12 USBPは、夜間における非正規移民の流入を防ぐための監視に米軍と幅広く協力し、低照度テレビ監視システムをPOEに設置するなどした。こうした国境監視テクノロジーの発展は、レーガン政権が国境管理に集中的に取り組んだことによる。
ブッシュ（シニア）政権は、多様な電子監視システムを組み合わせた、少人数で広範なエリアをカバーできる「侵入探査イニシアティブ」に着手し、バーチャルな国境の建設へと向かう契機をつくった。★13 ベルリンの壁が崩壊した二年後の一九九一年、ブッシュ（シニア）政権は、高さ一〇フィートの国境の壁（フェンス）の建設をサンディエゴ・ティファナ地域の国境沿いに七マイルにわたって行った。★14 これは、カーター政権時代に建設が開始されたフェンスをさらに強化・延長したものであるが、サンディエゴ・ティファナ地域の東部に広がる砂漠などの危険地帯へ移民の流入ルートを変えるきっかけとなり、世論による批判を招くことになった。★15
一九九三年に誕生したクリントン政権は、物理的な国境の壁の建設、USBPの人員増加、テクノロジーを駆使した国境システムの開発など、あらゆる観点からの国境管理の強化に努めた。政権誕生から二〇〇一年の政権終了までに、国境フェンスの長さは総計で前政権時から七六マイル延長され、USBPの人員もおよそ三倍に増加された。★16 一九九五年、INSはIDENT（自動バイオメトリック認証システム）の開発に着手し、USBPの管轄地区のひとつであるサンディエゴ・セクターで運用が開始されたが、これは摘発した非正規移民の生体情報などの収集・分析を企図したシステムであった。ＩＮＳは一九九五年から二〇〇〇年にかけて三四〇〇万米ドルを IDENT のシステム開発に投資し、これは9・11テロ以後に構築された米国の包括的な出入国管理システムであるUS-VISIT プログラムの先駆けになった。さらにクリントン政権においては、スマート・ボーダーの原型となる「統合監視インテリジェンスシステム（Integrated Surveillance Intelligence System: ISIS）」と「米国の盾イニシアティブ（America's Shield Initiative: ASI）」が構築された。[★17]

二〇〇六年、ブッシュ（ジュニア）政権のもとで、「安全な国境イニシアティブ（Secure Border Initiative: SBI）」がアリゾナ州の南西部国境において開始されたが、その主要目的はドローンの運用による国境監視であった。[★18] ドローンのテスト飛行は、イスラエル軍によるパレスチナのテロ活動を監視するために二〇〇四年に開発されたヘルメス４５０で行われたが、これはイスラエルのハイファに拠点をおくエルビット・システムズ（Elbit Systems）製のものであった。[★19] さらに、ＣＢＰはＳＢＩの拡大計画である「安全な国境イニシアティブ・ネットワーク（Secure Border Initiative Network: SBInet）」の開発と運用に着手したが、これはＣＢＰとボーイングとの間に五年間契約で結ばれた国境監視網の建設計画であった。しかし、SBInet は二〇一一年にそれにかかる予算の急増と技術上の問題から中止に追い込まれた。二〇一二年からは SBInet の後継システムとして、バーチャルな国境壁の建設の骨格をなす統合固定型監視タワー（Integrated Fixed Tower: IFT）の建設がアリゾナ州で開始された。これもイスラエルのエルビット・システムズによるものであり、ひとつのタワーの働きによって一〇〇人分の国境警備隊員の仕事をうけもつことができるとされた。[★20]

イスラエルは、ホームランド・セキュリティ分野において、米国ばかりではなく、ＥＵ、インド、韓国との協力関係も推進している。[★21] イスラエルが建設を推進する国境の壁は、スリット状の窓がついた監視塔が多数設置されているものであり、そこでは本当に人間が監視されているのかどうかが分からないという不可視の権力が行使されている。この状況について、トニー・パヤン（Tony Payan）は、「パノプティコン・ボーダー（panopticon border）」の出現と言い表した。[★22] ある意味で、イスラエルは軍事装備品を売却するばかりではなく、そのオペレーションを含めたホームランド・セキュリティ国家のシステム全体を世界中に売り込んでいるのである。ジョン・ダワー（John Dower）は、このホームランド・セキュリティ国家を「新しい巨大国家」と描写し、以下のように述べる。

新しい巨大国家の驚くべき性質は、これまで政府ならびに軍が執り行ってきた活動分野で、私企業に委託される範囲が、政府・軍のそれを超えたということである。〔…〕私企業に委託するという形をとることで国防関連の実費を偽装することができ、同時に、小規模な軍事行動を好む一般国民の感情に応えることができるという、軍事的・政治的な計算が働いていた。〔…〕9・11事件とそれに伴って起きたアメリカ国内外での「安全保障」をめぐるパニックが、新しい軍事レベルの変化に、民営化を持ち込んだのである。民間部門の急速な軍事化は、このヒステリー状態が必然的にもたらした結果であった。かくして、テロの恐怖は儲けにつながることが証明されたのである。[★23]

写真４－１　統合固定型監視タワー（IFT）
（於：アリゾナ州アリバカ、2019 年 6 月 21 日、筆者撮影）

2 主要企業の動向

ミラーによる調査レポート『壁が生み出したもの（*More Than a Wall*）』は、米国における国境産業複合体の出現と興隆のダイナミズムを初めて体系的に示したものであるが、このなかでは国境管理分野における一四の巨大企業が調査対象となっている。[★24] これらの企業とは、アクセンチュア、ボーイング、エルビット・システムズ、フリアーシステムズ、G4S、ジェネラル・アトミクス、ジェネラル・ダイナミクス、IBM、L3テクノロジーズ、ロッキード・マーティン、ノースロップ・グラマン、PAE、レイセオン、ユニシスである（表4－2を参照）。これらの企業は、グローバルな軍需産業としての性格をもつものが多い。CBPの主要な受注契約先としてのこれらの企業は、国土安全保障政策に通じる連邦議会議員への選挙資金提供者でもあり、ロビー活動に対しても積極的である。

二〇一八年、総額二三〇億米ドルを超える米国史上最大となる移民・国境関連予算が「国土安全保障省歳出法（H.R.3355）」によって成立した。その成立過程において、ジェネラル・ダイナミクスは四四回、ノースロップ・グラマンは一九回、ロッキード・マーティンは四一回、レイセオンは二八回のロビー活動を行ったことが明らかとなった。[★25] 同年には「包括的予算法案（Omnibus Appropriations Act）」が承認され、DHSの予算は前年比一三％増の五五六億米ドル、CBPの予算は前年比一五％増の一六三億五七〇〇万米ドルになった。[★26]

国境の壁の建設を政権公約として誕生したトランプ政権とウォール街との強い結びつきも明らか

企業名	CBPとの受注契約（単位：百万米ドル）	一般的な事業内容	国境管理における事業内容	本社所在地
アクセンチュア	$200	コンサルティングに関する多国籍企業	管理支援業務・人事管理	ダブリン、アイルランド
ボーイング	$1,400	航空機、ロケット、衛星などの開発企業	陸域監視システム	シカゴ、イリノイ
エルビット・システムズ	$187	軍需・国土安全保障企業	監視タワー	ハイファ、イスラエル
フリアーシステムズ	$157	熱探知システム	モバイル監視カメラ	ウィルソンビル、オレゴン
G4S	$653	グローバル・セキュリティ企業	移民の移送業務	ロンドン、イギリス
ジェネラル・アトミクス	$504	軍需産業（ジェネラル・ダイナミクスから分離）	無人機システム	サンディエゴ、カリフォルニア
ジェネラル・ダイナミクス	$167	軍需宇宙産業	監視タワー	フォールズチャーチ、バージニア
IBM	$1,700	情報技術産業	インフラサポート	アーモンク、ニューヨーク
L3テクノロジー	$894	指示命令システム、探査捕捉システム	監視カメラシステム、センサーシステム	ニューヨークシティ、ニューヨーク
ロッキード・マーティン	$1,000	軍需産業	監視システム、サイバーセキュリティ	ベセスダ、メリーランド
ノースロップ・グラマン	$340	軍需産業	バイオメトリクス	フォールズ・チャーチ、バージニア
PAE	$1,200	軍需産業	監視用航空機の修理・メインテナンス	アーリントン、バージニア
レイセオン	$37	軍需産業	海洋無人機システム	ウォルサム、マサチューセッツ
ユニシス	$2,000	情報技術産業	バイオメトリクス、パスポート管理	ブルーベル、ペンシルバニア

表4－2　「国境産業複合体」を形成する主要企業（2005年—2019年）
出所：Miller, *More Than a Wall*, op.cit., p.32, pp.34-48をもとに筆者が加筆・修正し、作成。

になった。★27 ウォール街の投資企業の多くは、トランプ大統領の選挙キャンペーンに対して選挙資金を提供したことで大きな影響力を及ぼし、その最大手は、国境の壁の建設工事を請け負ったテキサス・スターリングの親会社であるスターリング・コンストラクション・カンパニーであった。他の投資企業としては、ルネッサンス・テクノロジーズ、ディメンショナル・ファンド・アドバイザーズ、ブラックロック、JPモルガン、ウェルズ・ファーゴなどが挙げられるが、それらはいずれも米国を代表するグローバル企業である。★28 投資家は二〇一七年三月から六月の間にスターリングへの出資を増加させ、ブラックロックへの投資額は約二〇〇％増加し、JPモルガンは数百万ドルの価値がある一四万五二〇〇株を保有するに至った。★29

3 三位一体の構造

3－1 選挙資金とロビー活動

下院国土安全保障委員会は、国土安全保障政策に関する法案を取り扱い、それを修正・議決する権限を有している。下院国土安全保障委員会が初めて常任委員会となったのは、第一〇九回連邦議会のときである。この委員会の所属議員への選挙資金提供企業は、ロッキード・マーティン（一六万一六一二米ドル）、ジェネラル・ダイナミクス（一二万六〇五〇米ドル）、ノースロップ・グラマン（一二万五〇五〇米ドル）の順になっている（表4－3を参照）。★30 また、連邦政府の歳出や受注契

第 109 連邦議会（2004 年）	
ノースロップ・グラマン	$123,750
ジェネラル・ダイナミクス	$105,625
合計	$229,375
第 109 連邦議会（2006 年）	
ロッキード・マーティン	$161,612
ノースロップ・グラマン	$125,050
ジェネラル・ダイナミクス	$126,050
合計	$412,712
第 110 連邦議会（2006 年）	
なし	
第 110 連邦議会（2008 年）	
レイセオン	$148,750
ボーイング	$125,800
合計	$274,550
第 111 連邦議会（2008 年）	
なし	
第 111 連邦議会（2010 年）	
レイセオン	$184,500
ボーイング	$171,550
合計	$356,050
第 112 連邦議会（2010 年）	
ボーイング	$156,650
レイセオン	$143,500
ロッキード・マーティン	$110,758
ノースロップ・グラマン	$99,700
合計	$510,608
第 112 連邦議会（2012 年）	
レイセオン	$177,999
ロッキード・マーティン	$171,456
ボーイング	$170,750
ノースロップ・グラマン	$134,000
合計	$654,205

第 113 連邦議会（2014 年）	
ノースロップ・グラマン	$279,500
ロッキード・マーティン	$240,500
レイセオン	$213,730
合計	$733,730
第 114 連邦議会（2014 年）	
ノースロップ・グラマン	$200,200
ロッキード・マーティン	$174,500
レイセオン	$164,750
ジェネラル・ダイナミクス	$123,300
合計	$662,750
第 114 連邦議会（2016 年）	
ロッキード・マーティン	$251,480
ノースロップ・グラマン	$215,050
レイセオン	$158,351
ジェネラル・ダイナミクス	$150,327
ボーイング	$132,120
合計	$907,328
第 115 連邦議会サイクル（2016 年）	
ロッキード・マーティン	$225,820
ノースロップ・グラマン	$171,085
合計	$396,905
第 115 連邦議会（2017 年―2018 年）	
ノースロップ・グラマン	$293,324
ロッキード・マーティン	$224,614
ボーイング	$171,279
レイセオン	$168,270
ジェネラル・ダイナミクス	$150,000
合計	$1,007,487
第 116 連邦議会（2018 年）	
ノースロップ・グラマン	$196,564
ロッキード・マーティン	$147,734
合計	$344,298

表４－３　下院国土安全保障委員会所属議員への選挙資金提供企業一覧

総計：＄6,489,998

出所：Miller, *More Than a Wall,* op.cit., p.62 の Table 3 をもとに筆者が加筆・修正し、作成。

約を決定するうえで、大きな権限を有する下院歳出委員会の所属議員への選挙資金の提供金額も巨額である（表4－4を参照）。[31] この委員会の所属議員への選挙資金提供企業は順に、ロッキード・マーティン（四九万七五〇米ドル）、ジェネラル・ダイナミクス（三九万九〇〇米ドル）、ノースロップ・ダイナミクス（三九万九〇〇米ドル）、ノースロップ・グラマン（三〇万七一一〇米ドル）、レイセオン（二七万一四五〇米ドル）となっている。[32]

連邦議会議員と国土安全保障関連企業との結びつきについては、例を挙げて説明する。アリゾナ州選出の連邦下院議員を務めるマーシャ・マクサリー（Martha McSally）は空軍の退役軍人であるが、選挙区である南西部国境の国境管理の強化を選挙公約にして当選した。[33] 二〇一八年におけるマクサリーの選挙活動を支援した企業は、レイセオン、ノースロップ・グラマン、ボーイング、ジェネラル・ダイナミクスであり、これらの企業はすべてCBPの主要な受注契約企業である。[34] さらにマクサリーは、イギリスのBAEやイスラエルのエルビット・システムズからも多額の選挙資金の提供をうけており、歳出予算に長年強い影響力をもってきたテキサス州選出の連邦下院議員のケイ・グレンジャー（Kay Granger）に次いで多い選挙資金の提供をうけている。[35]

企業側は、国土安全保障政策の立案において鍵となる政治家への選挙資金提供が将来的に大きな収益につながることを経験的に知っており、政治家側もそうした企業にとって有益な法案の成立や資金配分に注力するという構造が形成されている。米国進歩センター（Center for American Progress: CAP）は、連邦政府との契約について、連邦議会におけるキーパーソンに対してより多くの資金提供をした企業に発注される傾向があると分析している。[36] 政治学者のクリストファー・ウィトッコ

(Christopher Witko)の研究によっても、選挙資金提供額と将来の契約獲得との間には相関関係があることが分かる。ウィトッコが一九七九年から二〇〇六年までの選挙資金提供額と受注契約について調査したところ、提供額が二〇万一二二〇ドル増えるごとに、企業は一〇七件の契約を獲得し、平均で五三〇万ドルの収益が期待できるとした。★37

3-2 回転ドアの政治

連邦政府と国土安全保障関連企業との結びつきを示す事例としては、副大統領や国防長官を歴任したディック・チェイニー(Dick Cheney)の動向が有名である。彼は、ブッシュ(シニア)政権の国防長官を務めていたときに、ブラウン&ルートサービス(後にケロッグ・ブラウン&ルートへ名称変更)に対して全世界に展開する米軍の兵站支援業務に関連する受注を優先的に与えていた。クリントン政権の誕生後、チェイニーはブラウン&ルートサービスを子会社にもつハリバートンのCEOに就任し、結果として、ブラウン&ルートサービスは一九九二年から一九九九年にかけてDODとの間に一二億米ドルもの受注契約を結ぶことになった。★38 そして、チェイニーがブッシュ(ジュニア)政権において副大統領に就任した際、ブラウン&ルートサービスはアフガニスタンとイラクにおける「対テロ戦争」の遂行において、他の企業をはるかに凌ぐ三九五億米ドルもの兵站支援業務契約を受注した。★39 カナダのジャーナリストであるナオミ・クライン(Naomi Klein)は、ブッシュ(ジュニア)政権時の回転ドアの政治について、『ニューヨーク・タイムズ』の記事を引用しながら以下のように指摘している。★40

第 109 連邦議会（2004 年）	
ノースロップ・グラマン	$397,950
ロッキード・マーティン	$392,711
ジェネラル・ダイナミクス	$292,500
ボーイング	$263,150
合計	$1,346,311
第 109 連邦議会（2006 年）	
ロッキード・マーティン	$490,750
ジェネラル・ダイナミクス	$390,900
ノースロップ・グラマン	$307,110
合計	$1,188,760
第 110 連邦議会（2006 年）	
ロッキード・マーティン	$432,250
ジェネラル・ダイナミクス	$329,400
ノースロップ・グラマン	$284,260
合計	$1,045,910
第 110 連邦議会（2007 年 -2008 年）	
ロッキード・マーティン	$501,600
ジェネラル・ダイナミクス	$425,900
ノースロップ・グラマン	$383,900
レイセオン	$374,600
ボーイング	$320,400
合計	$2,006,400
第 111 連邦議会（2008 年）	
ロッキード・マーティン	$474,100
ジェネラル・ダイナミクス	$382,900
レイセオン	$361,400
ノースロップ・グラマン	$360,600
合計	$1,579,000
第 111 連邦議会（2010 年）	
ボーイング	$543,500
ロッキード・マーティン	$522,550
レイセオン	$394,500
ジェネラル・ダイナミクス	$391,750
ノースロップ・グラマン	$352,250
合計	$2,204,550
第 112 連邦議会（2010 年）	
ロッキード・マーティン	$355,800
ボーイング	$343,150
ジェネラル・ダイナミクス	$254,300
レイセオン	$238,500
ノースロップ・グラマン	$220,900
合計	$1,412,650
第 112 連邦議会（2012 年）	
ロッキード・マーティン	$474,500
ボーイング	$368,700
ノースロップ・グラマン	$365,900
レイセオン	$335,000
ジェネラル・ダイナミクス	$318,310
合計	$1,862,410
第 113 連邦議会（2012 年）	
ロッキード・マーティン	$465,000
ノースロップ・グラマン	$364,150
ボーイング	$351,959
ジェネラル・ダイナミクス	$313,310
レイセオン	$307,250
合計	$1,801,669
第 113 連邦議会（2014 年）	
ロッキード・マーティン	$537,800
ジェネラル・ダイナミクス	$334,500
ノースロップ・グラマン	$580,600
合計	$1,452,900
第 114 連邦議会（2014 年）	
ノースロップ・グラマン	$588,950
ロッキード・マーティン	$566,200
レイセオン	$397,600
ボーイング	$378,649
ジェネラル・ダイナミクス	$340,100
合計	$2,271,499
第 114 連邦議会（2016 年）	
ロッキード・マーティン	$721,879
ノースロップ・グラマン	$602,410
ボーイング	$434,825
レイセオン	$384,100
ジェネラル・ダイナミクス	$337,850
合計	$2,481,064

第115連邦議会（2016年）	
ロッキード・マーティン	$720,180
ノースロップ・グラマン	$595,810
ボーイング	$458,408
レイセオン	$378,100
ジェネラル・ダイナミクス	$332,950
合計	$2,485,448
第115連邦議会（2018年）	
ノースロップ・グラマン	$866,200
ロッキード・マーティン	$691,774
ジェネラル・ダイナミクス	$518,475
ボーイング	$503,421
レイセオン	$475,655
合計	$3,055,525
第116連邦議会（2018年）	
ノースロップ・グラマン	$752,971
ロッキード・マーティン	$652,249
ボーイング	$466,268
ジェネラル・ダイナミクス	$463,655
レイセオン	$412,523
合計	$2,747,666

表４－４　下院歳出委員会所属議員への選挙資金提供企業一覧
総計：＄28,941,762
出所：Miller, *More Than a Wall,* op.cit., p.63 の Table 4 をもとに筆者が加筆・修正し、作成。

政府と産業界を往き来する〝回転ドア〟もブッシュ政権の特徴だった。いつの時代にも回転ドアは存在したが、ほとんどの場合、政治家はその政権が終わるまでは政府のコネを利用するのを自粛したものだ。だがブッシュ政権下では、セキュリティ・ビジネスが天井知らずの収益拡大を続けるなか、少なからぬ数の政府当局者が誘惑に抗しきれず、さまざまな政府機関の何百人という職員が任期切れを待たずに回転ドアに突進した。国土安全保障省における転職状況を調査したエリック・リプトンは、『ニューヨーク・タイムズ』にこう書く。「ワシントンのベテラン・ロビイストや監視グループによれば、政権終了前に離職する上級職員がこれほど続出する例は近年ではまず見当たらないという」。リプトンは、同省の職員からセキュリティ業界へと転職した者九四人を確認している。

回転ドアの政治については、移民・国境管理分野を所管するＤＨＳの長官経験者やＣＢＰのコミッショナー経験者において明確な傾向が読み取れる。二〇〇三年から二〇一七年の間に、少なくとも三人のDHS長官経験者と四人のCBPコミッショナー経験者が政府の公職を離れた後、国土安全保障関連企業やコンサルティング会社に転職した。専門的知識や経験を有する公職経験者のアドバイス全般は関連企業にとって有益なものであり、公職経験者にとっても再就職先として関連企業に天下りすることは公職離職後のキャリア形成にとって大きな意味をもつ。二〇〇八年から二〇二〇年の間に、CBPとICEは五五一億米ドルに相当する一〇万五九九七件の契約を国土安全保障関連企業と結んだとされるが、こうした企業は有力な政治家とつながることによって政府の政策決定過程に深く関与している実態が明らかになっている。★41

二〇〇三年から二年間、CBPコミッショナーを務めたロバート・ボナー（Robert Bonner）は退任後、国土安全保障政策に関するコンサルティングを主要業務とするセンチネルHSグループに天下りし、この企業は二〇一〇年に四八万一〇〇〇米ドルにおよぶ五年間の受注契約をDHSと結ぶことになった。★42 二〇〇六年から二〇〇八年までCBPコミッショナーであったウィリアム・バシャム（William Basham）は、セキュリティやインテリジェンスの業務全般を取り扱うコマンド・コンサルティング・グループをみずから創設した。二〇〇九年にCBPコミッショナーであったジェイソン・アハーン（Jayson Ahern）はDHS長官を務めたマイケル・チェートフ（Michale Chertoff）が代表を務めるチェートフ・グループに再就職した。二〇一一年から二〇一八年までCBPコミッショナーを務めたデイヴィッド・アギラー（David Aguilar）は、国内外の安全保障政策に関するコンサルティング業務を行うグローバル・セキュリティ&イノベーティヴ戦略に再就職し、二〇一七年

	連邦政府における役職（期間）	天下り先企業あるいは創設企業
ロバート・ボナー（Robert Bonner）	CBP コミッショナー（2003 年—2005 年）	センチネル HS グループ
ウイリアム・バシャム（William Basham）	CBP コミッショナー（2006 年—2008 年）	コマンド・グループ
ジェイソン・アハーン（Jayson Ahern）	CBP コミッショナー（2009 年）	チェートフ・グループ
デイヴィッド・アギラー（David Aguilar）	CBP コミッショナー（2011 年—2018 年）	グローバル・セキュリティ&イノベーティヴ戦略
トム・リッジ（Tom Ridge）	DHS 長官（2003 年—2005 年）	リッジ・ポリシー・グループ
マイケル・チェートフ（Michael Chertoff）	DHS 長官（2005 年—2009 年）	チェートフ・グループ
ジェイ・ジョンソン（Jeh Johnson）	DHS 長官（2013 年—2017 年）	ロッキード・マーティン

表4－5　国土安全保障関連の回転ドアの政治
出所：Miller, *More Than a Wall*, op.cit., p.71 の Graphic 9 をもとに筆者が加筆・修正し、作成。

にドローン企業との間で経営協力を促進するポストに就いた。[★43]

初代ＤＨＳ長官を務めたトム・リッジ（Tom Ridge）は公共政策全般に関するコンサルティング業務を行うリッジ・ポリシー・グループを創設し、二〇〇五年から二〇〇九年まで長官を務めたマイケル・チェートフは、国土安全保障のリスク管理業務を請け負うチェートフ・グループを設立した。二〇一三年から二〇一七年まで長官だったジェイ・ジョンソン（Jeh Johnson）は、世界最大規模の軍需産業であるロッキード・マーティンの理事に就任している（表４－５を参照）。

ジャーナリストのマット・ビーウィグ（Matt Bewig）は、チェートフとチェートフ・グループの共同設立者である元ＣＩＡ長官マイケル・ヘイデン（Michael Heyden）を、公職経験者という立場からメディアを利用してみずからのクライアントに有利な宣伝工作を行ったとして非難している。[★44]二〇一〇年一二月、国内で起こった航空機爆破未遂事件の直後、チェートフは多数のメディアに出演し、全身スキャン装置を増設する必要性を主張した。★45 その装置の主要メーカーであるラピスキャン・システムズがチェートフ・グループの主要顧客であることは、当時、国民の知るところではなかった。その後、DHSの管轄下にあるTSAがラピスキャン・システムズの全身スキャン装置を三〇〇台発注し、二〇〇九年から二〇一〇年までに一億一八〇〇万米ドルの利益を得た事実も明らかになっている。★46

3-3 ボーダーセキュリティ・エキスポ

テキサス州においてはボーダーセキュリティ・エキスポが毎年定期的に開催されている。それは、連邦政府関係者、国土安全保障関連企業、大学などの研究機関が一堂に会する場になっており、ここからもホームランド・セキュリティをめぐる三位一体の構造がつくられていることが分かる（図4-1を参照）。

二〇二〇年三月に開催されたボーダーセキュリティ・エキスポでは、CBPのコミッショナー代理であるロバート・ペレス（Robert Perez）が基調講演を行い、二一世紀型の国境管理は、AIやデータサイエンスを基軸としたテクノロジーを最大限に活用して効率的に行っていく必要性があると述べた。★47 展示ホールには各企業からブースが出され、最新の国境管理システムや装備品を政府関係者などへPRし、実際の売買契約を結ぶ場としても使われていた。具体的には、エルビットシステムズ・アメリカ、オラクル、IBM、ベライゾン、AT&T、ユニシス、ストロング・ウォッチ

政府（DHS）・連邦議会

大学などの
研究機関

国土安全保障関連
企業（軍需産業）

図４－１　国境産業複合体の三位一体の構造
出所：筆者作成。

など、一四〇以上の企業が出展していた。ボーダーセキュリティ・エキスポは二日間の日程で毎年開催されているが、参加者が最新の装備品などに実際に触れることができるデモ・デーを別枠として一日設けている。

ボーダーセキュリティ・エキスポには、全米各地から参加した大学からも展示ブースが出され、学部生や大学院修士生向けのホームランド・セキュリティに特化したオンラインの教育プログラムも案内されていた。9・11テロ以降、テロリズム対策や緊急時対応などのホームランド・セキュリティ関連科目が政治学系・公共政策系の学部や大学院のカリキュラムのなかに多く取り入れられるようになったが、これは大学などの研究機関が連邦政府の政策立案・遂行に重要な構成要素として組み入れられていることも意味している。

東部の名門メリーランド大学のカリキュラムを例として挙げれば、ホームランド・セキュリティについての大学院教育では組織マネジメント論、戦略決定過程論、財務管理論などのコア科目を履修したうえで、サイバーセキュリティの維持、運輸安全、インテリジェンス、市民的自由、民間のパートナーシップなどについて学ぶ。教授陣は、DHS、CBP、TSAなどにおける実務経験者に加えて、ITアナリストやプログラムアナリストなど多彩である。ウィリアム・フルブライト(William Fulbright)上院議員は、軍、ハイテク産業、大学などの研究機関による鉄の三角形を、「軍産学複合体」と呼び、大学を必要不可欠なパートナーであるとしたが、これは「大学のみが知識を創造・再現するということと、そのプロセスにおいて次の世代の科学者や技術者を訓練するという両方の機能を持つから」とされる。[★48] 国境産業複合体の形成においても、大学などの研究機関の役割はますます重要になってきており、政治と科学の関係が改めて問われている。

おわりに

本章でみてきたように、米国における国境産業複合体の三位一体の構造は、利益誘導型国境政治の代表例といえる。「対テロ戦争」以降、戦争請負会社あるいは民間軍事会社が中心となって遂行されるビジネスとしての戦争が絶え間なく続いてきた。[★49] 先述のように二〇二一年八月末、アフガニ

写真4－2　ボーダーセキュリティ・エキスポ
（於：テキサス州サンアントニオ、ゴンザレス・コンベンションセンター、2020年3月5日、筆者撮影）

スタンから米軍が完全撤退したが、このことは戦場から国境という場にビジネスのフィールドが移り、国境が移民を「敵」と見立てる戦場へと化してきていることを意味する。[★50] そこには、長大な国境の壁の建設、国土安全保障関連の最新テクノロジーの開発、移民勾留の長期化・厳格化にもとづく利潤追求を目指す企業の成長戦略が埋め込まれているのである。

国境産業複合体の出現と興隆の背景には、国境を越えようとする／越えなければならない人々のおかれた境遇に思いを巡らす共感能力を鈍化させる政治的土壌がつくりあげられていることにも目を向けなければならない。こうした国境政治の在り方は、誰のために何を守るのかというセキュリティの根本的な問いにも通じており、「壁の帝国」としての米国は、企業の利潤追求の動きと一体化しながら、自国の政策的失敗や外交努力の欠如を壁というシンボルで埋めようとするパフォーマンスを行ってきたと理解することもできる。国境産業複合体を形成するアクター間の構造的な結びつきは、権力の新しい布置状況を示しているのである。

註

★1　土佐弘之『境界と暴力の政治学——安全保障国家の論理を超えて』岩波書店、二〇一六年。

★2　Miller, Todd, *Border Patrol Nation: Dispatches from the Front Lines of Homeland Security*, San Franciso: City Lights Publishers, 2014. なお、トッド・ミラーの国境ジャーナリストとしての経歴と業績については以下を参照されたい。川久保文紀「(在外研究報告) トランプの壁と向き合う国境地域——米国サンディエゴを拠点として」『中央学院大学法学論叢』第三四巻第一号、二〇二〇年及び同「広がる国境／縮む国境——「壁の帝国」アメリカ」『學鐙』丸善出版、二〇二一年秋号、二〇二一年。なお、本章における米墨国境の現状や「国境産業複合体」に関する知見は、筆者によるミラー氏へのインタビュー（於：テキサス大学リオ・グランデバレー校、二〇一九年五月二四日）及びミラー氏と行った二回のフィールド調査（①アリゾナ州ノガレス、二〇一九年六月二一日、②アリゾナ州アリバカ、二〇一九年一二月三日—一二月八日）にもとづく。

★3 Miller, Todd, "A Lucrative Border-Industrial Complex Keeps the US Border in Constant 'Crisis'," *The Guardian*, April 19, 2021 〈https://www.theguardian.com/commentisfree/2021/apr/19/a-lucrative-border-industrial-complex-keeps-the-us-border-in-constant-crisis〉（最終閲覧日：二〇二一年七月五日）; Robins, Ted, "U.S. Grows An Industrial Complex Along The Border," *National Public Radio*, September 12, 2012 〈https://www.npr.org/2012/09/12/160758471/u-s-grows-an-industrial-complex-along-the-border〉（最終閲覧日：二〇二一年七月五日）.

★4 Merriam-Webster (n.d.) 'Definition of military-industrial-complex'. 〈https://www.merriam-webster.com/dictionary/military-industrial%20complex〉（閲覧日：二〇二一年七月一五日）.「軍産複合体」に関しては以下が詳しい。小原敬士編『アメリカ軍産複合体の研究』日本国際問題研究所、一九七一年。

★5 Miller, Todd, *More Than a Wall: Corporate Profiteering and the Militarization of US Borders*, Transnational Institute, 2019. 本章執筆にあたり、資料やデータの引用に関して、この研究リポートを参考にした。

★6 Kawakubo, Fuminori, "Privatizing Border Security: Emergence of the 'Border-Industrial Complex' and Its Implications," *Public Voices* 17 (1), 2020.

★7 Chaar-Lopez, Ivan, "Sensing Intruders: Race and the Automation of Border Control," *American Quarterly* 71 (2), 2019.

★8 Ibid., p.507. ロバート・マクナマラ（Robert McNamara）国防長官の名前に由来するマクナマラ・ラインは、電子戦のテクノロジーを初めて用いた軍事戦略であった。動作を感知するモーションセンサーの可動によって、兵員による監視の比重の割合が減少したという点において画期的な技術革新として受け止められた。というのも、一九六〇年代に高まった米国内の反戦感情は、兵員の多数の死に起因するものであり、戦争のオートメーション化を一層進展させるという帰結に至ったからである。

★9 Ibid., pp.508-509.

★10 Ibid., p.509.

★11 二〇〇三年のＤＨＳ創設に伴い解体され、USCISなどへ権限が委譲された。

★12 Dunn, Timothy, *The Militarization of the U.S.-Mexico Border, 1978-1992: Low-Intensity Conflict Doctrine Comes Home*, Austin: University of Texas Press, 1996.

★13 Miller, *More Than a Wall*, op.cit., p.20.

★14 Ibid.

★15 Ibid.

★16 Ibid., p.15, p.20.

★17 この二つの監視システムは、一九九九年、国際マイクロウェーブ社（International Microwave Corporations: IMC）が契約を受注し、開発・運用・メンテナンスまでを担当することになった。このＩＭＣは、Ｌ３コミュニケーションズを経て、現在はＬ３テクノロジーズ（L-3 Technologies）となっており、ＣＢＰの主要な受注契約企業のひとつである。

★18 Dear, Michael, *Why Walls Won't Work: Preparing the US-Mexico Divide*, Oxford: Oxford University Press, 2013, pp.107-108.

★19 エルビット・システムズのティム・テイラー社長は、「われわれの開発した無人機システムは、米国のホームランド・セキュリティにとって必要不可欠であり、国境監視において成功を収める」と述べている。Elbit Systems Ltd., "Elbit System's Hermes 450 Unmanned Air Vehicle to Support U.S. Homeland Security on Arizona's Southern Border"〈http://media.corporate-ir.net/media_files/irol/61/61849/Press/2004/Jun30.pdf〉（最終閲覧日：二〇二一年七月二五日).

★20 Miller, Todd, *Empire of Borders: the Expansion of the U.S. Border around the World*, NY: Verso, 2019, p.77.

★21 川久保文紀「（書評と抄訳）トッド・ミラー著『壁の帝国：米国国境のグローバルな拡大』（Empire of Borders: The Expansion of the US Border around the World, Verso, 2019, 全２９３頁）」『中央学院大学法学論叢』第三四巻第二号、二〇二一年、一三五―一六四頁。

★22 Payan, Tony, *The Three U.S.-Mexico Border Wars*, op.cit., pp.180-182.

★23 ダワー、ジョン・W『アメリカ 暴力の世紀——第二次大戦以降の戦争とテロ』田中利幸訳、岩波書店、二〇一七年、一〇八—一〇九頁。

★24 Miller, *More Than a Wall*, op.cit, pp.30-48.

★25 Ibid., p.69.

★26 Ibid.

★27 The Partnership for Working Families, *Wall Street's Border Wall: How 5 Firms Benefit Financially from Anti-Immigrant Policy* 〈https://www.forworkingfamilies.org/sites/default/files/publications/Border%20wall_final.pdf〉（最終閲覧日：二〇二二年七月二八日）.

★28 Ibid., pp.4-8.

★29 Ibid., p.8.

★30 Miller, *More Than a Wall*, op.cit., pp.60-63.

★31 Ibid.

★32 Ibid.

★33 Ibid.

★34 Ibid.

★35 Ibid.

★36 Ibid., p.64.

★37 Witco, Christopher, "Campaign Contributions, Access and Government Contracting," *Journal of Public Administration Research and Theory* 21 (4), 2011, pp.761-778.

★38 Miller, *More Than a Wall*, op.cit., p.70.

★39 Ibid.

★40 クライン、ナオミ『ショック・ドクトリン——惨事便乗型資本主義の正体を暴く』（下）、幾島幸子＋村上由見子訳、岩波書店、二〇一一年、四五六頁。エリック・リプトンの記事は以下を参照されたい。Lipton, Eric,

"Former Antiterror Officials Find Industry Pays Better," *New York Times*, June 18, 2006〈https://www.nytimes.com/2006/06/18/washington/18lobby.html〉（最終閲覧日：二〇二一年七月二八日）.

★41　Miller, *More Than a Wall*, op.cit., pp.72-73.

★42　Ibid., p.70.

★43　Ibid.

★44　Bewig, Matt, "Chertoff Group and the Fear Industry," *ALLGov*, August 19, 2013〈http://www.allgov.com/news/where-is-the-money-going/chertoff-group-and-the-fear-industry-130819?news=850894〉（最終閲覧日：二〇二一年八月一〇日）.

★45　Miller, *More Than a Wall*, op.cit., p.73.

★46　Ibid.

★47　筆者は、二〇二〇年三月にテキサス州サンアントニオで行われたボーダーセキュリティ・エキスポに参加する機会を得た。二〇二三年については、一九二四年にＵＳＢＰが創設された場所であるテキサス州エルパソで開催される予定である。

★48　レスリー、スチュアート・Ｗ『米国の科学と軍産学複合体――米ソ冷戦下のＭＩＴとスタンフォード』豊島耕一＋三好永作訳、緑風出版、二〇二一年、一三頁。

★49　シンガー、Ｐ・Ｗ『戦争請負会社』山崎淳訳、日本放送出版協会、二〇〇四年；ユッセラー、ロルフ『戦争サービス業――民間軍事会社が民主主義を蝕む』下村由一訳、日本経済評論社、二〇〇八年。

★50　Frey, John Carlos, *Sand and Blood: America's Stealth War on the Mexico Border*, NY: Bold Type Books, 2019.

第5章　移民勾留の国境政治

はじめに

米国史をふりかえれば、移民は、とくに戦争や経済的不安などの国内的な危機の時代に、国家権力を拡大するためのスケープゴートとなってきた。独立革命後の一七九八年、移民による反体制派の存在によって、四つの法律を一組にした「外国人・治安諸法（Alien and Sedition Acts）」が制定されたが、これを主導した当時の連邦党は、敵性外国人から合衆国を守り治安を確保するために法律を制定したと主張した。また、第一次世界大戦後には当時の危機的状況をうけ、連邦捜査局（Federal Bureau of Investigation: FBI）が創設されたが、ＦＢＩ主導による急進的な左派移民を取り締まる「パーマー・レイド（Palmer raids）」に代表される、連邦政府による未曽有の移民への弾圧や国外強制送還が行われた。★1 このように、連邦政府が国内的な危機に対処するための国家権力と官僚主義の拡大は、歴史的なコンテクストの連続線上において捉えることができる。

本章ではまず、米国のホームランド・セキュリティにおける移民・税関捜査局（ＩＣＥ）の役割とその拡大について、内部法執行（interior enforcement）という観点から考察し、「人口の管理」にもとづく社会統制プロジェクトとしての国境政治を検証する。そして、他者化された移民の存在は、移民法と刑事司法制度の相互互換的な関係にもとづいた安全保障上の問題として理解されることにより、「移民の犯罪者化（criminalization of immigration）」が生じやすいという歴史的背景について論及する。そのうえで、国境管理の強化が、レイシズムや民間企業の利潤追求にねざした「産獄複合体（Prison-Industrial Complex）」や「移民産業複合体（Immigration-Industrial Complex）」の形成と結びつき、そのことが移民の人権や米国社会に影響を与えていることについて論じていく。

1　ホームランド・セキュリティと移民・税関捜査局（ICE）

第2章で述べたように、今日の米国では、ホームランド・セキュリティは国家の指導者や支配的立場にいる人々によって操作される、強力な規範的言説となっている。[★2] これは、冷戦時代の反共産主義に代わるイデオロギーとして理解されることもあるレトリックであり、米国の国土（ホームランド）に存在する「他者」に対しての恐怖心に由来する新たな不安感と連動しているものである。また、国民という範疇から外れた移民の存在が示唆する地理的侵犯によって、ホームランドという概念は排他的な帰属意識を呼び起こす。[★3]

ホームランド・セキュリティという名のもとに移民法を執行する政府組織は、DHSの傘下にあるICEである。[★4] ICEは四〇〇以上の連邦法を所管する組織で、移民法の厳格な執行、テロの防止、非合法な人の移動の阻止をその運営目的としており、全米五〇州、コロンビア特別区、世界五〇カ国に二万一〇〇〇人以上のエージェントを配置している。ICEが担う内部法執行は、9・11テロ以後に急速に強化された。[★5] 内部法執行とは、米国内にすでに居住する移民を摘発するという意味での「人口の管理」のことである。[6] 移民に対する領土内部のポリシングの強化は、空間を対象とした社会統制プロジェクトであり、これは以下の二つの観点から行われている。ひとつは、領土内部のポリシングが公共の安全に資することを支配者層に確信させることであり、もうひとつは、移民取締りに伴う恐怖の生産が、新自由主義政策における重要な支柱として、搾取可能な移民労働力の創出につながっているという点である。

移民法執行レジームは、国境におけるCBPの非正規移民の摘発に加えて、ICEが担う領土内部でのポリシング及び国外強制送還という重層的なメカニズムから構成されている。[7] オバマ政権期には年平均四〇万人が国外強制送還されたが、とくに政権末期の二〇一七年には、二〇世紀中の一〇〇年をかけて歴代米国大統領が行った国外強制送還した移民の合計数よりも多い移民を強制送還することになった。[8] これは、米国大統領が米軍の最高司令官（commander in chief）であることにちなんで、オバマ大統領が「強制送還司令官」（deporter in chief）と呼ばれる所以である。

二一世紀初頭、DHSが強制送還した移民の数は約二五〇万人に達したが、その四分の三はメキシコ系移民であった。[9] 実は現在においても、内部法執行は、職場や自宅、あるいは店などへの一斉急襲（raid）によって行われている。これは、不法移民を一斉に摘発することを目的とした突然の立ち入り捜査のことである。[10] 基本的には摘発される人間は事前に特定されているが、店などへの一斉急襲においては、無作為に買い物客を選び、その移民ステータスを尋ねることによって行われる。その数をみてみると、例えば職場への一斉急襲による摘発数は、二〇〇二年には四八五であったが、二〇〇七年には五一八四へと急速に増加し、取締りを行うICEのエージェント数も六倍になった。[11]

一九九四年から二〇一九年までの一日あたりの移民の平均勾留人数は、「キャッチ・アンド・リリース（catch and release）」から「キャッチ・アンド・ディテイン（catch and detain）」という二〇〇六年からの移民政策の変更によって、急増することになった。[★12] 二〇〇九年以降は一日平均が約三万人を下回ることはほとんどなかったが、トランプ政権の誕生した二〇一七年以降、さらなる増加をみせた。それは、家族を帯同した「中米・北部三角地帯諸国」（グアテマラ、ホンジュラス、エルサルバドル）からの移民キャラバンを取り締まることによって勾留人数が急増したからである。さらに、二〇〇五年にＤＨＳとＤＯＪが共同開始したオペレーション・ストリームライン（Operation Streamline）が移民の犯罪者化を容易にすることに関わっている。というのも、移民が米国に不法入国した際、初回は収監最大六カ月までの軽罪、二回目以降の場合には、収監を最大二〇年という重罪にしたからである。そして、ＩＣＥは所管する移民勾留施設が過密状態になることを恐れ、その解決のために民間刑務所会社（Private Prisons Corporations: PPC）へ働きかけるようになっていった。

２　移民の犯罪者化

移民を安全保障上の問題として理解する傾向は、グローバル化の進展に伴い、国境管理においても大きな影響を与えるようになった。移民が国家主権や国内秩序に対する脅威として位置づけられることで、それがナショナリズムやポピュリズムを喚起する源泉となり、移民と犯罪を結びつける傾向が強くなったのである。[13] こうした状況を背景として、国家の刑罰学は、リスク管理、統治性、民営化及び安全保障化という文脈において論じられ、[14] 移民と犯罪を結びつけた用語である「クリミグレイション（crimmigration）」が生み出された。[15] 現代の米国においては、移民法と刑事司法制度は相互互換的な関係にあり、移動する人間を犯罪者化のプロセスに埋め込み易くする傾向があるといわれる。[16] これが結果として、移民法執行を厳格化するさまざまな政策を正当化していくのである。

歴史的にみれば、一八八二年の中国人排斥法（Chinese Excusion Act of 1882）に端を発した移民の犯罪者化は、二〇世紀に入ってエスカレートし、南部国境からの移民の流入を阻止するための懲罰的な政策が増加していった。そして、これらを背景として、米墨国境における移民法規制の強化や国境管理関連の予算も増加し、国家安全保障組織及び移民法執行機関の制度的融合が進展したのである。

反テロリズム及び効果的死刑法（Antiterrorism and Effective Death Penalty Act: AEDPA）[17] 及び不法移民改革及び移民責任法（Illegal Immigration Reform and Immigrant Responsibility Act: IIRIRA）[18] という一九九六年に制定された二つの法律が移民の犯罪者化を促進し、これらにより外国人を国外強制送還させる際の基礎となる加重重罪（aggravated felony）のカテゴリーが拡大した。加重重罪とは、一九八八年に制定された薬物乱用防止法（Anti-Drug Abuse Act）においてつくられたものであり、薬物や武器の売買などに当初は限定されていたが、この二つの法案によって犯罪の内容が大幅に広がり、一九九六年以前に犯した外国人の罪も含まれるようになった。AEDPA は加重重罪によって起訴された、あるいは有罪が確定した者に対する強制勾留条項をもち、またIIRIRAがパスポート偽造などの軽罪を加重重罪のカテゴリーに含めたことによって、移民の勾留が可能となった。とりわけ、IIRIRAの成立によって、連邦政府と州や地方の法執行機関とのパートナーシップが確立されることになり、さらに連邦移民法の執行官と州や地方との法執行機関との間で合意覚書が交わされたことで、州や地方の法執行機関が連邦移民法の一部を執行できるという規定も新たにつくられた。[★19]

そして、9・11テロの発生によって米国愛国者法が成立し、国家安全保障に危険または逃亡のおそれがあるかどうかについての聴聞が行われたり、勾留の理由の開示が本人になされないまま、司法長官の権限によって移民が勾留されたりすることになった。[★20] また、特定の移民コミュニティへの差別的対応も深刻化した。9・11テロ以後につくられた「特別登録プログラム」は、イスラーム系移民に対する人権侵害を引き起こす弾圧的な政策であり、二〇〇二年九月に開始された通関手続き登録システム（ＰＯＥ）とともに、国家安全保障出入国登録システム（National Security Entry-Exit Registration System: NSEERS）の一部として導入された。「特別登録プログラム」では、米国政府によって指定された二五カ国から非移民ビザで一時滞在者としてすでに入国している一六歳以上の男性は、一定期間内に連邦政府への登録が義務づけられた。

3 「産獄複合体」から「移民産業複合体」へ

米国は、絶対数において世界最大の収監人口を有しており、米国の人口の四倍もあるインドの一六倍以上の収監人口を抱えている。[★21] 現在、米国の刑務所システムに収容されている二〇〇万人以上の人々のうち、約八%は連邦政府及び三一の州レベルで運営されている民間施設に収容されている。[★22] 二〇〇〇年から二〇一九年までの間に、民間刑務所に収容されている人数は七七%も増加している。この数は過去五年間で再び減少に転じたとはいえ、連邦政府は依然として米国における民間刑務所の唯一にして最大の利用者である。[★23]

アンジェラ・デイヴィス（Angela Davis）やエリック・シュローサー（Eric Schlosser）は、政府、民間企業、刑事司法制度が結びついた「産獄複合体」を、「実際の必要性に関係なく、投獄のための支出を増やすことを奨励する、官僚的、政治的、経済的利益の集合体」であると指摘し、「特別な利害関係者の合流によって、米国における刑務所建設は止められないような勢いを得ている」と述べている。[★24] 一九八〇年代以降に激化した「麻薬戦争」においては、刑期延長や薬物犯罪の重罪化などによって、刑務所の収監人口が大幅に増加したために囚人を収容するための新しい刑務所が建設されていった。[★25] デイヴィスは、以下のように続ける。

「産獄複合体」という言葉は、犯罪率の上昇が監獄人口増大の根本的原因だとする通俗的な考え方に異議を唱える活動家や研究者が使い始めた言葉である。この人たちは、犯罪率の上昇が監獄人口増大の根本的原因だとは考えず、人種差別主義と利潤追求のイデオロギーが監獄建設とその新しい建物に収監者を補充しようとする力を駆りたててきたのだと主張する。[26]

産獄複合体を形成するPPCは、国境管理の強化を収容率確保のための手段として認識し、利益を急増させている成長産業である。デイヴィスが述べるように、「産獄複合体の発展という脈絡のなかで今日の監獄の社会的意味を理解したければ、犯罪とは切り離しえない関係にある懲罰を、概念的に切り離して捉えることが必要」なのである。[27] PPCは、一九九〇年と二〇一〇年を比較すると、一六〇〇%の成長を示しているが、その収益の半分以上が移民勾留施設からによるものであることも明らかになっている。[28] 米国で民間刑務所を運営している二大企業は、コアシビック（前身はCorrections Corporation of America: CCA）とゲオ・グループ（前身はWackenhut Corrections Corporation: WCC）である。[29] 政府組織は、あらゆるコスト削減のために企業へのアウトソーシングに依存する傾向が強くなり、官民契約は増加の一途をたどっている。この二大企業は二〇一二年の年間収益が三三億米ドルに達し、民間刑務所業界のシェア全体の七五%を占めている。二〇一二年時点において、CCAは国内で六七の刑務所を、ゲオ・グループは国内外において九五の刑務所を運営していた。[30] 公的に運営されている施設と比較すると、PPCは経営効率化のために収容者に提供する福利厚生の質を落としており、光熱費、医療費、食費などのあらゆる費用も最低限にすることで、刑務所の運営予算を可能な限り低く抑えているという指摘もある。[31]

さて、民間刑務所の建設・運営を主体とする「産獄複合体」に加えて、移民勾留施設の建設の急拡大はＩＣＥと強く結びついた「移民産業複合体（Immigration-Industrial Complex）」の出現ももたらしている。ここでは、ＣＣＡとその後に改称されたコアシビックを事例にとって、「移民産業複合体」の歴史と実態について概観する。一九八三年に設立されたテネシー州ナッシュビルのＣＣＡは、設立翌年の一九八四年にＩＮＳとの間で最初の大きな契約を結んだ。共同設立者であるトム・ビーズリー（Tom Beasely）、ドン・ハット（Don Hutt）、ドクター・クランツ（Doctor Crants）は、公的な矯正施設や財務関連分野で働いた経験などを生かしてＣＣＡを立ち上げた。[32] ＣＣＡは、矯正分野における官民パートナーシップの先駆者として、また、コスト効率の高いソリューションを確立することによって業界をリードしてきたといえる。

ビーズリーは、テネシー州の矯正施設が職員の高い離職率、緊縮予算、過密状態に悩まされていることを知り、これらの問題を解決するためには、民間企業によって刑務所を維持・運営することが効果的な策になるのではないかと考えた。クランツは、ビーズリーの陸軍士官学校のルームメイトで、ハーバード大学で経営学と法律学の学位を取得したエリートであった。ハットにはアーカンソー州（一九七一年―一九七六年）とバージニア州（一九七六年―一九八一年）の矯正長官を務めた経験があり、後に彼は米国矯正協会の会長（一九八四年―一九八六年）になった。

フィリップ・マッテラ（Philip Mattera）らの研究によれば、ＣＣＡは行政組織との関係を直接的に結び、それを利用しようとしてきた。[33] ＣＣＡの地元であるテネシー州では、議員との関係を利用して、契約を獲得するために多額の選挙資金を政治家に提供し、官僚を含む元政府関係者を自社に多数採用してきた。立法のレベルにおいても、保守系の非営利組織である米国議員交流評議会

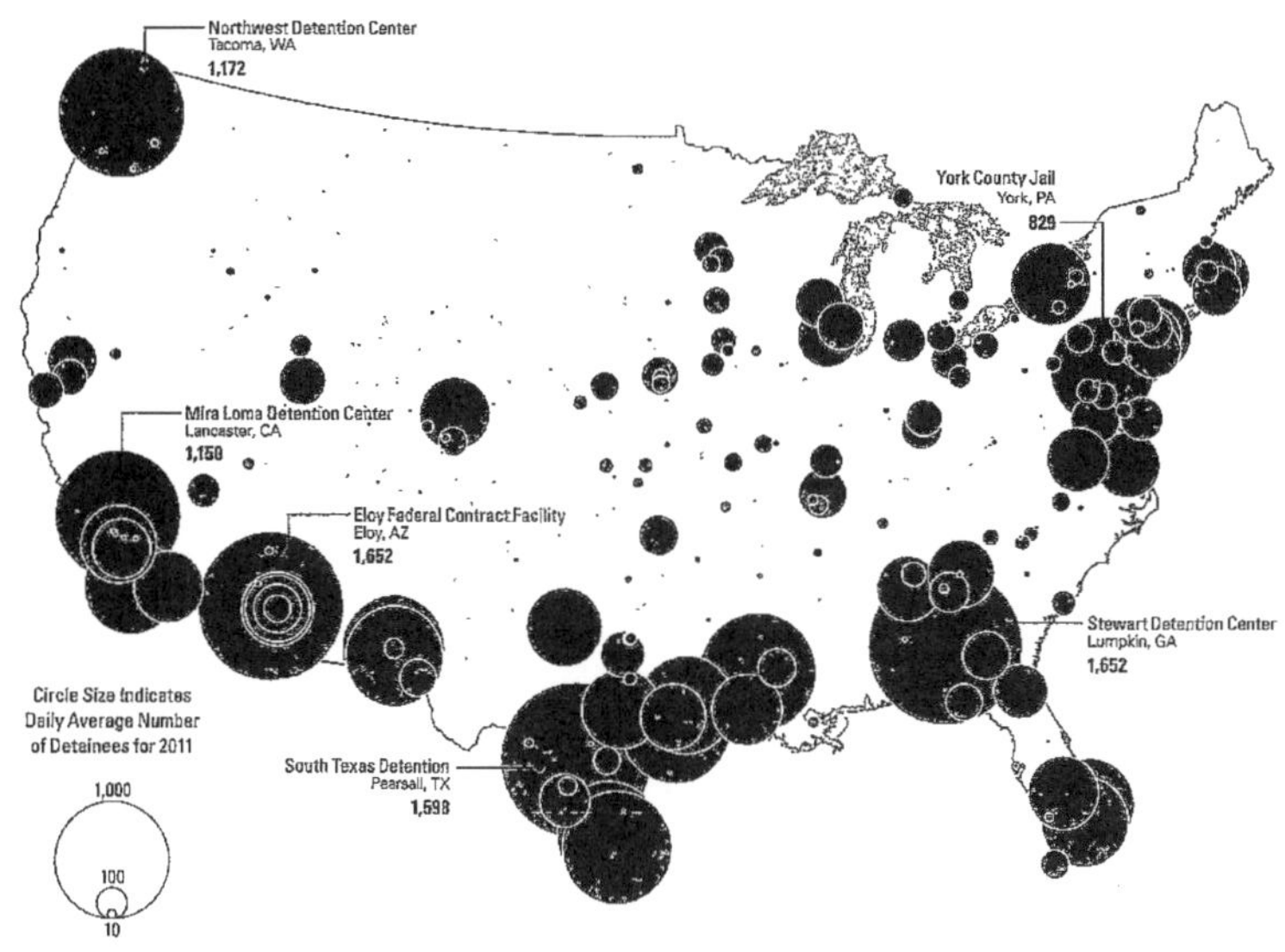

図５−１　ICEの移民勾留施設の地理的分布
出所：Dear, *Why Walls Won't Work?: Repairing the US-Mexico Divide,* Oxford: Oxford University Press, 2013, p.111.

（American Legislative Exchange Council: ALEC）に参加し、矯正施設や移民勾留に関するモデル法案を作成し、議員とのネットワークを構築してきた[★34]。ＡＬＥＣによれば、ＣＣＡがネットワークをつくり、政界の重要人物に影響を与えようとする努力は、連邦レベルにおいても顕著にみられている。ＣＣＡは創業以来、その経営を連邦政府との契約に大きく依存し、数年前に破産の危機に陥った際も政府が支援を行ったという経緯がある[★35]。そして、ＣＣＡは二〇一六年一〇月二八日、社名をコアシビック（CoreCivic）に変更し、このブランドのもとで、新しい矯正・勾留ビジネスを提供すると発表した[★36]。

二〇一七年のトランプ政権誕生後、コアシビックとゲオ・グループの株価はそれぞれ七八％、五三％上昇した[★37]。それは、トランプ政権の移民取締りの厳格化によって、連邦政府が四〇〇〇億米ドルから六〇〇〇億米ドルのコストを移民政策に計上し、PPCにその利益の多くが流れ込むためである。★38 ICEのディレクターを務めたジョン・サンドウェグ（John Sandweg）は、「移民問題のために、刑事司法制度が大幅に利用されるだろう」と当時の状況について述べている。★39 PPCによる刑務所運営は、レーガン政権初期の「麻薬戦争」の時期に始まったが、「麻薬戦争」がかつてに比べれば鎮静化してきたことを背景として、PPCは矯正施設や移民勾留にビジネスチャンスを見出したということになる。ゲオ・グループはICEに対する最大の供給業者であり、二〇一三年以降の受注額は九億米ドルともなっている。第三位を占めるコアシビックの受注額は三億三〇〇〇万米ドルに達した。★40 ICEの移民勾留施設の地理的分布は、全米にある連邦刑務所やカウンティ刑務所などとのネットワークとともに広がりをみせている（図5－1を参照）。

図5－1をみれば分かるように、移民勾留施設はメキシコと接する国境地域や移民の集住する沿岸都市部に多く位置している。多くの州や地方自治体は、民間刑務所や移民勾留施設を地元の雇用や経済に資する拠点であると認識していると同時に、コアシビックやゲオ・グループなどのPPCは、ICEとの契約を貴重なビジネスチャンスとして捉えている。こうした状況は、地方自治体が民間刑務所や移民勾留施設を公的に所有しながら、企業が私的に運営するという米国における新しい収監制度の一面ともいえる。★41

民間刑務所は、とくに人里離れた地域に戦略的に設置されており、被収容者がデュー・プロセス（法の適切な手続き）をうけることを結果的に制限することができる環境にある。ACLUによれば、

写真５－１　ポートイサベル移民勾留施設
（於：テキサス州キャメロン・カウンティ、2019 年 5 月 23 日、筆者撮影）

弁護士が十分に配置されていないこうした地域では、移民法廷自体が遅延し、場合によっては開廷されないという事態が懸念されている。[★42] また、二〇一二年には最高裁での Minecci 対 Polard 裁判において、民間刑務所の看守は州法に従っている限りにおいて、囚人の憲法上の権利を侵害しても責任を問われないという判決が下された。[★43] また、多くの移民がロサンゼルスやニューヨークなどの都市部から、テキサスやルイジアナなどの弁護士との接見が容易にできない遠隔地域へと不必要に移送されているとの指摘もある。都市部の移民勾留施設の収容人員を上回るためというのが表向きの説明であるが、実際のところは、本来不必要な移送を繰り返すことによって、移送に関わる収益自体を上げ、移民勾留施設の全体収益を増加させるという効果も見込んでいるといえる。

米国刑事司法制度に詳しいジョセフ・ハリナン（Joseph Hallinan）は、「刑務所経営による億万長者」と呼ぶべき新しい階級が出現していると述べているが、これは「米国の刑罰学の転換点」になりうる事態である。[★44] 矯正施設の運営と移民勾留によって得られる収益構造は徐々に制度化されてきており、米国のセンサスによると、被勾留者は収容されているカウンティ（各行政区画）の「住民」として登録され、自治体の財政にも貢献することにもなる。

新自由主義的なイデオロギーが社会のあらゆる側面に浸透しているといわれて久しいが、米国では富と所得の階層化が急速に進み、移民や貧困層などの社会的弱者に対して懲罰的な政策がとられるようになった。ホームランド・セキュリティにおける新自由主義的政策の導入は、市民的監視と民主的説明責任から免れた「産獄複合体」や「移民産業複合体」の興隆を促進し、そのターゲットとしての移民を「悪魔化（demonization）」する。こうした社会的風潮のもとでは、テロの脅威と綯い交ぜになった地理的侵犯者として描出される移民の存在は、根拠なき恐怖を拡散させると同時に、歪んだセキュリティ感覚を人々の心理に植えつけていくのである。

註

★1 Lovato, Robert, "Building the Homeland Security State," *NACLA*, November/December 2008 〈https://nacla.org/sites/default/files/A04106017_1.pdf1〉（最終閲覧日：二〇二一年八月二五日）.

★2 Walters, William, "Secure Borders, Safe Haven, Domopolitics," *Citizenship Studies* 8（3）, 2004, pp.237-26.

★3 Kaplan, Amy, "Homeland Insecurities: Reflections on Language and Space," *Radical History Review* 85, 2003, pp. 82-85.

★4 ＩＣＥには、以下の四つの業務局がある。1)国際的なテロ組織や犯罪組織を調査する国土安全保障調査局（Homeland Security Investigations: HSI）、2)国境の内部・外部において移民法を執行する移民法執行・強制送還業務局（Enforcement and Removals Operations: ERO）、3)適正な人員配置やインフラ整備を行うマネジメント・行政局（Management and Administration: M&A）、4)移民法執行に関しての法的チェックを行う法律顧問オフィス（Office of the Principal Legal Advisor: OPLA）である。U.S. Immigration and Customs Enforcement, "Who are we?" 〈https://www.ice.gov/about-ice〉（最終閲覧日：二〇二一年九月五日）.

★5 二〇一五年一二月の時点で、ＤＯＪの傘下にある連邦刑務局（Federal Bureau of Prisons: FBP）が約二〇万人を留置したのに対して、ＩＣＥはその二倍にあたる約四〇万人を収容していた。Gruberg, Sharita, "How For-Profit Companies Are Driving Immigration Detention Policies," Center for American Progress, December 18, 2015 〈https://www.americanprogress.org/issues/immigration/reports/2015/12/18/127769/how-for-profit-companies-are-driving-immigration-detention-policies/〉（最終閲覧日：二〇二〇年二月六日）.

★6 Coleman, Mathew, and Kocher, Austin, "Detention, Deportation, Devolution and Immigrant Incapacitation in the US, Post 9/11," *The Geographical Journal* 177（3）, September, 2011, p.228.

★7 国境で摘発された移民はＣＢＰが担当する移民処理施設（immigration processing center）に送られた後に、ＩＣＥの所管である移民勾留施設（immigration detention center）に滞在する。親子で拘束された移民は、ＩＣＥが管理する家族勾留施設（family detention center）に送られる。同伴者のいない子どもが安全に本国に帰国できると判断された場合は国外強制送還され、もしそうでない場合は、保健福祉省（Department of Health and Human Services: HHS）の難民再定住オフィス（Office of Refugee Resettlement）に送られる仕組みになっている。Golash-Boza, Tanya Maria, *Immigration Nation: Raids, Detentions, and Deportations in Post-9/11 America*, London and NY: Routledge, 2012.

★8　米国の強制送還の歴史とメカニズムについては以下が詳しい。飯尾真貴子「米国における強制送還レジームの構築と移民への影響——包摂と排除のメカニズムに着目して」『立命館言語文化研究』第三〇巻第一号、二〇一八年。

★9　Ibid., p.45.

★10　Ibid., pp.47-48.

★11　Ibid., pp.51-52.

★12　Reyes, J. Rachel, "Immigration Detention: Recent Trends and Scholarship," *Virtual Brief*, Center for Migration Studies 〈https://cmsny.org/publications/virtualbrief-detention/〉（最終閲覧日：二〇二一年九月五日）.

★13　Koulish, Robert and Van der Woude, Maartje, "Introduction: The Problem of Migration," in Koulish, Robert and Van der Woude, Maartje eds., *Crimmigrant Nations: Resurgent Nationalism and the Closing of Borders*, NY: Fordham University Press, 2020, pp.1-2.

★14　ここでの知見は、筆者による「クリミグレイション」の第一人者であるロバート・クーリッシュ教授（メリーランド大学）へのインタビューにもとづく（二〇一九年五月二四日、於：テキサス大学リオ・グランドバレー校におけるホームランド・セキュリティ学会）。

★15　代表的なものに以下がある。Brotherton, David C. and Kretsedemas, Philip eds., *Immigration Policy in the Age of Punishment: Detention, Deportation, and Border Control*, NY: Columbia University Press, 2018; Noferi, Mark and Koulish, Robert, "The Immigration Detention Risk Assessment," *Georgetown Immigration Law Review* 29（45）, 2014; Aas, Katja Franko, "Bordered Penalty: Precarious Membership and Abnormal Justice," *Punishment & Society* 16, 2014.

★16　Koulish and Van der Woude, "Introduction: the Problem of Migration," op.cit., pp.7-8.

★17　Antiterrorism and Effective Death Penalty Act of 1996, Pub. L. No. 104-132, 440,110 Stat, 1276-77.

★18　Illegal Immigration Reform and Immigrant Responsibility Act of 1996, Pub. L. No. 104-208, 321, 110 Stat. 3009, 3009-627［Amending INA 101（a）（43）, 8, U.S.C, 1101（a）（43）］.

★19 U.S. Immigration and Customs Enforcement, "Fact Sheet: Delegation of Immigration Authority Section 287 (g) Immigration and Nationality Act," 〈http://www.ice.gov/news/library/factsheets/287g.htm〉（最終閲覧日：二〇二二年九月一〇日）.

★20 こうした点については、以下が詳しい。新井信之『外国人の退去強制と合衆国憲法――国家主権の法理論』有信堂高文社、二〇〇八年、一九七―二〇一頁。

★21 Douglas, Karen Manges and Sáenz, Rogelio, "The Criminalization of Immigrants & the Immigration-Industrial Complex," *The American Academy of Arts & Sciences* 142 (3), 2013, p.208.

★22 The Sentencing Project, Private Prisons in the United States, 2021 〈https://www.sentencingproject.org/reports/private-prisons-in-the-united-states/〉（最終閲覧日：二〇二二年九月一〇日）.

★23 Valentin, Louisa, "The First Step to Stop Corporations from Profiting from Incarceration in the United States: Why the Criminal Justice System Needs to be Returned to Public Hands," Transnational Institute, March 30, 2021 〈https://www.tni.org/en/article/the-first-step-to-stop-corporations-from-profiting-from-incarceration-in-the-united-states〉（最終閲覧日：二〇二二年九月一〇日）.

★24 Davis, Angela, "Masked Racism: Reflections on the Prison Industrial Complex," *Colorlines*, September 10, 1998 〈http://colorlines.com/archives/1998/09/masked_racism_reflections_on _the_prison_industrial_complex.html〉（最終閲覧日：二〇二二年九月二〇日）; Schlosser, Eric, "The Prison-Industrial Complex," *The Atlantic Monthly* 282 (6), December 1998 〈https://www.theatlantic.com/magazine/archive/1998/12/the-prison-industrial-complex/304669/〉（最終閲覧日：二〇二二年九月二〇日）.

★25 Smith, Earl and Hattery, Angela, "The Prison Industrial Complex," *Sociation Today* 4 (2), 2006 〈http://www.ncsociology.org/sociationtoday/v42/prison.htm〉（最終閲覧日：二〇二二年九月二三日）.

★26 デイヴィス、アンジェラ『監獄ビジネス――グローバリズムと産獄複合体』上杉忍訳、岩波書店、二〇〇八年、八九―九〇頁。

★27 同上、九〇頁。

★28 "Prison Inc.: The Secret Industry," Online Paralegal Degree Center 〈https://www.online-paralegal-degree.org/

prison-industry/〉（最終閲覧日：二〇二一年九月七日）.

★29 コアシビック（CoreCivic）は、一九八三年にコレクションズ・コーポレイション・オブ・アメリカ（Corrections Corporation of America: CCA）としてテネシー州ナッシュビルに設立され、連邦政府や州政府から刑務所や移民勾留施設の運営を委託された巨大企業である。二〇一六年にコアシビックと改称し、そうした施設の運営ばかりではなく、事業者を養成するプログラム運営にも参入し、多角的に事業を発展させながら今日に至っている。また、ゲオ・グループ（GEO Group）は、一九八四年にワッケンハット・コレクションズ・コーポレイション（Wackenhut Corrections Corporation）としてフロリダ州ボカラトンに設立され、二〇〇四年にゲオ・グループと改称された。これは、北米ばかりでなく、英国、南アフリカ、オーストラリアにおける移民勾留施設や精神療養施設に投資する不動産投資信託である。American Civil Liberties Union（ACLU）, "Warehoused and Forgotten: Immigrants Trapped in Our Shadow Private Prison System," June 2014 〈https://www.aclu.org/sites/default/files/assets/060614-aclu-car-reportonline.pdf〉（最終閲覧日：二〇二一年九月八日）.

★30 "Prison Inc.: The Secret Industry," op.cit.

★31 Kim, Catherine, "Private Prisons Face an Uncertain Future as States Turn Their Backs on the Industry," *Vox Media*, December 1, 2019 〈https://www.vox.com/policy-and-politics/2019/12/1/20989336/private-prisons-states-bans-california-nevada-colorado〉（最終閲覧日：二〇二一年九月九日）.

★32 Douglas and Sáenz, "The Criminalizaticn of Immigrants & the Immigration-Industrial Complex," op.cit., p.213.

★33 Mattera, Philip, Khan, Mafruza and Nathan, Stephan, *Corrections Corporation of America: A Critical Look at Its First Twenty Years*, Charlotte: Grassroots Leadership, December 2003 〈http://www.soros.org/sites/default/files/CCA_Report.pdf〉（最終閲覧日：二〇二一年九月一五日）.

★34 Ibid.

★35 Ibid.

★36 CoreCivic News, "Corrections Corporation of America Rebrands as CoreCivic," October 28, 2016 〈https://www.corecivic.com/news/corrections-corporation-of-america-rebrands-as-corecivic〉（最終閲覧日：二〇二一年九月一七日）.

★37 Etter, Lauren, "Trump Deportation Plan Could Revive Dying U.S. Industry," *Bloomberg News*, Updated July 22, 2019 〈https://www.nola.com/news/politics/article_abb62f99-b698-5a4d-bedd-558830f24e2.html〉（最終閲覧日：二〇二一年九月一七日）.

★38 Ibid.

★39 Ibid.

★40 Ibid.

★41 Barry, Tom, *Border Wars*, Cambridge: MIT Press, 2011, pp.6-7.

★42 ACLU, "Warehoused and Forgotten," op.cit.（最終閲覧日：二〇二一年九月一七日）

★43 Ibid.

★44 Hallinan, Joseph T., *Going up the River: Travels in a Prison Nation*, NY: Random House, 2003, p.174.

第6章　生政治国境の生成

はじめに

本章では、国境を越える脅威の多様化を背景として、物理的な壁としての国境とは性質を異にする生政治国境が生成されてきている理論的・思想的基盤について考察する。つまり、リスク管理としての監視が、最先端のテクノロジーやバイオメトリクスと結合しながら国境空間において全面化し、人が国境を越える前に予防テクノロジーにもとづいて選別される国境が出現してきているのである。これはネットワーク型の国境が、地政的なラインとしての国境を乗り越え、空港という結節点を中心としてグローバルに張り巡らされている状況ともいえる。本章では、リスク管理としての監視について考察したうえで、モビリティを統治するという観点から生政治国境の出現と展開について分析する。事例として取り上げるのが現代のモビリティの制度的拠点である空港であり、そこを基点として形成される航空保安ガバナンスの重層的性質について考察していく。

1　リスク管理としての監視

普段の日常生活を誰かに監視されていると意識を促される場面が増えている。犯罪抑止策として設置される都市部の防犯カメラによる四六時中の撮影、ＩＣチップの埋め込まれたカード類による消費動向の追跡、オンラインで接続された住民登録や、納税・年金記録、所得状況の把握などに至るまで、多くの領域に監視のネットワークが張り巡らされているというのが現代社会の現実である。このような監視とテクノロジーの一体化によって、効率的で合理的な国家による行政管理や私企業の資本主義的経営が促進されてきたことをその利点だということもできるかもしれない。しかし、アンソニー・ギデンズ（Anthony Giddens）は、近代化の帰結として現れた制度的次元のひとつとしての監視を、近現代の行政国家化とそれを支える官僚制による管理とが結びついた「逸脱の統制メカニズム」として捉え、以下のように論じている。

近現代の政治秩序における監視の拡大は、警察力による「逸脱」の取締まりと連携して、国家権威と統治住民との間の関係を根底から変えていった。今日、管理的権力は、毎日の生活の細部や、個人の行動や関係性の最も親密な部分のなかにますます入り込んでいく。情報の保管や照合、普及の電子的方式がますます浸透する時代においては、政府の業務と有意関連する情報の蓄積は、ほとんど際限のないものになりやすい。高速コミュニケーション・システムや高速輸送システム、巧妙な隔離手段をともなって国内平定を遂げた近現代の国家では、情報の管理は、国家権力の高度の中央集権を生みだす形で、行動の指揮監督と直接一体化していく可能性がある。★1

管理的傾向を強化する中央集権国家の出現・発展は、近代以降に加速化してきたモビリティという社会現象と密接な関係にあり、交通運輸手段及び情報通信システムの急速な発達によって、人や物の移動の加速度的増加がみられるようになった。伝統的な社会における移動とは、定住した状況からの「逸脱」としても捉えられたが、グローバル化が進んだ現代においては、移動することこそが「常態」となっているということもできる。[★2]

このような文脈において、移民研究者の伊豫谷登士翁は、ジグムント・バウマン（Zygmunt Bauman）を引用しながら、現代におけるすべての人間は、「潜在的であれ顕在的であれ、移民である」と述べている。[★3]固定的なものとして捉えられてきた「場」の在り方に再考を加え、移民を「管理されるべき対象」としてではなく、揺れ動く場所を移動することによって自己規定を試みようとする対象として理解しようとしているのである。そして、伝統的に、領域的な境界線としての国境を越えるという移動は、国民国家という安定した場を基軸にすることによって成り立ってきたといえるが、こうした「共通経験によって支えられてきた場所が解体」されつつあるグローバル化の時代においては、「特権的な境界線」としての国境概念それ自体が変容を遂げつつある。[★4]

このような国境を越える人の移動の増加は、一元的な境界線に囲まれてきた国民国家の領域性を多孔的なものとさせた。[★5]テロリストが容易に米国の国境を潜り抜けて9・11テロを実行したという衝撃が、その後の人の移動を制限し、国境の壁を高くしようとする試みへとつながったのである。しかしながら他方で、物や情報の流れが、あたかも国境の存在を忘却させるかのような勢いで加速化してきているという現実もわれわれは直視せざるをえない。土佐弘之の表現を借りれば、まさに「アクセルを踏みながら、ブレーキを踏むような状態」[★6]が、現代世界を覆っているのである。

ライアンは、近代社会のひとつの特徴をモビリティに求め、「見知らぬ人々」どうしが接触する機会が増大することによって、人間の身体それ自体が「監視データの源泉」となり、監視それ自体が「社会関係を媒介する」新しい手段となることについて考察を加えている。

近代社会の特徴は流動性（モビリティ）にある。つまり、身体が移動状態にあるということだ。今日的な輸送機関が人々の移動を可能にしている。都市間を結ぶ交通システムや、世界中を覆う航空システム。人々は仕事でも娯楽でも移動する。富裕層の快適な観光旅行があれば、難民の悲劇的な追放措置もある。流動性の意味するものは、人々の属する社会集団によって異なる。〔…〕このような流動性とは、また、私たちが、見知らぬ人々、つまり、私たちと現実的な関係を持つこともなければ、私たちが何者で信頼に値するかどうか知ることもない人々と係わり合う機会がますます増えているということでもある。それだから、自分の身元を証明するのに、運転免許証・クレジットカード・パスポート・身分証明書等、安定した自己のシンボルを呈示しなければならないのだ。見知らぬ者たちの社会は、信用の証拠を必要とする。★7

このような「自己のシンボル」としての個々の「信用の証拠」は、監視ネットワークの網目のなかで結合し、移動する身体への目印として現れる。そこで、許可された身体のみが、「特定の部屋への入室、特定の境界線の横断、特定の利益の享受、特定の高速道路や航空機を用いた移動を認められるように」★8なるのである。こうした「個々の信用の証拠」にもとづいた監視システムは、潜在的なリスクを未然に探知することにより「グローバル化の合法的作動」[★9]を可能にするメカニズムとして機能しているということもできる。

監視体制のグローバル化は、人間どうしが実際に顔を突き合わせることによって共有される経験を減少させ、顔のみえない抽象的で脱身体的な関係からつなぎ合わされたネットワークを生み出す。[★10]これは、互いに会ったこともなく、存在を知らないものどうしから成り立つ関係とも捉えられる。こうした状況は、互いが共在しているという意識を希薄化させ、人間どうしの信頼関係が揺らぐ社会的環境を醸成しているともいえるのだが、この揺らいだ信頼関係を補完する役割を果たしているのが、自分の身元を証明する運転免許証、クレジットカード、パスポートなどの身分証明書である。これらは国境を越えて追跡可能となるデータベースとして、オンラインで接続されている場合が多く、コード化されたサイバー空間[★11]によって、現代における人間の信頼関係が築かれるひとつの側面を表している。

さらに、ライアンは、グローバル化された監視のネットワークが拡大・強化されてきている今日の日常生活において、人間のアイデンティティさえも膨大に集積された情報のなかに埋没してしまうという意味での「消失する身体」という視点から監視社会の在り方を描き出している。

消失する身体の問題は、監視社会の理解にとって不可欠である。それは、多くの社会関係の非身体化を代償しようとする試みの中から監視システムが出現したことを教えてくれる。そして現代の監視活動が全面的に、生身の個人ではなく、抽象物の上に築かれる方向にあることを思い起こさせてくれる。記録された行動の総体から抽出されたデータ・イメージ、それこそが重要なのだ。速やかに動き続ける流動的世界の中で、私たちの社会的統合様式は次第に抽象化し、監視活動は私たちの動きに遅れまいとする。私たちの位置を確定し、私たちの照準を定め、そうして、私たちの行動を調整しようとするのだ。★12

こうしたライアンなどの分析に依拠しながら、法哲学者の大屋雄裕は、監視社会に隠された「欲望」について、そこには先取りした需要があると論じている。つまり、「対象の行動を先取りして予測し、それにあらかじめ対処しておくこと」が監視社会の「本質的な特徴」であるとし、そこでは、「一人ひとりの個人が観測・分類・統計処理の可能な確率的存在へと還元されて」しまうとしている。★13 バイオメトリクスによるアイデンティティの分類・管理の対象となる個人は確率論的な存在と化し、徹底した情報の収集・蓄積がわれわれの生活のトータルな把握へと通じていくのである。現代における監視という行為の目的は、個人のアイデンティティを特定するばかりではなく、個人の生体的特徴や行動などからデータ・イメージを作り出し、その行動をコントロールしようとする点にあるといえよう。大屋は、こうした点を敷衍する形で、以下のように述べる。

> 監視と、それによるリスクの排除は、我々自身の欲望だったのである。そしてそれは、我々自身が煩わされることなく快適な状況を享受したい、可能ならば我々の行為や努力一切抜きに望むもの・望む環境が実現してほしい、我々の欲求を先取りしてほしいという、我々の（ある意味で当

然の）欲望にも裏打ちされている。我々の行為に先立ってそれを予測し、先回りしてそれを提供すること。シミュレーションに基づいて我々の希望を我々以上に理解し、実現すること。監視が可能にするのはこのように先取りされたいという我々の欲望であり、先取りしたいというサービス提供者の欲望なのである。★14

ベックによれば、現代は「リスク社会（risk society）」であり、この社会においては、あらゆるデータベースによって集積・管理された個人情報が将来のリスク判断の有用な材料として利用される。★15 ここでは、われわれの生活のなかに存在する将来への不安が強迫観念のように押し寄せ、社会のなかからリスクを恒常的に抽出・排除する動機づけがあらゆる個人に植えつけられる。こうした問題の延長線上で、将来におけるリスクを処理・管理するという行為が、現時点におけるリスクを新たに作り出すというリスク社会の際限のないサイクル現象を顕在化させているのである。★16

ベックによれば、リスク管理の本来の意味は、リスクを減少させ、いかに安全を追求・確保するのかではなく、みせかけの安全がどのようにして維持されるのかという点に求められる。ベックの定義に従えば、リスクは現時点では発生していないが、将来的には脅威となりうるという「不確実性（uncertainty）」や「計算不可能性（uncalculability）」に満ちたものとして理解される。こうした文脈から理解すれば、「対テロ戦争」の遂行は、不確実性や計算不可能性を統治するというリスク管理と密接な関連があると考えられる。

個人一人ひとりを「計算可能なリスク要素」に分類する方法は、「データ監視（dataveillance）」とも称されているが、統治技術としてのデータ監視の強化は、リスク管理としての「予防的テクノロジー」の進化と同時に行われている。[★17] 計算可能なリスク要素の組み合わせによってハイリスク集団を予め特定化しモニタリングする、予防を目的とした監視こそが、9・11テロ以後の安全保障環境、とりわけ国境という空間において前景化してきている。

ウィリアム・ボガード（William Boggard）は、こうした新しい監視形態を、シミュレーションというテクノロジーと関連づけながら検証している。[★18] シミュレーションは、本来、戦争の効率的な遂行を目的とした軍事利用に起源を有しているが、「権力に関係する社会的テクノロジー」としての監視との関係でいえば、現実を仮想に置き換え、社会全体を「超監視（ハイパー）」状態におくプロセスのなかで着目されている。監視とは権力によってつくりだされた幻想であるが、それが現実に存在しないことを存在するかのように予期するシミュレーションと一体化することによって、監視の規律権力が想像上の極限状態にまで行使される社会が出現しているのである。渋谷望によれば、こうしたボガードが注目した「シミュレーションとしての監視」は、監視する者と監視される者との「空間的な現前」を必要としない、両者の「葛藤・闘争を消去するような、きわめてソフトな監視」である。そこでは、データベースに集積された個人情報が目的に応じて再構成され、「予防的テクノロジー」としてのリスク管理に利用される可能性が十分に含まれている。[★19]

2　モビリティと生政治国境

近年、社会科学の領域において、今世紀に特徴的な現象を形容づける的確な表現のひとつとして、「モビリティ」が取り上げられている。ジョン・アーリ（John Urry）によれば、「モビリティ」は、「広汎で包括的な意味」において用いられ、「ウォーキングとか登山のような身体的な動きから、テクノロジー、バイク、バス、車、列車、船舶、飛行機によって高まる動きまでも含んで」おり、「複雑にパターン化している、人びとの多様で変転きわまりない社会的諸活動」とされる。

現代世界では、人の移動が加速度的に深化・拡大し、もはや世界それ自体が動いているという表現すら成り立つのかもしれない。従来型の社会科学では、定住化社会や領域によって固定化された国民国家という概念的な枠組みをその基礎において分析が進められる傾向が強かった。しかし、「遊牧民主義」（アルベルト・メルッチ）や「速度術」（ポール・ヴィリリオ）などで表されるような近年における「モビリティ・パラダイム」の出現は、こうした既成概念や思考体系を乗り越え、バウマンがいうところの「液状化する社会」の本質的側面を反映しようとする知的営為の表れである。「液状化する社会」では、場所という固定的な概念さえも、さまざまな動的なアクター間の関係性によって織り成される「差異のシステムの布置構成」として理解することができる。

しかしながら、それと同時にモビリティの上昇が、「社会秩序からの逸脱」あるいは「抵抗の行為」として捉えられてきた傾向があることにも注目しなければならない。誰かが国境を越えるときには、国家や社会から「放浪者（vagabond）」として「場違い（out of place）」の人間と理解され、空間、領域性、社会秩序という「静的な容器」から漏れてしまった、セキュリティに対するリスクとみなされることもある。ケビン・ハガーティ（Kevin D. Haggerty）とリチャード・エリクソン（Richard V. Ericson）は、ドゥルーズとガタリの所説に拠りながら、さまざまな監視手段の収束化現象を、「監視のアッサンブラージュ」と呼ぶが、それは異質な要素が別々に機能するのではなく、有機的に結びつく形で作動する監視を意味する。★20

フーコーが『性の歴史Ⅰ（知への意志）』のなかで、「規律を特徴づけている権力の手続き」としての規律権力と全人口＝住民（population）を管理・統制する生政治という二つの権力の在り方を提示したことはよく知られている。★21 フーコーは、一九七八年にコレージュ・ド・フランスで行った講義のなかで、この二つの権力の駆動因としての生権力を、「ヒトという種における基本的な生物学上の特徴が、ある政治（ある政治的戦略、ある一般的な権力戦略）の内部に入り込めるようになるにあたって用いられる、さまざまなメカニズムからなる総体」★22 と論じている。このようにみると、人間の身体に埋め込まれた「基本的な生物学上の特徴」を摘出するバイオメトリクスは、現代の国境空間において作動するメカニズムの核心的要素のひとつであり、生政治国境は、こうした生権力を行使する統治実践として出現しているということもできる。フーコーが述べた生政治の現代的展開という視点から把握すれば、国境空間において行使される権力の複合的レジームは、殺す権力よりも、生をコントロールするという監視に焦点をあてているともいえるだろう。

9・11テロ以後の米国において、国境空間は、国境管理に絡む国家権力の一部がアウトソーシングされ、国家権力と民間部門が合体して遂行されている「対テロ戦争」の重要な一断面を投影している制度的拠点でもある。個人情報の収集・管理・利用が米国のホームランド・セキュリティの本質的特徴になってきており、「監視をめぐる新しい政治」は生政治国境における身体の選別のプロセスによって生成されている。★[23] これによって、米国の国土（ホームランド）に上陸する前に、「望ましい人物」であるかどうかを入国の初期段階で判断する「上流における監視（"up-stream" surveillance）」が可能になっているのであり、「国境の非局在化（delocalization of the border）」と呼ばれる現象が顕著になった。★[24] つまりそこでは、国境が単なる地政的に引かれたラインというばかりでなく、空港、港湾、陸路におけるＰＯＥなどの「点」が仮想的に結びついたネットワークとして作動するという機能が強調されることになる。そしてまた、米国のホームランドを防衛するために外国政府、在外公館、民間セキュリティ企業などと組織的に連携しながら、国境機能を外延的に拡大しようとする動向としても読み取れる。★[25]

3　空港──監視とセキュリティの場

二〇〇四年にＤＨＳは、米国最大手のＩＴコンサルタント企業であるアクセンチュアが、９・11テロ以後の米国の国境管理システムの支柱として導入されたUS-VISITプログラムの主たる受注契約企業になることを発表した。★[26] US-VISITプログラムは、米国入国時（一部は出国時）に指紋の読み取りや顔写真の撮影が求められるものだが、ビザ免除プログラムで入国する短期滞在者もその対象者として拡大された。[★27] DHSと契約を結んだアクセンチュアは、その下請け企業であるレイセオンなどともに「スマート・ボーダー連合（smart border alliance）」を形成した。これによって、米国に入国する前から入国希望者に対するデータの収集が行われ、政府のデータベースに存在する過去の犯罪歴などによってプロファイリングされることにより、個人や集団の情報がコード化されることになる。テッサ・モーリス＝スズキ（Tessa Morris-Suzuki）がいうように、国境とは国家と市場の力が「交差する領域」であり、国境管理は、「政府と民間企業の協働が急速に進展し、重大な政治的影響を及ぼしている領域」の一部となってきている。[★28]

現代における生政治国境は、空港（ターミナル）において顕在化してきていると同時に、空港は潜在的なリスクを選別・除去しようとする場所としても機能しており、その制度的拠点としての空港は、人や物の移動をコントロールするという視点から、さまざまなアクター、戦略及び言説が網状的に作用し、リスクを選別・排除する重層的なガバナンスが生成する場としての性質を有している。人や物の移動の手段が多様化し、その地理的範囲が拡大する今日的状況のなかで、人間や物の仕分けを行う行為は現代における「統治性」を考えるうえでの主要トピックである。具体的にみると、空港における建築は、いかに効率的に人や物を最終目的地まで運ぶのかということに主眼をおいて造られていることが分かる。[★29] ライアンは、グローバル化する監視体制の拠点のひとつとしての空港を、航空機利用客の急速な増大と関連づけながら、以下のように述べている。

空港は二一世紀のグローバルな市民の移動に不可欠な重要な拠点である。観光客、ビジネスマン、労働者、学生、そしていうまでもなく亡命者にとっても入口であり出口となる場所だ。〔…〕空港は単に移動中の顧客をひきつける磁石ではない。というのも空港は入口であると同時に出口であり、たとえそれがある領土の地理的な稜線ではないにしても、事実上は仮想の境界線として機能している。したがって、ここもまたセキュリティと監視が実践され進行している場でもある。[★30]

「仮想の境界線」としての空港は、グローバル化による人や物の移動を促進させる導管としての重要な役割を負っていると同時に、それらの移動を規制する側面も有している。[★31]ジョン・トーピー(John Torpey)は、国家によるパスポートを用いた「合法的な移動手段の独占化」について論じている。[★32]カール・マルクス(Karl Marx)が、資本主義の発展過程において、資本家が労働者階級から生産手段を収奪しようとした点について解明し、マックス・ウェーバー(Max Weber)は国家による物理的な暴力手段の独占化を論じたように、トーピーは、両者の見解を踏まえて、国家が「個人や私的な団体から合法的な「移動手段」を収奪してきた」と主張し、人が特定の空間を移動するために国家からの許可を得ることが必要になった過程を示そうとした。そして、この過程でクローズアップされた視点が、人間の「身元(アイデンティティ)」を確認する技術や手続きであった。トーピーは、以下のように述べる。

国家は人びとの移動を認可する権限の独占を企て、この権限を実効性のあるものにするために、人びとの身元を明確に確定しようと努めてきた。〔…〕国家が合法的な移動手段を独占しようとする活動には、多くの相互補強的な諸側面があった。すなわち、〔…〕どのようなタイプの人間が国境の内側において、あるいは国境を越えて移動できるのかを規定し、どのように、いつ、どこで、そうできるのかを決める法律の成文化。誕生から死亡まで、地球上のありとあらゆる人間の身元を、各個人について明確に確認する技術が世界的に発展したことによる影響。〔…〕最近になってようやく国家は、移動を制限する権限を独占するために必要な能力を実際に身につけたのである。★33

このようにみると、権力テクノロジーの発展と連動した国家による監視とパスポートなどによる身元（アイデンティティ）の確認が行われる統治実践の場が現代の空港だといえる。いわゆる人間の選別機能が集約される空港は、「データフィルター（data-filter）」としての役割を担っている。★34 時間を待たずにスムーズに航空機に搭乗できる人間もいれば、国籍や人種などによって差別化され、搭乗口の別のラインに並ばされたうえで「尋問」をうける人間もいる。ある人間にとっては、自由への入口であり、ある人間にとっては、抑圧を体験する空間ともなりうるのである。「対テロ戦争」の最前線にある現代の空港において、リスク管理の観点から特定の人間をターゲットにした仕分けが行われているのであれば、軍事力以外の他の手段を用いたリスク管理としての戦争の側面がそこでは可視化されることになる。

4 航空保安――「ターゲット・ガバナンス」と「リスクガバナンス」

二〇〇一年一一月に成立した米国航空・運輸保安法（U.S. Aviation and Transport Security Act）[★35]によって、運輸省内にTSAが新設されると同時に、米国内に乗り入れするすべての航空会社は、乗客者名簿を米国政府に対して電子データとして提出することが義務づけられた。この法律の成立以後、各航空会社は、バイオメトリクスを内蔵した機械読み取り式のパスポートの導入、米国に入国するすべての人間からの指紋採取や顔写真撮影の実施、事前旅客情報システム（Advance Passenger Information System: APIS）の構築などに取り組むことになった。二〇〇六年一一月、CBPは、自動ターゲティングシステム（Automated Targeting System：ATS）を導入し、テロリストや輸送貨物などのリスク管理分析を全米規模で行う体制を構築した。ATSは、国境を越えるあらゆる個人の情報を事前に収集することによって、一人ひとりに対する「リスクスコア」を割り当て、その人物が国境を越えてもよいのかどうかに関する決定を容易にする役割を担っている。

マリアナ・バルベルデ（Mariana Valverde）とマイケル・モパス（Michael Mopas）は、リスク管理とは、「あらゆる個人を一連の測定可能なリスク要素に類別すること」であると述べ、権力の分散化と統治様式の高度化を基軸とした「ターゲット・ガバナンス（targeted governance）」が出現してきた背景について分析している。[★36]これは、「データベイランス（dataveillance）」と呼ばれる高度なリスク管理のテクノロジーと結びつき、疑わしい人物及び集団をターゲットにする積極的かつ恒常的な監視活動を基軸に据えた統治体系のことである。「ターゲット・ガバナンス」は、「対テロ戦争」の展開において、国家ばかりではなく、分散化された権力によってセキュリティが供給されるというセキュリティの多元主義的な見方に依拠しており、そこではいかに国家権力が複合的な政策の布置連関によって行使されているのかが明らかになる。

そして、「ターゲット・ガバナンス」は、国際及び国内レベルにまたがる重層的な航空保安ガバナンスを接合するという状況を生み出している。[37] 航空保安ガバナンスの中核を占めているのが、一九四四年のシカゴ条約（国際民間航空条約）によって、国連の専門機関として発足した国際民間航空機関（International Civil Aviation Organization：ICAO）である。二〇一九年現在、加盟国は一九三カ国にのぼり、その設立目的は、国際民間航空が「安全にかつ整然と」運営されるために政府間協力を図ることであるとされている。[38] この目的の達成のために、ＩＣＡＯは国際航空運送業務やハイジャック対策のための国際条約の作成、国際航空運送業務に関連する国際基準及びガイドラインの作成を行っている。

9・11テロ以後、航空保安の強化に向けたＩＣＡＯにおける現行国際ルールの見直しを行うべきだとする基本的認識が各国間で共有されるようになった。[39] 二〇〇一年一二月に開催されたＩＣＡＯ理事会では、同年一〇月のＩＣＡＯ総会で採択された「民間航空機を破壊の武器として濫用及び民間航空機を巻き込んだその他テロ活動に関する宣言」を踏まえ、航空保安関連の国際ルールの見直しが承認された。[40]

（1）ＩＣＡＯの航空保安に関連する国際標準の国内線への適用

（2）航空保安関連情報の各国間での共有
（3）各国組織及び適切な部局の設置
（4）保安検査基準の維持
（5）予防的保安措置
（6）武装航空保安官の渡航
（7）空港内立ち入り規制措置

国際線の運航ネットワークの密度などからいえば、米国とヨーロッパをつなぐ路線が他の路線に比して圧倒的な規模を誇っており、米国連邦航空局（Federal Aviation Administration: FAA）と欧州民間航空会議（European Civil Aviation Conference: ECAC）がそのリスク管理に大きな役割を果たしている。[★41] ＥＣＡＣはＥＵのほぼすべての加盟国から構成されているリージョナルな航空保安ガバナンスを担う主体であり、ＩＣＡＯと欧州航空管制局（EUROCONTROL）と連携を図りながら、ＥＵ域内における民間航空規則の作成や飛行区域の管理ばかりではなく、ＦＡＡとの民間航空に関する政策やルールの「調和化」を目指す組織であるといえる。[★42]

米国のＦＡＡや英国の民間航空局（Civil Aviation Authority: CAA）などは、国内における航空行政機関であり、空港、民間航空会社及び民間航空産業に対する監督権限を有しているが、ヨーロッパ諸国における空港の民営化が近年進展してきているなか、航空行政もこうしたネオリベラルな政策動向に沿った形で推進されている。また、空港管理会社の多国籍化も進んでいる。[★43] 英国空港公社は、国内で七つの空港を経営しながら、米国のインディアナ国際空港を管理する一〇年契約を結んでいる。さらには、米国のボストン空港、バルティモア空港、ピッツバーグ空港における小売経営を担当している。バンクーバー国際空港公社は国内における五つの空港を管理しながら、キプロス、ドミニカ、チリ、バルバドス島、ジャマイカにおける国際空港も運営している。[★44]航空保安に関連する業務全般に民営化や多国籍化の波が押し寄せる状況は、ＩＣＡＯに代表される国際組織、ＥＣＡＣなどの地域組織、ＦＡＡなどの国内組織が重層的に連接し合うことによって、空港における政府部門と民間部門の境界線を曖昧なものにしている。

おわりに

航空保安ガバナンスの有する重層的な性質は、「リスクガバナンス（risk governance）」という概念と相互連関させて分析することが有用である。「リスクガバナンス」とは、「どのようにリスク関連情報が収集・分析され、管理の決定がなされるのかに関心をもつアクター、ルール、プロセス、慣習及びメカニズムが複合的に交錯したもの」として定義づけられ、単一的な権威が、管理の決定を行うわけではなく、利害関係をもつ多様な主体間の共助作用が重要になるガバナンスのことである。[★45]リスクが容易に越境拡散する「世界リスク社会」においては、国際組織、地域組織及び国内組織というレベルに成層化され、監視の統治テクノロジーによってリスクを選別・排除する「ターゲット・ガバナンス」と、多様なアクター間の共助作用によって先制的に特定のリスクをみつけようとする「リスクガバナンス」とが接合することになる。「対テロ戦争」の文脈から理解すれば、この二つのガバナンスの構造的特質を併せもつ航空保安ガバナンスの形成は、空港が最後のディフェンスボーダーになるようなセキュリティゾーンの空間的広がりと連動しながら進展しているのである。

すでにみてきたように、9・11テロ以後の空港において、人の移動を日常的に確認するという国家による統治実践は、リスク管理としての監視やバイオメトリクスという予防テクノロジーと一体化することで昂進化してきている。リスク管理としての監視は、空港を基点としてあらゆる方向への空間的広がりをみせながら、ネットワーク型の国境を基盤とすることで実践されている。生政治国境は、人間の身体に埋め込まれた特徴を弁別して生成される境界線がバーチャルな国境という空間ロジックのなかで引かれているという問題系から理解されるべきなのである。

註

★1 ギデンズ、アンソニー『国民国家と暴力』松尾精文+小幡正敏訳、而立書房、一九九九年、三五三頁。

★2 伊豫谷登士翁『グローバリゼーション——移動から現代を読みとく』ちくま新書、二〇二一年。

★3 伊豫谷登士翁「方法としての移民」同編『移動から場所を問う——現代移民研究の課題』有信堂高文社、二〇〇七年、一三頁。

★4 同上、四頁。伊豫谷は、「固定的に考えてきた場所の問い直し」を現代における移民研究の課題であるとし、現代のグローバリゼーションの時代を「場所の揺らぎの時代」と呼んでいる。

★5 伊豫谷登士翁『グローバリゼーションとは何か――液状化する世界を読み解く』平凡社新書、二〇〇二年。

★6 土佐弘之『アナーキカル・ガヴァナンス――批判的国際関係論の新展開』御茶の水書房、二〇〇六年、二一〇頁。

★7 ライアン、デイヴィッド『監視社会』河村一郎訳、青土社、二〇〇二年、一四〇―一四一頁（括弧は筆者による）。

★8 同上、一四一頁。

★9 Coutin, Susan Bibler, Maurer, Bill and Yngvesson, Barbara, "In the Mirror: The Legitimation Work of Globalization," *Law & Social Inquiry* 27 (4), 2006.

★10 Lyon, David, "Globalizing Surveillance: Comparative and Sociological Perspectives," *International Sociology* 19 (2), 2004, p.139.

★11 ローレンス・レッシグは、サイバー空間における「規制」の在り方を論じる際に、インターネットにおける規制の様式として、法、規範、市場、そしてコード（アーキテクチャ）の四つを挙げている。そして、今日のインターネット社会のなかでとりわけ注目されるべきなのが、新しい規制手段としてのコードであるとしている。それは、サイバー空間における自由への脅威をどのようにコントロールするのかという点についての考察から生まれてきており、プログラムを書く「コード作者の選んだ特性」によって、われわれのふるまいに対する規制が行われていることが、今世紀の顕著な時代的特徴と主張する。レッシグ、ローレンス『CODE VERSION2.0』山形浩生訳、翔泳社、二〇〇七年。

★12 ライアン、『監視社会』、五〇―五一頁。

★13 大屋雄裕『自由とは何か――監視社会と「個人」の消滅』ちくま新書、二〇〇七年、一一〇頁（傍点は原著）。

★14 同上、一二七―一二八頁。

★15 ウルリヒ・ベック『危険社会――新しい近代への道』東廉＋伊藤美登里訳、法政大学出版局、一九九八年；同『世界リスク社会論――テロ、戦争、自然破壊』島村賢一訳、平凡社、二〇〇三年。

★16 鈴木謙介「監視批判はなぜ困難か――再帰的近代におけるリスク処理の形式としての監視」『社会学評論』第

五五巻第四号、二〇〇五年。

★17 渋谷望『魂の労働――ネオリベラリズムの権力論』青土社、二〇〇三年、一七八―一八一頁。

★18 ボガード、ウィリアム『監視ゲーム――プライヴァシーの終焉』田畑暁生訳、アスペクト、一九九八年、七―二一頁。

★19 渋谷、前掲書、一八〇―一八一頁。

★20 Haggerty, Kevin D. and Ericson, Richard V., "The Surveillant Assemblage," *The British Journal of Sociology* 51 (4), 2000, pp. 605-22.

★21 フーコー、ミシェル『性の歴史1――知への意志』渡辺守章訳、新潮社、一九八六年、一七四―一七五頁。

★22 フーコー、ミシェル『ミシェル・フーコー講義集成〈8〉生政治の誕生――コレージュ・ド・フランス講義1978―79年度』慎改康之訳、筑摩書房、二〇〇八年、三頁。

★23 Levi, Michael and Wall, David S., "Technologies, Security, and Privacy in the Post-9/11 European Information Society," *Journal of Law and Society* 31 (2), 2004.

★24 Salter, Mark, "Passports, Mobility, and Security: How Smart Can the Border Be?," *International Studies Perspectives* 5 (1), 2004, pp.80-81.

★25 Flynn, Stephen E., "Beyond Border Control, *Foreign Affairs* 79 (6), 2000.

★26 Accenture News Room, "Accenture Announces Key Smart Border Alliance Subcontracts for US-VISIT Program," September 3, 2004 〈https://newsroom.accenture.com/industries/health-public-service/accenture-announces-key-smart-border-alliance-subcontracts-for-us-visit-program.htm〉(最終閲覧日：二〇二一年八月二五日).

★27 二〇〇九年一月一二日から、米国へ渡航する際には、短期の旅行者であっても事前にインターネットで米国政府の専用サイトへとアクセスし、オンラインで渡航認証を得ることが必要になった。この新しい制度は、「電子渡航認証（ＥＳＴＡ）」と呼ばれ、渡航前に、入国希望者の氏名、住所、電子メールアドレス、パスポート番号、米国における滞在先などの情報を提供させ、ブラックリストなどと照合し、問題がないと判断された場合にのみ渡航を許可するというものである。これは、US-VISITプログラムの適用対象を、ビザを所持しているものからビザを必要としない渡航者にまで拡大したものであるといえる。二〇二一年一〇月時点では、日本など世界三八カ国が対象になり、ビザが免除されている九〇日以下の商用や観光目的で入国を希望する渡航者に義務づけられる。航空チケット購入時あるいは渡航七二時間前までに申請することが推奨されており、「渡航認証」の有効期限は二年間、もしくはパスポートの有効期限が切れるまでとなっている。また、二〇一〇年九月八日より、ＥＳＴＡ申請者には一四米ドルの支払いが義務づけられた。

★28　テッサ・モーリス－スズキ『自由を耐え忍ぶ』辛島理人訳、岩波書店、二〇〇四年、一〇七頁、一二四―一二五頁。

★29　空港建築の歴史的変遷については、以下が詳しい。Gordon, Alastair, *Naked Airport: A Cultural History of the World's Most Revolutionary Structure*, Chicago: The University of Chicago Press, 2004.

★30　ライアン、前掲書、一七六―一七七頁（傍点は筆者による）。

★31　Lyon, David, "Filtering Flows, Friends, and Foes: Global Surveillance," in Salter, Mark ed., *Politics at the Airport*, Minneapolis: University of Minnesota Press, 2008, pp.33-34.

★32　トーピー、ジョン・C『パスポートの発明――監視・シティズンシップ・国家』藤川隆男監訳、法政大学出版局、二〇〇八年。

★33　同上、一一一―一一二頁。

★34　Lyon, David, "Airports as Data-filters: Converging Surveillance Systems after September 11th," *Information, Communication, and Ethics in Society* 1 (1), 2003, pp.13-20.

★35　U.S. Aviation and Transport Security Act, Public Law 107-71, November 2001.

★36　Valverde, Mariana and Mopas, Michael, "Insecurity and the Dream of Targeted Governance," in Larner, Wendy and Walters, William eds., *Global Governmentality: Governing International Spaces*, London and NY: Routledge, 2004, pp.245-248. 土佐弘之は、ネオリベラル的な統治における調整的権力に呼応しない「逸脱集団」が「リスクグループ」として括り出されて、制裁及び隔離を行う「ターゲット・ガバナンス」が出現してきている実態について、アメリカの「麻薬戦争」に関する政策を参照しながら論じている。土佐弘之「グローバルな統治性」芹沢一也＋高桑和巳編『フーコーの後で――統治性・セキュリティ・闘争』慶應義塾大学出版会、二〇〇七年。

★37　Lahav, Gallya, "Mobility and Border Security: The U.S. Aviation System, the State, and the Rise of Public-Private

Partnerships," in Salter, Mark ed., *Politics at the Airport*, op.cit., pp.77-103.

★38　ＩＣＡＯホームページ〈https://www.icao.int/Pages/default.aspx〉（最終閲覧日：二〇二一年八月一二日）.

★39　Dempsey, Paul S., "Aviation Security: The Role of Law in the War against Terrorism," *Columbia Journal of Transnational* 41 (3), 2003, pp.658-661. なお、９・11テロ以後のＩＣＡＯを中心とした航空保安全般に関する国際的な取り組みについては、条約等の訳文も含め、以下を参考にした。川原英一「航空保安の国際ルール強化に向けた最近の動向――2001年9.11同時多発テロ事件後」『外務省調査月報』二〇〇二年度第二号、二〇〇二年。

★40　同上、七六―七八頁。

★41　Salter, Mark, "The Global Airport: Managing Space, Speed, and Security," in Salter, Mark ed., *Politics at the Airport*, op.cit., p.18.

★42　Ibid.

★43　Ibid.

★44　Ibid., p.19.

★45　Heng, Yee-Kuang and McDonagh, Ken, *Risk, Global Governance and Security: The Other War on Terror*, London and NY: Routledge, 2009, p.41.

第7章　北米国境ガバナンスの苦悩

はじめに

グローバル化が進行するにつれて、国境を越える人や物の移動は、正規移動ばかりではなく、非正規移動にも影響が及び、質的な変化が進むと同時に、量的な拡大もみせてきた。このような状況を背景として、主権国家の専権事項であると考えられてきた国境管理の在り方も、主権国家の政策やその管理能力の問題ばかりではなく、リージョナリズムが進み、また民間企業などの多様な枠組みやアクターが複合的に絡み合うことで、変容を遂げてきている。

国境をマネジメントするということは、国境を越える人や物の移動を効率的にコントロールするということであり、テロなどの多様化するネットワーク型の脅威に共同で対処するということである。人や物のスムーズな移動を阻害するセキュリティ装置の増加によって、北米地域統合の進展に暗雲が立ち込めたことから、地域全体の経済的繁栄を図りつつ、国境管理を効率的に行うリージョナルなガバナンスの構築が、北米三カ国の政府レベル及び民間企業レベルでその主要テーマとして取り上げられるようになった。★1 人や物の移動を円滑にする経済統合の推進と、テロリストの侵入を防ぐ国境管理をはじめとした政治統合の促進は表裏一体の関係にあり、スムーズな行き来を可能とする透過性の高い国境の実現のためには、その機能開発を担う民間企業や、国家と民間企業との関係に民主主義的な正統性を担保する市民社会組織の存在を視野に入れたガバナンスの構築が求められている。

ロバート・パスター（Robert Pastor）が唱道した「北米共同体（North American Community）」構想は、北米地域における三カ国間の非対称的相互依存関係を踏まえながらも、こうした地域全体の共通課題に対処していく方向性を指し示すものであった。[★2] リージョナルな協力を多様な分野で醸成していくプロセスを重視し、域内の安全保障境界線とでもいうべきセキュリティ・ペリメーター（security perimeter）を形成する動きがみられてきた。本章では、NAFTA締結以後の脱境界化政策と9・11テロ以後の再境界化政策がせめぎ合う北米地域において、国境を共同でマネジメントしながらリージョナルな協力の推進を模索する国境ガバナンスの可能性と限界について考察する。

1　北米地域統合の軌跡

米国とカナダの貿易・投資の自由化を目指した米加自由貿易協定（Canada-United States Free Trade Agreement: CUSFTA）は一九八九年に発効したが、その後一九九四年にメキシコを加える形でNAFTAが成立した。NAFTAは、経済的な地域統合を出発点とした背景を有しているが、NAFTA締結後、米墨国境における「麻薬戦争」の激化や9・11テロの発生によって、北米地域における国境管理協力の動きも加速化してきた。欧州理事会や欧州議会などの政治制度を有するEUとは異なり、北米地域にはそれらに相当するものがないなかで、NAFTAを中心とした緩やかな地域統合が進展

	民主主義		政治腐敗認識		政府の効率性	
	2011	2016	2011	2016	2011	2016
カナダ	9.08	9.07	8.70	9.20	1.87	1.96
米国	8.11	8.22	7.10	7.80	1.44	1.86
メキシコ	6.93	6.67	3.00	3.30	0.17	0.23

表7－1　北米3カ国の比較指数
出所：Velazquez and Dominguez, "Obstacles to Security Cooperation in North America, " in Genna and Mayer-Foulkes eds., *North American Integration: An Institutional Void in Migration, Security and Development,* London and New York: Routledge, 2013, p.179 の table10.1 をもとに筆者作成。民主主義指数（『エコノミスト』の「インテリジェンス・ユニット」）は1から10、腐敗認識指数（NGO「トランスペアレンシー・インターナショナル」）は0から10、政府の効率性指数（世界銀行）は -2.5 から 2.5 で示されている。

してきたという歴史がある。★3 北米地域については、先進国である米国とカナダ、そして途上国のメキシコとの間にある、とりわけ経済的格差を起因とする非対称的相互依存関係が顕著であることから、地域統合の均質的発展が困難であるという見方が支配的であった。★4 例えば、二〇〇九年の購買力平価にもとづく国民一人あたりのGDP（米ドル）は、米国が四万六四〇〇ドル、カナダが三万八四〇〇ドルであるのに対して、メキシコは一万三二〇〇ドルであった。★5 また、**表7－1**からも分かるように、民主主義指数、政治腐敗指数、そして政府の効率性指数における米加両国とメキシコとの格差が埋まる傾向はみてとれない。こうした点からは、米加両国の信頼構築にもとづく協力関係は密接であるものの、地域における信頼できるパートナーとしてのメキシコの地位の確立が北米地域統合の鍵のひとつになってきたことが分かる。

北米地域における安全保障協力の必要性は、一九九〇年代後半から二〇〇〇年代半ばにかけての時期に盛んに論じられたが、こうした構想に対するシンクタンクなどの好反応と比して、政府レベルでは積極的な受け止めがなされなかった。★6 なぜならば、メキシコ政府は、米国の介入主義政策に翻弄されてきた歴史から独自の外交政策を追求するという姿勢をもっており、こうした構想には長らく抵抗してきた背景があるからである。一九八〇年代における金融危機以降、米国との経済的相互依存関係が深化し、メキシコ経済の自由化も加速化するなかで、カルロス・サリナス・デ・ゴルタリ（Carlos Salinas de Gortari）政権はNAFTAを締結したが、米墨両国における共同体認識は、あくまで貿易・投資の自由化に限定したものであった。「北米共通市場」をめぐる動きのなかでも、労働移民や人の移動という制度的に政策調整が困難な問題に関しては、交渉テーマからは除外されたのであった。

このようにみると、北米三カ国に及ぼすNAFTAの経済的影響力やその制度設計については、各方面からさまざまな議論の対象とされてきたが、北米地域統合の政治変容に関する分析に関しては十分になされてきたとはいい難い。繰り返しになるが、地域統合の観点からすれば、貿易・投資の自由化によって人や物の移動を円滑にする経済統合と、移民・国境管理をはじめとした安全保障分野における政治統合の促進は、表裏一体の関係にあるといえる。しかしNAFTAそれ自体は、一九九三年に労働と環境に関する補完協定には合意したものの、これが安全保障分野に関する協定ではないために、移民・国境管理といった地域全体での政策調整を要する課題に対して適切に対処できないという側面をもっていたのである[★7]。

NAFTA締結後、北米地域では大部分の北米産品の関税が撤廃されるなど、経済統合が推進されてきたといえるかもしれない。とりわけ9・11テロ以降は、移民・国境管理をはじめとした大陸共通の安全保障上の課題に直面し、米国はカナダ及びメキシコとの間でスマート・ボーダー政策を結んだのだが、そこでは二つの二国間主義（dual bilateralism）が展開された。二〇〇五年には、三国間主義（trilateralism）にもとづく「北米の安全と繁栄のためのパートナーシップ（Security and Prosperity Partnership of North America: SPP）」が結ばれ、脱境界化政策としての経済的な開放性と、再境界化政策としての安全保障の強化という両義的な国境政策を地域全体で目指すリージョナルな枠組みの輪郭が明らかになった。★8

2　スマート・ボーダーと米加・米墨関係

9・11テロ以後、米国とカナダは、欧州連合（EU）に倣う形でスマート・ボーダーを構築する可能性について協議を開始した。ホワイトハウスのウェブページには、スマート・ボーダーに関して以下のように説明がなされている。

将来の国境は、米国の領土に到着する前に人や物を選別するために、海外での審査・検問及び国内での審査措置を統合しなければならない。近隣国、主要貿易相手国、民間企業との協定により、リスクの低い通過ルートを広範囲に事前審査することが可能になり、限られた資源をリスクの高い通過ルートに集中させることができる。貨物の移動や人間の出入国を追跡するための高度なテクノロジーの活用は、何億人もの人の移動や輸送手段を管理するという任務に必要不可欠である。★9

リチャード・ファルケンラス（Richard Falkenrath）は、一九九〇年代における「軍事革命（military revolution）」になぞらえながら、9・11テロ以後の転換期を「国境セキュリティにおける革命（revolution in border security）」と呼び、テクノロジーの急速な進展が国境セキュリティを根本的に変容させる可能性について言及した。[★10] 米国の新しい国境セキュリティ戦略は、米国国境を地理的外部に「押し出す」動きと連動しているといえる。これは、トランプの壁に代表される物理的な国境の壁の建設を推進する動きに加えて、国境の透過性を促進するリージョナルな枠組みでの国境政策の出現をもたらしたのであり、NAFTA締結によって経済・貿易関係を円滑化する脱境界化政策と国境のセキュリティ強化を目指す再境界化政策のバランスを図る試みともいえよう。

2－1　米加間の「スマート・ボーダー宣言」

米国はカナダとの間で、二〇〇一年一二月に三〇項目からなる「スマート・ボーダー宣言（US-Canada Smart Border Declaration）」を結んだ。[★11] この協定において、米加国境は「テロリストの活動に対する信頼構築ゾーン」と位置づけられ、米加間において以下の四つの柱にもとづく国境政策の調和を目指すことが謳われた。すなわち、1)人の安全な流れ、2)物の安全な流れ、3)クロスボーダーで重要なインフラストラクチャーの安全、4)調整と情報共有である。この合意をうけて、二〇〇四年四月、米加両国は国境管理を共同で行うパートナーであると宣言し、このモデルはグローバルに輸出されるべきであるとした。

米加両国は、将来の国境管理協力に向けて、いくつかのパイロット・プログラムを実施した。[★12] そのひとつが、統合法執行チーム（Integrated Border Enforcement Teams: IBET）の結成であり、これによって両国による情報共有やバイオメトリック・データベースへのアクセスが可能になった。このIBETから派生した部隊が、米加・米墨の国境に配置されている国境警備タスクフォース（Border Enforcement Security Task Force: BEST）であり、テロリストなどの侵入を未然に防ぐことに重きをおいた部隊である。★13

さらに、二〇〇五年に試験的に開始された「シップライダー・プログラム（shiprider program）」は、両国の海上保安を目的としたプログラムであり、USCGとRCMPの武装した警官が共同任務で共通水域をパトロールするものである。このプログラムはデトロイトとウインザーのIBETから派生したものであり、二〇〇七年には、米国ワシントン州とカナダのブリティッシュ・コロンビア州の間の沿岸水域を含む、海上国境のすべての分野に拡大された。シップライダーでは、両国の法律に関する教育・訓練をうけることによって、異なる国家の警察官が共通の船舶に乗船し相互の領土を横断しながら任務にあたることになっている。

二〇〇九年五月、このパイロット・プログラムは、「統合的な海上法執行活動に関する米加の枠組み合意」（ICMLEO-Shiprider）へと結実し、米国のオバマ大統領とカナダのスティーブン・ハーパー（Stephen Harper）首相は、二〇一一年二月四日、「国境を越えて（Beyond the Border）」という共同宣言に署名した。これは、共通水域ばかりではなく、米加両国の共通の境界線に沿って統合的な法執行を行うための包括的な試みであり、これまで試験的に行われていたプロジェクトを正式な法律として制定したものである。この共同宣言には、共通の部隊を配置するだけではなく、無線の相互運用を含めた情報を共有する統合データベースの活用が盛り込まれた。国内における政府組織間でさえ、無線の相互運用は困難な課題ではあるが、米加両国はセンサーやレーダーシステムの相互運用によって共同で国境をマネジメントすることを目指している。

2-2 米墨間の「ボーダー・パートナーシップ協定」

米墨国境のセキュリティを意識した首脳間での初の取り決めは、一九九七年五月のクリントン大統領とメキシコのエルネスト・セディージョ（Ernesto Zedillo）大統領との間で発表された共同宣言であったが、その後二〇〇二年三月、米国のブッシュ（ジュニア）大統領とメキシコのビセンテ・フォックス・ケサーダ（Vicente Fox Quesada）大統領が二二項目からなる「ボーダー・パートナーシップ協定（Border Partnership Agreement）」に署名した。そして二〇〇七年一〇月、米墨間で発表された「メリダ・イニシアティブ（Mérida Initiative）」は、両国間の国境管理協力においてメルクマールとなる出来事であった。これは、米国がメキシコに対して麻薬密輸対策のための資金や訓練を提供することを柱としたものであった。二〇一〇年五月、両国政府は、メリダ・イニシアティブにもとづきながら国境のインフラ整備に重点を置く「二一世紀国境マネジメント宣言（21st century Border Management Declaration）」に署名した。これによって、米墨間の協力関係の範囲が大幅に拡大された。国土安全保障次官補（国際問題担当）のルイス・アルバレス（Luis Alvarez）は、国境管理協力に関して、米墨関係は米加関係と同じ軌跡を辿っているとし、以下のように述べている。

二一世紀の国境宣言は、米墨国境を単に取り締まるというパラダイムを変化させた。現在では、両国が連携して、合法的な貿易や旅行を促進し、共通の安全保障上の懸念や課題に対処している。これは、五―一〇年前には考えられなかったことである。メキシコの政府関係者は、私たち（米国）がいつもメキシコの主権を侵害しているとかつては不平を述べていたが、今日では、そのような声はほとんど聞かれなくなり、両国の国境をより安全にするにはどのように協力すればよいのかということだけが語られる。★14

さらには、米墨間の協力関係は、「国境インテリジェンス融合セクション（Border Intelligence Fusion Section: BIFS）」（テキサス州）や「トランスナショナルな脅威と闘うための同盟（Alliance to Combat Transnational Threats: ACTT）」（アリゾナ州）などの設置にみられるように、制度的な進化もみせている。これらにもとづいて、アリゾナ州ノガレスでは、両国の法執行機関が国境線の下に掘られたトンネルを通じた麻薬や武器の密輸を防止する共同作戦を行っており、米墨間で国境を共同でマネジメントするメカニズムも発展してきている。

3　北米の安全と繁栄のためのパートナーシップ（SPP）

米加間で結ばれた「スマート・ボーダー宣言」及び米墨間の「ボーダー・パートナーシップ協

定」に盛り込まれた大半の行動プランは、三国間主義にもとづくリージョナルな枠組みへと発展していった。そのひとつの帰結として、二〇〇五年三月、米国テキサス州ウェーコで開催された北米三カ国首脳会議（North American Leader's Summit: NALS）において、米国のブッシュ（ジュニア）大統領、カナダのマーティン首相、メキシコのフォックス大統領が、「北米の安全と繁栄のためのパートナーシップ（Securitry and Prosperity Partnership of North America: SPP）」を発表した。[★15] それは条約でもなく、法的拘束力をもつ取り決めでもなく、三カ国での「紳士協定」とも呼ぶべき政府間イニシアティブであった。[★16] またSPPは、移民・国境管理を中心とした安全保障分野（security）及び貿易・投資の自由化を柱とした地域全体の競争力を高める経済的繁栄分野（prosperity）との政策の調和化をどのように図るのかについて調整するメカニズムでもあった。[★17] それは、首脳級会議、閣僚級会合、そして実務官僚による作業部会の三層レベルから構成された（表7－2を参照）。二〇〇六年には、三カ国の商工会議所や諮問機関としての北米競争力会議（North American Competitiveness Council: NACC）が加わり、NACCは三カ国首脳に対して北米地域の経済的競争力の向上に向けた具体的提言を行う主要な組織となった。[★18]

米国の場合、SPPは連邦議会から行政府に対して付与される規制とルール形成に関する権限によって運用されるようになっていた。合衆国憲法によれば、通商や関税に関する権限はすべて連邦議会に与えられているが、議会によって策定された法の執行は行政府の責任においてなされる。それゆえに、政府間イニシアティブであるSPPは、連邦議会から交渉権限を付与されることなく、地域統合における貿易障壁の除去や出入国及び税関の検査工程の合理化を行うことができるという

安全保障分野	経済的繁栄分野
航空安全	電子商取引
生物保護	エネルギー
国境の通過	環境
貨物安全	金融サービス
インテリジェンス協力	ビジネス促進
法執行機関協力	製造業
海洋安全保障	商品流通
重要なインフラ施設の保護	健康
科学技術協力	食品と農業
渡航者の安全	交通・運輸

表7－2　実務官僚レベルによるSPPの作業部会
出所：筆者作成

特徴をもっていた。★[19] ＳＰＰは、米国の場合と同様に、カナダやメキシコにおいても、立法府を迂回する形で行政府の直接的な執行によって運用されたのである。

ＳＰＰの作動メカニズムにおいては、ビジネス・エリートが大きな役割を果たした。米国外交評議会（Council on Foreign Relations: CFR）によって招集された北米に関する独立タスクフォースは、二〇一〇年までに北米地域に共通域外関税の創設を伴う経済・安全保障共同体構想を打ち出した。★[20] NAFTAにおいては、原産地規制に則って北米産品が用いられているかどうかをチェックする必要があるが、域外共通関税の創設によりこのような行程を省略することもでき、サプライチェーンの拡大にもつながった。また、国境分野に関しては、1)統一化された国境アクションプラン、2)域内における軍事・インテリジェンス分野での協力の拡大・深化、3)「北米ボーダーパス」の創設を柱とする共通の安全保障境界線の構築が明記された。カナダ経営者評議会（Canadian Council of Chief Executives: CCCE）は、二〇〇四年に公表したＳＰＰの前身となる「北米の安全と繁栄のためのイニシアティブ（North American Security and Prosperity

Initiative: NAPSI)」において、中国やインドなどの新興国が台頭するグローバル経済の状況に鑑みて北米地域全体の競争力を向上させるための戦略としての「国境の再創造」を提唱した。[21]

SPPには、北米三カ国の法執行機関の相互連携の強化、北米航空宇宙防衛司令部(North American Aerospace Defense Command: NORAD)や米国北方軍(U.S. Northern Command: USNORTHCOM)に代表される地域共同防衛部隊への支援など、米国のホームランド・セキュリティを基軸として、カナダとメキシコを含めたリージョナルな安全保障の枠組みを形作る要素も含まれていた。[22] こうした状況をふまえて、ローラ・カールセン(Laura Carlsen)らは、SPPを「軍事化する」NAFTAだと述べた。[23] また、二〇〇八年四月、米加両国は、カナダ国内に米軍が駐留することに同意したが、カナダ連邦議会では審議が行われず、米国側の政策的意向を一方的に盛り込んだ軍組織の二国間統合であるとの批判が巻き起こった。

SPPの安全保障分野における米墨間の協力関係も新たな展開をみせた。米国からのメキシコの軍や治安部隊に対する資金援助としてのメリダ・イニシアティブも、リージョナルな安全保障協力というSPPの有する軍事的側面のひとつとして捉えられる。[24] 一九九八年から二〇一〇年までに、米国のメキシコに対する資金援助の総額は約一三億米ドルにものぼり、そのうちの約三〇%が軍事装備品の購入、残りが麻薬対策や法執行機関への援助に当てられた。[25] メリダ・イニシアティブが開始された最初の三年間は、その資金援助のほぼすべてがメキシコ軍の強化や兵員訓練のために充当させられたが、その後、米国連邦議会は、メキシコの司法改革や反腐敗キャンペーンなどに多額の資金を拠出することを認めたのである。このように、メリダ・イニシアティブは、単なる軍事援助という枠組みを越えた、内政にまで及ぶ対メキシコ支援とでも呼ぶべき性格を有していた。

さらにSPPは、天然資源採取の民営化を促すための強制的な手段としての性格も有していた。[26] SPPの経済的繁栄分野としてエネルギーという項目も挙げられているが、これは同時に安全保障分野を強化することによって天然資源が安定的に確保されるということでもある。というのもSPPにおける米国の主要目的は、カナダやメキシコにおける原油生産の拡大と両国のエネルギー市場の規制緩和によって、北米地域のエネルギー供給に対する米国の支配権を確立することであった。また、SPPにおける主要なターゲットは、カナダ・アルバータ州におけるオイルサンドの採掘であった。NACCを構成するカナダの有力石油企業であるサンコー・エナジー(Suncor Energy)社は、SPPの取り決め以前、オイルサンドの採掘によって一日あたり六〇〇万米ドルの利益を得ているとされたが、採掘に伴う温室効果ガスの増加や、周辺に住むカナダ先住民の発癌率の上昇が報じられているにもかかわらず、取り決め以前の五倍の生産を要求したのである。[27]

また、米国は安定的な原油供給を求めて、メキシコの国有石油企業であるペメックス(PEMEX)の民営化を求めた。[28] ペメックスは、メキシコにとって国家主権のシンボル的な存在であり、メキシコ憲法においては、石油と天然ガスの管理は国有企業であるペメックスに委ね、エネルギー部門で得た利益はメキシコ国民に還元されることが保証されている。だからこそ、NAFTA交渉時には、メキシコはその民営化を拒否したとされる。しかしながら、SPP成立後の二〇〇八年、NACCの中心的企業である米国のハリバートンは、ペメックスとの間に約七億米ドルの石油採掘契約を結び、米国とメキシコを結ぶパイプラインの維持のための優先的な権利を得たのである。[29]

SPPに盛り込まれたNEXUS及びSENTRIなどの事前渡航許可プログラムを用いた国境管理の強化は、人の移動における階層化現象をもたらすことになった。[30] NEXUSやSENTRIのカード保持者は、国境に設置された専用レーンを優先的に通過できるが、しかしそのカード申請者の個人情報は、政府間で共同運用されるデータベース上でアクセスできるようになることを前提としたものであった。

しかしながら、こうした優先的に移動する権利を獲得できない市民は、リスク管理の対象となってしまう。SPPは、国境管理におけるリスク因子については明確に定義していないが、テロリスト、麻薬組織、非正規移民などを、「安全保障上の連続体」において一括りにして、潜在的な脅威として強調する。[31] また、バイオメトリクスが技術的に応用されることによって進化する国境管理は、国境を通過する人間の信頼性や妥当性を、アイデンティティの観点から判断していくのである。[32]

SPPは、北米地域における安全保障と経済的繁栄をいかに両立させていくのかというグランドデザインを構想するものであった。しかしながら、SPPの新自由主義的なシチズンシップ概念にもとづいて、人の移動する権利が差異化されるというセキュリティの昂進化現象は、特定のカテゴリーに属する人間だけが移動しやすくなるという特権化された国境空間へと北米地域を変容させているとみることもできる。さらにSPPは、企業利益の増加のために労働の柔軟性を通じた新自由主義政策を推進し、契約労働者の雇用を通じた労働関連法制の規制緩和を進めたことも明らかになっている。SPPにおける移民労働者の国外強制送還の危険性を併せもつゲストワーカープログラムの導入は、北米地域の移民労働者の雇用環境を不安定化させることに繋がり、それは安価な労働力に依存したい民間企業の経済的思惑とあいまって重視されてきたともいえよう。

ＥＵなどの地域統合モデルと比較すれば、ＳＰＰの蹉跌は、北米地域統合においては「民主主義の欠損（democratic deficit）」がみられることの証左でもある。これを解決するためにはまず、国家を含めた多様なアクターが、どのように地域統合の政策決定プロセスに関わっているのかについての多元的理解が求められている。NAFTAやＳＰＰに至る北米地域統合へ向けた歴史は、域内の有力民間企業と結びついた政府間レベルでの交渉が主であったが、こうした地域統合推進の動きに反対する市民社会組織や左派・右派両方からの抗議運動を基盤とした「論争の政治（contentious politics）」が、北米地域統合の通奏低音としてあったことにも着目しなければならない。そして民主主義的要素を加味した地域統合モデルを、「新しい地域主義（new regionalism）」と呼ぶこともできる。

ＳＰＰは行政府による裁量が中核的な部分を占め、立法府への説明責任を担う政治的な仕組みもなく、ビジネス・エリートが中心的な役割を果たすかなりアドホックな協議プロセスであった。こうした帰結として、ＳＰＰの経済的繁栄分野における新自由主義的な諸政策の推進と同時に、北米国境の軍事化、環境保全やエネルギーのアクセス権及び域内市民の移動の権利の問題までも含めた広義の意味での安全保障分野が拡大し、ＳＰＰの民主主義的な正統性が問われることになったのである。北米地域統合の支持者は、国境を越える貿易のフローや投資額などのデータ表出にもとづいてそれらを好意的に論じる「アウトプットによる正統性（output legitimacy）」にその論拠をおいてきたが、非支持者は、ＳＰＰの有するビジネス・エリート中心で排他的な性格を、立法府によるチェックや域内市民からの「インプットによる正統性（input legitimacy）」をもたない地域統合と批判してきた。[33]

こうした批判を背景として、ＳＰＰは二〇〇九年に事実上の機能停止に追い込まれた。今後安全保障と経済的繁栄の政策的両立を図る北米地域統合を展開していくうえでは、市民的関与を視野に入れた域内民主主義を制度的に担保できる国境ガバナンスの構築が求められている。北米地域が社会的に構築されてきた文脈を視野にいれながら、国境ガバナンスの形成に関わるあらゆるアクターが、多様なアイディアや規範を拡散・浸透させていく「言説を伴う代表制（discursive representation）[34]」を構築していくことも必要である。

4 「セキュリティ・ペリメーター」と北米共同体構想

二〇〇〇年代初頭、NAFTA三カ国の世界人口に占める割合は七％に過ぎなかったが、NAFTAのＧＤＰは、当時のＥＵ加盟二五カ国のそれを凌駕し、世界のＧＤＰの三五％を占める規模にまで至っていた。[35]ところが、その後の中国やインドなどの新興国の台頭、９・11テロの発生、グローバルな金融危機の発端となったリーマンショックなどによって、NAFTAの推進による北米地域統合には歯止めがかかったようかにみえた。しかし、NAFTAはメリダ・イニシアティブやＳＰＰを通じて、経済統合から安全保障を目的としたリージョナルな枠組みへと変容する可能性も宿していた。

しかし、米国のホームランド・セキュリティの強化によって、北米地域における本格的な安全保障ゾーンが実現すれば、カナダとメキシコは事実上米国の支配下におかれる可能性が高くなり、カナダやメキシコの国家主権に対する深刻な脅威となることも懸念された。

こうした懸念をふまえてもなお、人の移動や貿易・投資の自由な流れを確保しながら、リージョナルな安全保障を向上させるためには、『セキュリティ・ペリメーター（security perimeter）』を用いたアプローチがより効果的であるという主張が存在する。[★36] すなわち、北米地域の地理的外延部を安全保障のラインとして把握し、国境を三カ国でマネジメントするという共境界化政策のことである。デイヴィッド・ビエット（David Biett）は、「セキュリティ・ペリメーターはもはや避けたい言葉ではなく、少なくとも学界では再び話題になりはじめている」と述べた。[★37] さらに、「カナダは、この話が再び持ち出されたときには尻込みしたが、その理由も理解できる。自由貿易や国家主権に対する影響について、いまだに悪い感情が残っており、セキュリティ・ペリメーターはカナダにとって口にしたくないものだった」と続けている。[★38]

二〇〇九年二月、カナダのデイヴィッド・エマーソン（David Emmerson）元国際貿易・外務大臣が、「カナダ政府は、関税同盟を含む米加関係の強化に積極的に努めるべきである」[★39] と述べたが、米国は、カナダへ入国する人々に対するリスク評価の実施、米加両国のビザ政策の違いについて懸念を抱いており、セキュリティ・ペリメーター構想には米加間の国境管理及び税関基準に関する政策的調和が求められた。

一方、米墨間のメリダ・イニシアティブは「プラン・メヒコ」とも呼ばれる、NAFTA の延長線上にあるもので、SPPにそのルーツを有する。カールセンは、このメリダ・イニシアティブについて、「ワシントンの政策コミュニティでは、米国の国境線を押し広げる方法として設計された」と言及している。[40]

二〇一七年に誕生したトランプ政権は、保護主義的な目標を掲げながら「米国第一主義」を基軸において政策推進を図った結果、SPPの後継枠組みであった北米首脳会議は一度も開催されることはなかった。トランプ政権はNAFTAの見直しには積極的であり、二〇一八年一一月にはNAFTAを改変した米国・メキシコ・カナダ協定（United States- Mexico-Canada-Agreement: USMCA）に署名し、二〇二〇年に発効した（カナダではCUSMA、メキシコではT-MECと呼ばれる[41]）。これは、米国のTPP離脱に伴うNAFTAの一部条項を変えただけの「NAFTA2.0」とも称され、米国への自動車輸入には数量規制が設けられるなど管理貿易の色彩が色濃い内容をもっていた。

おわりに

本章では、北米地域における国境のリージョナルなマネジメントの発展とその限界について考察してきた。北米地域における国境分野の協力関係の進化は、非対称的な権力関係にある地域大国が支配する「新帝国主義」としても理解され、地域統合の水平的展開にとって大きな障害ともなる。米国国境のグローバルな拡大を現前にして、カナダやメキシコは「巨大な象を前にした二匹のネズミ」であると揶揄されたこともある。[42] しかしながら、SPPにみられたようなビジネス界を中心とした政策提言や、市民社会組織による民主的統制のメカニズムを作動させるリージョナルなイニシアティブは、米国のホームランド・セキュリティの強化というユニラテラルな動きへの緩衝材として、共境界化を目指す国境ガバナンスの形成に新しい息吹を与えるかもしれない。

9・11テロ以後の北米地域が、グローバル化による経済的な開放性と安全保障面からの政治的な閉鎖性が衝突しあう空間となっている現状を考慮すれば、移民・国境管理に関する短期的・中長期的な戦略目標をみすえた段階的アプローチが必要である。そのうえで、セキュリティ・ペリメーターを含めた域内協力の可能性をさらに高める共境界化政策を実現することが、壁や要塞としての硬い分断線という伝統的な国境概念を乗り越える契機となり、「北米共同体」構想をめぐる今後の議論に有益な示唆を与えるにちがいない。

註

★1 Bow, Brian and Anderson, Greg eds., *Regional Governance in Post-NAFTA North America: Building without Architecture*, London and NY: Routledge, 2015; Genna, Gaspare M., Mayer-Foulkes, David A. eds., *North American Integration: An Institutional Void in Migration, Security and Development*, London and NY: Routledge, 2013.

★2 「北米共同体の父」といわれたパスターはアメリカン大学で教鞭をとりながら、ニクソン政権における国家安全保障会議のラテンアメリカ・カリブ海地域担当の政策責任者や、クリントン政権下における駐パナマ大使を務めた。「北米共同体」構想については以下を参照されたい。Pastor, Robert A., *The North American Idea: A Vision of a Continental Future*, Oxford: Oxford University Press, 2011; idem, *Toward a North American Community: Lessons from the Old World for the New*, Washington, D.C.: Institute for International Economics, 2001.

★3　北米地域においては、さまざまな制度的基盤を有するEU型の「統合（integration）」ではなく、R・コヘインのネオリベラル制度主義にもとづく、政府間交渉を通じた共通の目標達成に向けた「協力（cooperation）」という用語を使用することが適切であるとの見方もある。本章では、統合か協力かという概念的区別の重要性を認識しながらも、非政治的な領域における協力が政治的な領域におけるそれへと通じていく波及効果（スピルーオーバー）が、漸進的に統合へ向かう余地を残すという意味において、地域統合という用語を用いている。Anderson, Greg, "The Security and Prosperity Partnership: Made in North American Integration or Co-operation," in Castro-Rea, Julian ed., *Our North America: Social and Political Issues beyond NAFTA*, Londn and NY: Routledge, 2012, pp.67-84.

★4　カナダ・メキシコ関係に関していえば、NAFTA締結以前は、両国間において国境管理協力をめぐる政策調整はマージナルな位置を占めていた。9・11テロ以降、両国はテロ対策において米国と歩調を合わせる動きも存在したが、二〇〇三年に米国が開始したイラクへの武力攻撃には反対し、米国と一定の距離を保った。二〇〇九年のメキシコで開催された北米三カ国首脳会議においては、カナダは、メキシコが遂行する麻薬取引組織の摘発・撲滅に絡む情報交換を進めると同時に、メキシコの法執行機関や治安部隊の訓練への資金援助を行うなどの協力を表明した。

★5　Castro-Rea, Julian, "Introduction," in Castro-Rea, Julian ed., *Our North America: Social and Political Issues beyond NAFTA*, op.cit, p.10.

★6　Velazquez, Rafael and Dominguez, Roberto, "Obstacles to Security Cooperation in North America," in Genna, Gaspare M., and Mayer-Foulkes, David A. eds., *North American Integration: An Institutional Void in Migration, Security and Development*, London and NY: Routledge, 2013, p.187.

★7　Pastor, Robert, "North America: Three Nations, a Partnership, or a Community," *Jean Monnet/Robert Schuman Paper Series* 5 (13), June 2005, p.8.

★8　Morales, Isidro, "The Governance of Mobility and Risk in a Post-NAFTA Rebordered North America," in Morales, Isidro ed., *National Solutions to Trans-Border Problems?: The Governance of Security and Risk in a Post-NAFTA North America*, Farnham: Ashgate, 2013, p.85.

★9　The White House, "Fact Sheet: Border Security," January 25, 2002 〈http://www.whitehouse.gov/news/releases/2002/01/20020125.htm〉（最終閲覧日：二〇二一年八月一九日）.

★10　Koslowski, Rey, *International Cooperation to Create Smart Borders*, Woodrow Wilson International Center for Scholars and Rutgers University-Newark, 2004, p.1.

★11　US and Canada Smart Border Declaration, *Legislationonline* 〈https://www.legislationline.org/documents/id/7543〉（最終閲覧日：二〇二一年八月二四日）.

★12　ＲＣＭＰのウォーレン・クーンズ（Warren Coons）警視総監は、国境管理における米加間関係の進化を、「協力」から「統合」へ向かっているとし、両国にとっての脅威に関する共通理解の促進と状況認識能力の向上を目指しているとした。Longo, *The Politics of Borders*, op.cit., pp.78-80.

★13　Hataley, Todd, "Canada-United States Border Security: Horizontal, Vertical and Cross-border Integration," *Eurolimes* 20, 2015, pp. 103-105.

★14　Alvarez, Luis, "Emerging Threats and DHS's Western Hemisphere Strategy to CombatTransnational Crime. Remarks by Alvarez, Deputy Assistant Secretary for International Affairs," DHS. Border Management Conference & Technology Expo, El Paso, Texas, October 17, 2012.

★15　Villarreal, Mayerli and Lake, Jennifer, *Security and Prosperity Partnership of North America: An Overview and Selected Issues*, CRS Report, Congressional Research Service, January 22, 2010.

★16　Carlsen, Laura, "Extending NAFTA's Reach," *Counterpunch*, August 25, 2017 〈https://www.counterpunch.org/2007/08/25/extending-nafta-s-reach/〉（最終閲覧日：二〇二一年九月二日）.

★17　Ackleson, Jason and Kastner, Justin, "The Security and Prosperity Partnership of North America," *American Review of Canadian Studies* 36（2）, 2006.

★18　American National Standards Institute, "Background Paper on Security and Prosperity Partnership of North America" 〈https://share.ansi.org/Shared%20Documents/Standards%20Activities/International%20Standardization/Regional/Americas/Background%20Paper%20-%20SPP.pdf〉（最終閲覧日：二〇一一年九月二日）．ＮＡＣＣを構成する企業としては、米国側は、フォード、ロッキード・マーティン、ウォルマート、カナダ側は、サンコー・エナジー、ホームデポ、マニュライフ生命、メキシコ側は、グルーポ・ポサダス、タムサ、メキシカーナ航空など、北米三カ国を代表する三〇以上の大規模な民間企業であった。

★19 Sands, Christpher, "A Vote for Change and U.S. Strategy for North American Integration," *PNA North American Policy Brief*, October 2008 〈https://www.hudson.org/content/researchattachments/attachment/674/pna_na_policy_brief_1_-_a_vote_for_change.pdf〉（最終閲覧日：二〇一一年九月五日）.

★20 Council on Foreign Relations, *Building a North American Community Report of an Independent Task Force*, Washington, D.C.: Council on Foreign Relations, 2005, p. xvii.

★21 Canadian Council of Chief Executives, *New Frontiers: Building a 21st Century Canada-United States Partnership in North America*, Ottawa: CCCE, April 2004, pp.1-2.

★22 Walia, Harsha and Oka, Cynthia, "The Security and Prosperity Partnership Agreement: NAFTA Plus Homeland Security," *Left Turn*, April 2008 〈http://www.leftturn.org/security-and-prosperity-partnership-agreement-nafta-plus-homeland-security〉（最終閲覧日：二〇一一年九月一〇日）. 米加間の軍事同盟であるNORADについては、以下が詳しい。櫻田大造『NORAD 北米航空宇宙防衛司令部』中央公論新社、二〇一五年。

★23 Fogal, Constance, Carlsen, Laura and Lendman, Stephen, "Security and Prosperity Partnership: Militarized NAFTA," *Voltaire Network*, March 27, 2010 〈http://www.voltairenet.org/article164650.html〉（最終閲覧日：二〇一一年九月一〇日）.

★24 Carlsen, Laura, "Armoring NAFTA: The Battleground for Mexico's Future," *NACLA*, August 27 2008 〈http://www.globalresearch.ca/armoring-nafta-the-battleground-for-mexico-s-future/10412〉（最終閲覧日：二〇一一年九月一二日）.

★25 Bailey, John, "Plan Columbia and the Mérida Initiative: Policy Twins or Distant Cousins?," in Morales, Isidro ed., *National Solutions to Trans-Border Problems?: The Governance of Security and Risk in a Post-NAFTA North America*, Farnham:

Ashgate, 2013, pp. 149-160.

★26 Sciacchitano, Katherine, "From NAFTA to the SPP: Here comes to the Security and Prosperity Partnership, but what Security? Whose Prosperity?," *Dollars & Sense: The Magazine of Economic Justice*, January/February 2008 〈http://www.dollarsandsense.org/archives/2008/0108sciacchitano.html〉（最終閲覧日：二〇一一年九月一〇日）.

★27 Walia and Oka, op.cit.

★28 Sciacchitano, op.cit.

★29 Walia and Oka, op.cit.

★30 Gilbert, Emily, "Leaky Borders and Solid Citizens: Governing Security, Prosperity and Quality of Life in a North American Partnership," *Antipode* 39（1）, 2007, pp.86-92.

★31 Ibid., p.90.

★32 Ibid., pp.90-91.

★33 Ayres, Jeffrey and Macdonald, Laura, "Introduction: North America in Question," in Ayres, Jeffrey and Macdonald, Laura eds., *North America in Question: Regional Integration in an Era of Economic Turbulence*, Toronto: University of Toronto Press, 2012, pp.20-21.

★34 Keck, Michael, "Governance Regimes and and the Politics of Discursive Representation," in Piper, Nicola and Uhlin, Anders eds., *Transnational Activism in Asia: Problems of Power and Democracy*, London and NY: Routledge, 2004, pp.43-60.

★35 Brodie, Janine, "Conclusion: Will North America Survive?," in Ayres and Macdonald eds., *North America in Question*, op. cit., p.361.

★36 Potter, Mitch, "Canada Warms to Idea of a Tougher 'Perimeter'," *Toronto Star*, December 27, 2009 〈https://www.thestar.com/news/world/2009/12/27/canada_warms_to_idea_of_a_tougher_perimeter.html〉（最終閲覧日：二〇一一年九月一日）.

★37 Ibid.

★38 Ibid.

★39 O'Neill, Peter, "Canada Losing Ground in World, Former Minister Says," *Calgary Herald*, February 15, 2009 〈http://

web.archive.org/web/20090411053357/http://www.calgaryherald.com/Canada+losing+ground+world+former+minister+says/1295392/story.html〉（最終閲覧日：二〇二一年九月一日）.

★40 Whitney, Mike, “Obama’s Role in the Militarization of Mexico：An Interview with Laura Carlsen,” *The Smirking Chimp*, December 24, 2009〈https://www.globalresearch.ca/obama-s-role-in-the-militarization-of-mexico-an-interview-with-laura-carlsen/16654?pdf=16654〉（最終閲覧日：二〇二一年九月二日）.

★41 Ggantz, David A., *An Introduction to the United States-Mexico-Canada Agreement: Understanding the New NAFTA*, MA: Edward Elgar, 2020.

★42 Andreas, Peter, “The Mexicanization of the US-Canada Border: Asymmetric Interdependence in a Changing Security Context,” *International Journal* 60（2）, 2005, pp. 449-462.

第8章　ローカル・イニシアティブ　国境地域からの挑戦

はじめに

前章では、北米地域における国境管理をめぐって国家間関係やリージョナルな国境ガバナンスの在り方について考察したが、本章では、生活圏としてのサンディエゴ・ティファナ地域についてケーススタディを行い、国境地域の発展に資する境界戦略とは何かについて検証する。まず、サンディエゴ・ティファナ地域の歴史と現状について概観し、地域全体の動向を「脱境界化」と「再境界化」の攻防という視点からふりかえる。そのうえで、両者を接合する「共境界化」[★1]という分析視角から、国境地域のステークホルダーが協働関係を結ぶクロスボーダー・ガバナンスが国境地域におけるローカル・イニシアティブの形成に有効な境界戦略になりうるとの見方を提示する。[★2]

1　ケーススタディとしてのサンディエゴ・ティファナ地域

米国カリフォルニア州のサンディエゴ（San Diego）とメキシコのバハ・カリフォルニア州のティファナ（Tijuana）は、国境をまたぐボーダーシティ（border city）の代表例である。[★3]カリフォルニア州はかつてメキシコの領土であったこともあり、歴史や文化などを含む多くの点をメキシコ側と共有している。サンディエゴ・ティファナ地域の人口は五〇〇万人をゆうに超し、北米の太平洋沿岸地域ではロサンゼルスエリア、サンフランシスコ湾岸エリアに次ぐ第三位を占めている。★4 ローレンス・ハーゾグ（Lawrence Herzog）によれば、この国境地域は、貿易、雇用、環境問題などの多くの共通する地域課題を抱え、経済格差や労働市場の構造などに相違はみられるにせよ、単一の都市機能が国境を跨いで作用しようとするクロスボーダー・メトロポリス（cross-border metropolis）の典型とされる。★5 ここで参照したいのはサスキア・サッセン（Saskia Sassen）が、グローバル化が新しい空間関係を構築する媒介要因となり、グローバル都市（global city）がその結節点になるとしたことだ。★6 グローバル都市の特徴として挙げられるのは、トランスナショナルな銀行取引、デジタルテクノロジー、国際分業などによってグローバル化が促進され、人口、経済資源、インフラが国境の周縁部にシフトしていく傾向がみられることである。★7 こうした傾向を背景として、国境を越えた都市間のクロスボーダーな相互作用も増加するようになったことで、サンディエゴ・ティファナ地域は、米国とメキシコとの間に存在する国家間レベルの制度的相違を乗り越え、貿易、マキラドーラ（労働集約的な製造組み立て工場）、ツーリズムなどを通じて相互に発展する国境地域モデルとして変容している。★8

サンディエゴ・ティファナ地域に代表されるクロスボーダー・メトロポリスは、グローバル化の進展のなかで、政治、経済、文化の融合の拠点になると同時に、非正規移民、テロ、犯罪、麻薬などを惹きつける磁場にもなり、国境のセキュリタイゼーションが発生する最前線地域としても捉えられる。こうした矛盾・対立する境界化現象を紐解くためには、従来型の国家中心的な国境イメージから脱却し、経済的な開放性及び政治的な閉鎖性を共在させた境界化の作動メカニズムを理解する必要がある。ヘザー・ニコル（Heather Nicol）の言葉を借りれば、現代の複雑化する空間関係においては、国境という存在を「額面通り」に理解することはできないのである。★9 国境はもはや受動的なラインとしてではなく、アクティブな動力があるものとして、また境界化のプロセスとして把握する必要がある。★10 境界化のダイナミクスは、多様な利益や関心が交錯する多様なステークホルダーが織りなす空間を形成しつつあり、つまりグローバル化の影響のみならず、人々やコミュニティの相互作用によって国境地域が形成されているといえる。ここではその実態を把握するためにまず、サンディエゴ・ティファナ地域の概況について、(1)人口、(2)トランスマイグレーションと交通網、(3)経済構造と労働市場という観点からみていくことにする。

1-1 人口

一九〇〇年当時のサンディエゴの人口は約一万八〇〇〇人、ティファナの人口は約二四万人であったが、二〇二〇年までに、前者は約三八五万人、後者は約三八二万人となり、ほぼ肩を並べることになった（表8-1を参照）。★11 これはティファナの粗出生率が、サンディエゴよりも高いことに加えて（人口一〇〇〇人につきティファナ：三一とサンディエゴ：一九）、メキシコ国内から移民労働者がティファナに集まってきていることなどもその理由である。★12 最近二〇年間のティファナの人口の伸びは著しく、若年層が米国に国境を越えて通勤するという労働形態によって、サンディエゴのサービス産業や建設業を下支えしている。

	サンディエゴ・カウンティ	ティファナ	国境地域全体
1900	18,000	242,000	260,000
1930	210,000	11,000	221,000
1940	289,000	22,000	311,000
1950	557,000	65,000	622,000
1960	1,033,000	166,000	1,199,000
1970	1,358,000	341,000	1,699,000
1980	1,862,000	462,000	2,324,000
1990	2,498,000	747000	3,245,000
2000	2,814,000	1,211,000	4,025,000
2010	3,437,000	2,256,000	5,693,000
2020	3,853,000	3,822,000	7,675,000

表8－1　サンディエゴ・ティファナ地域の人口トレンド 1900―2020
出所：Bae, "Tijuana-San Diego: Globalization and the Transborder Metropolis," in Richardson and Bae eds., *Globalization and Urban Development,* Berlin: Springer, 2005, pp.183 の table1 を筆者が加筆・修正し、作成。

二〇〇〇年から二〇一〇年までの間に、この国境地域全体の人口は二〇％も増加している。サンディエゴ市に占めるヒスパニック系の人口は二〇％であり、カウンティ全体では四〇％を占める。これは、他のボーダーシティであるエルパソ（El Paso）が六〇％、カレキシコ（Calexico）、サンルイス（San Luis）、ノガレス（Nogales）が八〇％を超えているのと比べれば、その人口構成が多人種から成っているともいえよう。★13

1－2　トランスマイグレーションと交通網

サンイシドロ国境検問所（ＰＯＥ）は、サンディエゴ・ティファナ地域における主要ゲートウェイであり、一年間でメキシコへ向かう人の数は四一〇〇万人、車両数は一五〇〇万台にもなる。★14 二〇一六年、それに付属する施設として、トロリーやバスとのトランジットセンターに直結するペッドウエスト（Pedwest）が完成した。これによって、ＰＯＥが州間高速道路Ｉ－５とＩ－805に連結し、検問所付近の渋滞が解消された。このように、ＰＯＥの近代化は進んだが、国境における待ち時間には恒常的な遅れが生じている。しかし、その解決方法も問題含みである。ＤＨＳが運用し、事前に国境の通過許可を与える「信頼された旅行者プログラム（Trusted Traveler Programs）」のひとつであるSENTRIプログラムのカード保持者は、専用レーンを利用することによりほんの数分で国境を行き来することができるが、そもそも申請が下りるまでに多くの時間（場合によっては半年）がかかることがネックになっている。

サンディエゴ・ティファナ地域における人の移動でもっとも顕著なものは、ティファナに居住し、通勤のためにサンディエゴ（とくにサンディエゴ南部のチュラビスタ、サンイシドロ、ナショナルシティ、オタイメサ）へ向かうトランスマイグレーションである。★15 米墨国境を越えて米国で働く労働者の賃金は、メキシコで働く人々よりも平均して二・八四倍高いとされるが、国境を越えてサンディエゴの製造業で働く人々の賃金はティファナの製造業従事者よりも九倍も高い。★16 こうした労働市場における賃金格差の問題が国境を越えて働きにでるトランスマイグランツを誘発する要因となっており、一％の労働賃金の格差によって三％のトランスマイグレーションを引き起こすというデータもある。★17

空港関連施設に関していえば、二〇一五年には、クロスボーダーエクスプレス（Cross Border Xpress: CBX）が開業し、サンディエゴ・ティファナ地域の空路の利便向上が図られた。これは、米国側から歩道橋を渡って、メキシコにあるティファナ国際空港ターミナルに直接行くことのできる世界初のバイナショナル空港である。米国側でチェックインして、メキシコ側にある空港ターミナルに歩いていけるという試みは、国境地域における人々の往来を促進するうえで画期的であった。

ダウンタウンにあるサンディエゴ国際空港は、航空需要が増加したにもかかわらず、滑走路がひとつしかなく、拡張も困難であった。だからこそサンディエゴ・ティファナ地域の交通網を充実させるという意味において、このCBXの開業の意味は大きい。

写真８－１　サンイシドロ国境検問所
（於：カリフォルニア州サンディエゴ、2020年2月11日、筆者撮影）

写真８－２　クロスボーダーエクスプレス（CBX）
（於：カリフォルニア州サンディエゴ、2019年6月15日、筆者撮影）

1-3 経済構造と労働市場

サンディエゴ経済が大企業を中心とした高い生産性とテクノロジーにひもづいているのに対して、ティファナ経済は、マキラドーラ、サービス業、ツーリズムに依拠している。とくに、マキラドーラは、ティファナの全体雇用の三分の一を占めており、バハ・カリフォルニア州におけるマキラドーラの雇用率は一九九〇年から一九九九年の間に二六〇％も増加し、ティファナのマキラドーラのそれは一九九六年から二〇〇〇年の間に六二・四％も増加した。[★18] 二〇〇〇年から二〇〇二年までの統計によれば、グローバル化の影響をうけて三五〇のマキラドーラが閉鎖され、三〇万人近い失業者がでたとされるが、二〇〇〇年には新たに三六五三のマキラドーラが登録された。これは、中核産業としてのマキラドーラの存在が依然として大きいことを示している（表8-2を参照）。

二〇〇八年に世界金融危機の発端となったリーマンショックの結果、サンディエゴの失業率は急増したが、ティファナは労働力供給において重要な役割を果たし、二〇一六年にサンディエゴの失業率が四・三％であったのに対して、ティファナはそれを下回る三・七％であった。[★19] ここからも、サンディエゴ・ティファナ地域は、競合的というよりも相互補完的な関係を深化させてきたといえる。ただし、サンディエゴ・ティファナ地域における経済格差は教育、医療、環境に関する社会問題にも結びついており、これがティファナが労働市場、社会インフラ、公共サービスの整備をめぐって改善を求められる理由である。

年	雇用者数
1996	117,296
1997	133,975
1998	143,855
1999	165,696
2000	190,481

表8－2　ティファナにおけるマキラドーラの雇用（1996年—2000年）
出所：Bae, “Tijuana-San Diego” op.cit., p.186より筆者作成。

2　「脱境界化」と「再境界化」の攻防

一九四二年、米国とメキシコは「ブラセロ・プログラム（Bracero Program）」に合意し、メキシコからの季節労働者が大量に米国に流入するようになった。[20]とくにティファナを中心とするメキシコ北部の国境地域は定住と労働の拠点になった。一九六五年にメキシコ政府は、「国境産業化計画（border industrialization projects）」を策定し、国境地域の産業振興と失業率の低下を目指した。[21]この計画は、メキシコ企業や多国籍企業に対して無税での工場の操業を認める代わりに、すべての製品を国境地域から輸出することを条件としたために、米国に拠点をおく多国籍企業に大きな収益をもたらすマキラドーラへと通じていく。

一九六五年、サンディエゴ市が「ボーダーエリアプラン（Border Area Plan）」を策定して以降、国境に近接する地域の特徴を生かした都市の発展を目指そうという機運が高まり、クロスボーダーな協力関係が重視されるようになった。一九七三年、サンディエゴ市は、ケビン・リンチ（Kevin Lynch）とドナルド・アップルヤード（Donald Appleyard）の二人の都市計画の専門家に委託して、国境地域として発展する都市の展望について報告書としてまとめた。[22]一九七六年には「フロンテラス・プロジェクト

(Fronteras Project)」と呼ばれるカンファレンス・シリーズを開始し、公共部門と民間部門の協働作業がみられるようになった。[★23] 一九八一年には、メキシコ国境のサンイシドロまで通じる現在のブルーラインの前身であるサンディエゴ・トロリーラインが税関施設の拡充とともに開通し、全盛期には毎日六万人近くが利用した。[★24] この時期には、サンディエゴ商工会議所もティファナとの経済的なつながりを意識したリサーチを開始したが、メキシコ側から流入する非正規移民問題が顕在化したのもこの同時期であった。一九八〇年代に入り、サンディエゴ・ティファナ地域は、相互の自治体レベルでの都市計画の在り方を模索するようになり、サンディエゴ市にはバイナショナル計画局(Binational Planning Office)、サンディエゴ・カウンティにはトランスボーダー業務局(Department of Transborder Affairs)が設置された。

　クロスボーダーな協力関係が強化されるにつれて、大気汚染や廃水・廃棄物処理などをはじめとする国境地域特有の環境問題がクローズアップされるようになった。基本的には国境をまたぐ水の管理は、米国とメキシコの二国間条約によって設置された米墨国境水委員会(International Boundary and Water Commission: IBWC)によって行われるが、米国側は、カリフォルニア環境保護局(California Environmental Protection Agency: CalEPA)やサンディエゴ政府間協会(San Diego Association of Governments: SANDAG)、メキシコ側は、都市開発・環境局(Secretary for Urban Development and Ecology)や環境保護局(Secretary for Environmental Protection)が担当しており、両国の政治行政制度の違いもあいまってステークホルダーや組織間の調整を行う必要性にも迫られた。いわゆるクロスボーダー・ガバナンスを調整する際の制約要因がこれにあたる。

一九九四年にはNAFTAが発効したが、これがサンディエゴ・ティファナ地域に与えた影響は大きく、この国境地域の経済統合を急速に進展させた。国境通過の結節点となるPOE、ハイウェイ網、空港・港湾施設などの国境地域の発展には欠かせないインフラ整備がここで急務になった。NAFTAの経済統合が進展するなかで、サンディエゴ・カウンティは、「米国・メキシコ国境サミット（US-Mexico Border Summit）」を開催し、ティファナを含むバハ・カリフォルニア州との持続可能な発展を目指すうえで、治安・犯罪、農業、環境、教育分野などの地域課題に対して共同で取り組む姿勢を明確にした。★25

しかし、9・11テロの発生は、NAFTAの進展などによって協力関係の緊密化をみせていたサンディエゴ・ティファナ地域にとってもまた深刻な影響を与えた。その発生以前においては、サンディエゴ・ティファナ地域はグローバルな市場として世界中から注目を集めていたが、発生後は、国境のセキュリティの昂進化によって、「ゲートウェイ」というよりも「行き止まり」としての様相を呈するようになった。二〇〇一年から二〇一一年の時期にかけて、DHSは、一〇〇〇億米ドルを米墨国境におけるセキュリティ装置に投資した。★26 すなわち、七〇〇マイルに及ぶ壁（フェンス）の建設、ドローンの配備、監視カメラや地上埋め込み型のセンサーの設置、二万人にのぼる国境警備人員の配置などである。

また、ティファナにおける麻薬カルテルの組織間抗争は、サンディエゴ・ティファナ地域の経済発展にとってさらなる障害となった。二〇〇〇年代半ばまで、麻薬カルテルの抗争に伴う治安の悪化は、ツーリズムの展開によって繁栄してきたティファナから多くの観光客の客足を奪った。さらに、治安の悪化に対応するための米国の再境界化政策の強化は、予期しない波及効果をもたらした。麻薬カルテルの密輸戦略がより洗練化され、各組織の指揮命令系統が細分化し、みずからの支配領域を守るために機敏な動きをみせるようになったのである。二〇一二年八月には、ティファナで麻薬カルテル間の抗争が再燃し、多くの車両が放火される事態となり、メキシコ軍が投入された。[★27]

9・11テロや麻薬カルテル間の組織抗争などを背景とした、連邦政府レベルでの再境界化政策の強化への反動として、ティファナではダウンタウンの再開発計画が市民レベルで提起された。起業家や国境地域で活躍する現代アートのアーティストであるボーダーアーティストなどが結集して、ティファナを暴力や犯罪をイメージする都市ではなく、芸術や文化などを起爆剤とする、二一世紀型国境地域のモデル都市として再開発しようという機運が二〇〇八年ごろに高まり、この取組みは、新たな場所創出（place-making）の戦略として着目された。[★28] これにもとづいて、多くの開発プロジェクトが開始され、ギャラリー、レストラン、ワインバーなどがオープンし、オフィス街やマーケットなども急速に整備されていった。このような取り組みによって、サンディエゴ・ティファナ地域の経済活性化における重要な柱としてのツーリズム産業が成長する素地になった。

また、サンディエゴ・ティファナ地域のグローバルな流通網整備の一環として、港湾施設の近代化や鉄道整備も急務になった。[★29] メキシコのバハ・カリフォルニア州エンセナーダ（Ensenada）から八〇マイル南にある小さな町プンタ・コロネット（Punta Colonet）に、メキシコ最大級の貨物専用の港湾施設を建設する動きもある。これは、米国への輸入品を運搬する際に大きな役割を果たすことになっている。この港は、メキシコ側のボーダーシティであるテカテ（Tecate）やメヒカリ

(Mexicali) とも鉄道で結ばれる予定であり、港湾施設と鉄道整備のインフラ計画が一体化したプロジェクトであるといえる。また、メヒカリには米国資本が主導する形で、シリコンバレーならぬ「シリコンボーダープロジェクト」構想も浮上している。これは、一万エーカーの土地に半導体生産施設を建設し、日本や韓国に劣らぬグローバルな生産体制を築く試みである。こうしたさまざまなプロジェクトは、再境界化政策の強化のなかにみられる脱境界化政策の萌芽ともいえ、共境界化という両者を接合する境界化戦略と理解することもできる。

3　下からの国境ガバナンスを求めて――クロスボーダー・ガバナンス

米墨関係について概略すれば、一九七〇年代から二〇〇一年に9・11テロが発生する以前は、サンディエゴ・ティファナ地域においては脱境界化政策が推進されてきたといえるが、9・11テロの発生後は、米国を中心としたホームランド・セキュリティの強化によって再境界化政策の動きが強まり、クロスボーダーな協力関係を促進するさまざまなプロジェクトがストップした時期といえる。しかしながら、ことサンディエゴ・ティファナ地域においては、脱境界化と再境界化が時系列的に交互に発生するわけではなく、政治経済や社会文化の相互作用によって常にその境界が生産・再生産されているといえる。国境地域における脱境界化と再境界化の弁証法は、国境への地理的近接性がビジネスや観光客を引き寄せる魅力的な資源であるという見方と、国家の中心部から地理的に離れているということによって政治的不安定や経済的停滞の影響を直接的にうける脆弱な地域にもなりうるという見方の微妙なバランスのうえに成り立っている。

つまり、一九七〇年から二〇〇一年までの時期においては、「資源」としての脱境界化の流れが促進されてきたのに対して、二〇〇一年以降、「障壁」としての再境界化のダイナミクスが作動したといえるのである。ここで重要なのは、国境地域の発展にとって有効な戦略は、「資源」としての脱境界化と「防御壁」としての再境界化を接合させる共境界化戦略の推進であるという見方である。これは、ステークホルダーや組織間の「調整」を図りながら、共有する地域課題に対処するために異なるレベルで相互作用するクロスボーダー・ガバナンスの形成へと通じるものであり、国境地域におけるローカル・イニシアティブの発露として理解することができるだろう。

クロスボーダー・ガバナンスとは、国境地域の抱える共通課題を可視化させ、政府レベルばかりではない国境をめぐる多様なステークホルダーが重層的に連携する下からの国境ガバナンスでもある。[★30]これは、伝統的な国家主権や領域性概念に再検討を迫りながら、バイナショナルな課題の所在を探るうえで鍵となる政治的・経済的行為に依拠する概念でもある。[★31]公共部門と民間部門との協働関係を深め、戦略的にネットワークを構築するクロスボーダー・ガバナンスは、サンディエゴ・ティフアナ地域における重要な制度化要因として発展しつつある。しかし、発展のための障壁もある。というのも米国とメキシコの政府構造と制度には大きな差異があるのだ。両国とも連邦国家ではありながらも、米国は州政府に強い権限が与えられた分権型の政府構造であるのに対して、メキシコの政府構造には徐々に変化はみられているものの、伝統的には中央集権型である。メキシコでは、地方自治体レベルの財政力も脆弱であるうえに、中長期的な課題の解決のためにローカルレベルで取り組む能力も弱いといわざるを得ない。メキシコの地方自治体には、憲法上の規定で地方債の発行も認められておらず、中央政府あるいは対外的な資金援助に依存せざるを得ないのである。

このような課題を解決するために越境機能を有する組織が必要となる。一八九三年に設立され、一九九四年に組織改編された先述のＩＢＷＣや、一九八三年に結ばれたラパス条約（La Paz Agreement）は、環境問題に関する一九九六年の国境ＸＸＩプログラムに結実し、NAFTAにおけるバイナショナルな環境協定の基礎づくりに重要な役割を果たした。[★32]一九九二年には、トランスナショナルな課題が両国間の政治外交問題に発展しないようにローカルレベルでの対策・解決を目指す「国境リエゾンメカニズム（Border Liaison Mechanism）」がつくられた。

一九九六年には国境地域における政策提言と調整を行うバイナショナル地域機会委員会（Committee on Bi-national Regional Opportunities）や、先述のSANDAGも設立された。とくにSANDAGにおいては、一九八〇年代から一九九〇年代にかけて加盟する自治体も増加し、国境地域の一八の都市やカウンティが投票権を有するメンバーになった。[★33]SANDAGは、サンディエゴ・ティファナ地域における対話型フォーラムであり、地域計画の策定、資源の獲得及びその効率的配分に注力するもので、地域住民に対し、交通インフラ整備の問題を中心として国境地域が抱える共通課題に関する知識や情報を提供している。SANDAGは、自治体の市長、市議会議員、カウンティの管理委員などから構成される理事会によって運営されているが、大学・研究機関からも個別の政策に対するアドバイザーを送り出している。

また、生活圏としての国境地域の創造と発展を目指そうとするローカルな協議体として、スマート・ボーダー連合（smart border coalition: SBC）がある。[★34] 国境を接するカリフォルニア州とバハ・カリフォルニア州の両州政府、サンディエゴ・ティファナ地域の地方自治体ばかりではなく、商工会議所、企業関係者、大学や研究機関などが毎月交互にサンディエゴとティファナで協議会を開催し、国境地域の発展にとって必要かつ効率的な国境管理の在り方をめぐって議論している。この連合は、二〇〇七年、サンディエゴ商工会議所のメキシコ・ビジネスセンター所長であるジェームズ・クラーク（James Clark）が中心となって、サンディエゴ・ティファナ地域の経済と貿易の促進に必要な国境システムの構築に向けて議論し、連邦政府や州政府などに政策提言を行ったことから始まった。その後、市民社会組織なども参加するようになり、そのウイングを広げていった。二〇一四年、スマート・ボーダー連合は、サンディエゴ商工会議所から独立してサンディエゴ財団に本部を移したのだが、その際米墨国境フィランソロピー・パートナシップを財政的なエージェントとして選んだ。この連合はそもそも、経済や貿易に関するアジェンダを中心としてスタートし、近年では、国境地域の水をはじめとする環境問題や救急医療問題などについても幅広く協議するようになり「革新的な国境チャレンジ（innovative border challenge）」をそのスローガンとして掲げている。[★35]

あるいは、国境地域のクロスボーダー・ガバナンスの形成において、大学などの研究機関が果たす役割も大きい。一九九一年、ＵＣＳＤを拠点として、地域公共政策の枠組みづくりを行うサンディエゴ・ダイアローグ（San Diego Dialogue）が創設された。[★36] これは政府、ビジネス界、大学・研究機関、メディア、市民社会組織などの一〇〇以上のコミュニティリーダーが中心となって、サン

写真８－３　スマート・ボーダー連合の定期協議会
（於：バハ・カリフォルニア州ティファナ、クオーツホテル、2019年11月7日、筆者撮影）

ディエゴ・ティファナ地域の長期的な発展のシナリオを描く研究・教育プログラムを企画・運営するものだ。この国境地域の発展の柱として、地域統合、多様性と都市発展、グローバル化の三つが掲げられており、政府やビジネス界の利益を代表するばかりではなく、国境地域の市民生活の質の向上のために共有すべき課題を議論し、その解決策を模索することを主要な活動目的としている。このダイアローグは、①全体会合での課題とするべき問題の提示とアウトリーチ、②問題に関心のある一般市民も参加したワーキンググループの形成、③ＵＣＳＤの研究者が中心となって、一般市民が決定を下すために必要な知識や情報の提供と共同討議、④地域的課題を共有するコミュニティ・フォーラム、ラウンドテーブル、ワークショップの定期開催を行っている。★37

二〇一九年、サンディエゴ州立大学（San

Diego State University: SDSU）が中心となって、水資源をめぐる国際カンファレンスが開催された。[38]ここでは、水質保全、洪水・浸食対策、データ共有がメインテーマとして議論された。国境をまたぐクロスボーダーな環境問題の特質は、二つのボーダーは存在しても課題はひとつであるということである。そのためにも、政府レベルばかりではなく、リージョナルあるいはローカルなレベルでのデータ共有が極めて重要であり、そのシステム構築に関して、大学・研究機関がいかに関与していくべきかについて議論を行った。経済的に弱い立場にある側が環境汚染などの影響をうけやすいということはグローバル規模で共通の問題であるが、サンディエゴ・ティファナ地域は、水をめぐる国家間の対立・紛争が存在しないという稀有な地域特性を有しているために、この地域における下からの国境ガバナンスの胎動に注目が集まっている。

二〇二二年一〇月、カリフォルニア州のギャビン・ニューサム（Gavin Newsome）知事は、カリフォルニア州とメキシコとのパートナーシップを強化し、主要な国境プロジェクトを推進する歴史的な協定を結んだ。[39]ニューサム知事は、カリフォルニア州のオタイメサに建設された最新鋭のPOEが、国境における待ち時間の短縮、温室効果ガスの排出抑制、経済成長の促進、西半球でもっとも交通量が多いといわれるこの国境地域の貿易関係の強化に貢献すると述べた。そして、メキシコがカリフォルニア州にとって最重要な国際パートナーのひとつであり、多くの利益を共有する国境地域のコミュニティを強化していく方策を州レベルでも追求していく姿勢が示された。

おわりに

このようにみてくると、サンディエゴ・ティファナ地域におけるクロスボーダー・ガバナンスの形成は、国境のステークホルダーの恒常的な相互作用によって発展してきている。スマート・ボーダー連合に代表されるように、バイナショナルなネットワークの構築は、経済・貿易分野における国境地域の発展を追求するうえで重要な役割を果たしている。他方で、サンディエゴ・ダイアローグに代表されるように、市民的公共性にもとづく社会的ネットワークは、国境地域としての中長期的なビジョンに欠かせない教育、環境、人権、公衆衛生などの社会問題全般に軸足をおく傾向がある。前者はビジネス界が中心であり、財政的基盤もあるうえに、組織としてうまく管理される傾向にあるが、NGOなどの市民社会組織に代表される国境のステークホルダーは、資金的にも組織的にも脆弱な場合も多い。それらをふまえながら、協働する公民パートナーシップによって相互補完的にローカル・イニシアティブを強化し、国境を共同でマネジメントするクロスボーダー・ガバナンスの形成が重要な意味をもつだろう。

註

★1　マシュー・ロンゴは、ポスト・ウェストファリアの時代において、「国境の機能性（border-functionality）」は新しい段階に入り、国家は対立するのではなく協力するものだという意味において「共境界化」という概念を提示した。本章ではこの概念を国家間レベルばかりではなく、国境地域における都市間の協力関係を築く概念として用いる。Longo, *The Politics of Borders*, op.cit., p.5.

★2　本章でいう「ローカル・イニシアティブ」とは、単に中央・地方関係という意味合いを乗り越えて、「当事者意識」をもって国境地域の発展に寄与する境界戦略を指す。藪野祐三『ローカル・イニシアティブ――国境を超える試み』中公新書、一九九五年。

★3　ボーダーシティをめぐっては、ツインシティ（twin city）、シスターシティ（sister city）、コンパニオンシティ（companion city）、バイナショナル・シティ（binational city）などいくつかの類似する概念がある。国境地域の歴史や実態に応じて、こうした概念を使い分ける必要がある。国境をまたぐ都市の組み合わせ（city pairs）としてツインシティという呼称が一般的となっているが、これは、ツイン（双子）という意味のように、都市の特徴の類似性をとくに強調する概念であることに留意する必要がある。詳しくは以下を参照されたい。Buursink, Jan, "The Binational Reality of Border-crossing Cities," *GeoJournal* 54 (1), 2001.

★4　サンディエゴ市（City of San Diego）を加えたサンディエゴ・カウンティは、以下の一八の都市から形成される。カールスバッド市（City of Carlsbad）、チュラビスタ市（City of Chula Vista）、コロナド市（City of Coronado）、デルマー市（City of Del Mar）、エルカホン市（City of El Cajon）、エンシニータス市（City of Encinitas）、エスコンディード市（City of Escondido）、インペリアルビーチ市（City of Imperial Beach）、ラメサ市（City of La Mesa）、レモングローブ市（City of Lemon Grove）、ナショナルシティ市（City of National City）、オーシャンサイド市（City of Oceanside）、パウエイ市（City of Poway）、サンディエゴ市（City of San Diego）、サンマルコス市（City of San Marcos）、サンティ市（City of Santee）、ソラナビーチ市（City of Solana Beach）、ビスタ市（City of Vista）。本章では、サンディエゴという場合、とくに断りがなければ、市を含んだカウンティという意味で表記する。SANDAG, *Fiscal Year 2019 Annual Report*, San Diego Association of Government, 2019.

★5　Herzog, Lawrence A. and Sohn, Christophe, "The Co-mingling of Bordering Dynamics in the San Diego-Tijuana Cross-Border Metropolis," *Territory, Politics, Governance* 7, 2017. またハーゾグは、グローバル化の進展と国境への地

理的近接性との相互作用から影響をうける都市配置のことを、「トランスフロンティア・メトロポリタン地域（transfrontier metropolitan region）」とも呼んでいる。本章全体を通じての着想は、筆者によるローレンス・ハーゾグ（サンディエゴ州立大学名誉教授）へのインタビューにもとづく（於：米国カリフォルニア州サンディエゴ・ミッションベイ、二〇一九年一〇月七日）。

★6 Saskia Sassen, "The Global City: Strategic Site/New Frontier," *American Studies* 41 (2/3), 2000, pp.79-95.

★7 Ibid., pp.80-85.

★8 Barnes, William B. and Ledebur, Larry C., *The New Regional Economies: The U.S. Common Market and the Global Economy*, NY: Sage Publications, 1998.

★9 Nicol, Heather, "Resiliency or Change? The Contemporary Canada-US Border," *Geopolitics* 10 (4), 2005, pp.767-790.

★10 Diener, Alexander C. and Hagen, Joshua, "Theorizing Borders in a 'Borderless World': Globalization, Territory and Identity," *Geography Compass* 3 (3), 2009. pp.1196-1216.

★11 Bae, Chang-Hee C., "Tijuana-San Diego: Globalization and the Transborder Metropolis," in Richardson, Harry W. and Bae, Chang-Hee C. eds., *Globalization and Urban Development*, Berlin: Springer, 2005, pp.182-183.

★12 Ibid., p.183.

★13 Dear, Michael, *Why Walls Won't Work: Preparing the US-Mexico Divide*, Oxford: Oxford University Press, 2013, p.111.

★14 サンディエゴからティファナへ国境を越える際には、サンイシドロの他に、オタイメサ（Otay Mesa）、カレキシコ（Calexico）の二つのＰＯＥがある。

★15 Bae, "Tijuana-San Diego: Globalization and the Transborder Metropolis,"op.cit. pp.183-184.

★16 Ibid., p.183.

★17 Ibid., p.184.

★18 Ibid., p.186.

★19 Mendoza, Jorge Eduardo and Dupeyron, Bruno, "Economic Integration, Emerging Fields and Cross-border Governance: The Case of San Diego-Tijuana," *Journal of Borderlands Studies* 35 (1), 2020, pp.56-58.

★20 庄司啓一「ブラセロ・プログラム再考――非合法移民問題の起源をめぐって」『城西経済学会誌』第三五巻、

二〇〇九年。

★21 Herzog and Sohn, *The Cross-Border Metropolis in a Global Age*, op.cit., p.449.

★22 この報告書は、サンディエゴとティファナは、水、風景、文化、経済、環境などを共有するという点で、国境が融合ゾーン（zone of confluence）になるといい、この地域はボーダーシティであると同時に、メトロポリタン国境地域として機能しているという見方を提示した。Appleyard, Donald and Lynch, Kevin, *Temporary Paradise?: A Look at the Special Landscape of the San Diego Region*, Report to the City of San Diego, 1974.

★23 Fronteras Project, *San Diego-Tijuana: The International Border in Community Relations: Gateway or Barrier?*, San Diego, 1976.

★24 Herzog and Sohn, *The Cross-Border Metropolis in a Global Age*, op.cit., p.449.

★25 Ibid., p.450.

★26 Ibid., p.453.

★27 Solis, Gustavo, "Recent Tijuana Cartel Violence Part of a Pattern That Goes Back Decades," KPBS, August 22, 2022 〈https://www.kpbs.org/news/border-immigration/2022/08/22/recent-tijuana-cartel-violence-part-of-a-pattern-that-goes-back-decades〉（最終閲覧日：二〇二三年一二月五日）.

★28 Herzog and Sohn, "The Co-mingling of Bordering Dynamics in the San Diego-Tijuana Cross-border Metropolis," op.cit., pp.18-19.

★29 Herzog and Sohn, *The Cross-Border Metropolis in a Global Age*, op.cit., p.64.

★30 Gualini, "Cross-border Governance," op.cit., pp.43-52.

★31 Weiss, Linda, "Globalization and National Governance: Antinomy or Interdependence?," *Review of International Studies* 25, 1999, pp.59-88.

★32 Ganster, Paul, "Evolving Environmental Management and Community Engagement at the U.S.-Mexican Border," *Eurasia Border Review* 5 (1), 2014.

★33 前身は、一九六六年に設立されたサンディエゴ包括計画組織（Comprehensive Planning Organization of San Diego）である。

★34　スマート・ボーダー連合のホームページ〈https://smartbordercoalition.com/〉.

★35　二〇一九年一一月七日、ティファナのクオーツホテルで開催されたスマート・ボーダー連合の定期協議会におけるグスタボ・デ・ラ・フエンテ（Gustavo De La Fuente）理事長の冒頭挨拶。

★36　サンディエゴ・ダイアローグのホームページ〈http://www.sandiegodialogue.org/〉.

★37　Christensen, Karen and Rongerude, Jane, *The San Diego Dialogue: Reshaping the San Diego Region*, Working Paper, Institute of Urban and Regional Development, University of California at Berkeley, April 2004.

★38　ＳＤＳＵのポール・ギャンスター（Paul Ganster）特別教授がメインオーガナイザーを務めた。彼は「よき隣人環境委員会」（Good Neighbor Environment Board: GNEB）の議長を長く務めてきた人物である。その年次報告書は、合衆国大統領、副大統領、下院議長に対してギャンスター教授の名前で提出され、米墨国境地域のすべての環境プロジェクトにアドバイスを行うという位置づけをもつ。

★39　Office of Governor Gavin Newsome, "Governor Newsom Announces Binational Partnership with Mexico to Advance New Port of Entry at San Diego-Tijuana Border," October 24, 2022〈https://www.gov.ca.gov/2022/10/24/governor-newsom-announces-binational-partnership-with-mexico-to-advance-new-port-of-entry-at-san-diego-tijuana-border/〉（最終閲覧日：二〇二二年一二月三日）.

終章　二一世紀の国境ガバナンスに向けて

はじめに

近年の世界における国境の壁の増加は、世界がグローバル化する状況にありながらも、世界が分断化を強めるというパラドクスを象徴している。[★1] トランプ政権が建設しようとした「巨大で、美しい壁」は世界中から注目を浴びたが、障壁としての壁が建設者の意図に反して、乗り越えられ、破られてきた事実が多くあることにも注目すべきであろう。二一世紀の国境は、テロ、気候変動、移民・難民、感染症などのトランスナショナルな脅威による挑戦をうけているが、それらに対処することのできる国境ガバナンスの在り方が問われている。現代地政学の泰斗であるクラウス・ドッズ(Klaus Dodds)は、人類が地球の生態系に及ぼしてきた累積的な影響を示す「人新世(アントロポセン)」時代における国境の在り方を問いながら、「排他的な主権や、固定された国境などという神話に拘泥することは危険」であり、地球全体の複雑な変化や地政学バランスを考慮に入れた「抜本的に異なる国境観を養う必要がある」と述べている。[★2]

今日的な国境の壁の建設がエスカレートする背景には、主権が国民国家から機能的に分離されるという国境管理の在り方の変容がある。近代政治では主権は絶対的な権力であり、統治の在り方は、領域性によって内部と外部が区別され、内部のセキュリティは外部からの侵入を防ぐ壁によって守られてきた。しかしながら、現代の国境を越えるトランスナショナルな脅威やグローバル化の圧力によって、主権による政治的決定の意味も変容し、「最終審級としての主権」が、集権的かつ一元的に権力を行使することが不可能になってきている。内部（インサイド）／外部（アウトサイド）を分け隔てる境界線を強化することによって、内部のセキュリティと同質性を高めようとする「閉じた国民国家へのノスタルジア」が逆に強まっているのである。★3

1　新型コロナウイルスと国境

近年、「閉じた国民国家へのノスタルジア」が顕在化した事象は、いうまでもなく、二〇二〇年初めから深刻化した新型コロナウイルス感染症（COVID-19）の蔓延に端を発するものである。ジョンズ・ホプキンズ大学コロナウイルス・リソースセンターによれば、世界中で約六億人が感染し、約六五〇万人が死亡した（二〇二二年一〇月末日現在）。★4 9・11テロ以後、この新型コロナウイルスの蔓延ほど、領域的な境界線としての国境への回帰をもたらした事件はないのであり、世界各国の国境管理の強化をもたらした。トランスナショナルなウイルスの脅威により、世界各国の国境は閉鎖され、あるいは人々の入国制限をもたらす方向へと向かったが、これがウイルスの蔓延防止に効果的な手立てであったかどうかは議論の余地がある。そして、このパンデミックは、伝統的な国境管理の在り方に対しても根本的な疑義を投げかけ、ウイルスを介在させる形で世界中のすべての人間が同時に結びつくという事態を認識させた。換言すれば、すべての人間が、経済的・社会的

な格差を背景としてもちながらも、単一のウイルスの脅威に対して平等に直面しているという事態である。★5

このパンデミックは、グローバルな規模での保健衛生や気候変動などに関する国際協力に対しての議論を巻き起こした。またそれと同時に、ナショナリズムの興隆やゼノフォビア（外国人嫌い）が、グローバル化のもたらす国家や地域同士の相互依存やその連結性に対する阻害要因になり、クロスボーダーな協力を促進するマルチレベル・ガバナンスの構造や実践に対して負の影響を与えることになった。さらには、国境地域の人々や組織が示した反応をみてみると、国家間の対立や競合としての「地政的空間」と、国家の領土的基礎から離れた人々が生活する場としての「居住空間」とのズレに孕まれる緊張関係が顕在化したことが分かる。★6

パンデミックは、グローバル化やポスト国民国家の時代においても、国境のセキュリタイゼーションがいかに政治的なスペクタクルとして機能しているのかを示す事例ともなった。二〇二〇年初めに、世界保健機関（WHO）が世界緊急事態宣言を発出すると、世界中の多くの国家が国境を同時に閉鎖しようとする動向もみられたが、そこでは国家間の政策的選択の差異も示すことになった。これらの背景には、グローバルな規模での地政的パワーに関する不均衡が存在しており、その結果、パンデミックに対する組織的対応を遅らせ、その効果を減じさせることにもつながっている。グローバルサウスにおいては、医療やワクチンへアクセスすることの困難さばかりではなく、パンデミックに伴う経済的・社会的混乱の影響が尾を引く深刻な状況が続いている。そして、大半の国家においては、国境の閉鎖あるいは入国制限措置は、国家間の権力関係や経済的現実を反映するものとなった。例えば米国は、移民・難民やメキシコ国籍をもつ人々の多くを入国させない一方で、自国の市民や貿易・物流に関しては国境を開放してきた。また、カナダは、移民を自国の市民にとって必要な商品やサービスの供給を担う人々をエッセンシャルワーカーとして位置づけ、国境を開放した。いずれにせよ、国境の完全なる閉鎖措置はどの国においても実現不可能であり、閉鎖措置は偶発的なものであるといえよう。

北米国境においては、エッセンシャルな活動や交流を除いて、国境の閉鎖あるいは入国制限措置がなされたが、北米三カ国による新型コロナウイルスへの共同対応は、北米地域全体での国境をマネジメントする共境界化がこれまで以上に重要な役割を果たすことを示している。今回のパンデミックで明らかになったことは、国境を越えたリージョナルな多国間協力の必要性や複数の国家システムにまたがる問題に対処する方法の在り方である。

トランプ政権が公衆衛生法（タイトル四二）にもとづいて、メキシコとの国境に押し寄せる庇護申請者を当局の審査や保護なしに国外強制送還したことに対してはさまざまな議論が巻き起こったが、この措置は誕生当初のバイデン政権になってからも継続された。[★7] 新型コロナウイルスの蔓延と移民・難民の身体を同一の問題線上において認識することは、医療検疫を政治的に利用して国境を閉鎖するという人道上の大きなリスクを孕んでおり、専門家やバイデン政権を支える民主党内からも多くの批判が寄せられた。また、米国はＥＵ諸国と連携して、望まない移民とパンデミックに同時に対処するために、スマート・ボーダーのために開発された技術を、「バイオ・デジタル・サーベイランス」として構築している。[★8] これによって、新型コロナウイルス専用の「パスポート」が提案され、その保持者は自由に移動できるが、非保持者は移動できなくなるという不平等なモバイル・レジームをグローバルに確立する方向がみえてきている。歴史的にみれば、国境管理に用いられるテクノロジーの多くは、西欧列強が植民地を人種的・優生学的に統治するテクノロジーに範例を求めることができるのであり、その設計と使用が時代の支配的な傾向を強化することにつながってきたといえる。★9

2 「壁の帝国」としての米国――バイデンの壁★10

現在のバイデン政権は、前政権の推進した国境の壁の建設を中止することを政権公約として掲げ、国境政策を大きく転換する意志を明確に示して誕生した。しかしながら、バイデン政権は国境の壁の建設を現在でも継続しており、今後も最新のテクノロジーを駆使したバーチャルな国境の壁を構築していく姿勢も鮮明にしている。国境産業複合体の上位企業は二〇二〇年の大統領選挙において、バイデン陣営に対してトランプ陣営よりも三倍も多く選挙資金を提供しており、政権が代わっても多様な形態での国境の壁を建設することに対して積極的な企業動向も明らかになった。★11バイデン政権は二〇二三年度の予算案のなかで、DHSに対して九七三億ドルという過去二〇年間で最大の予算を配分すると発表した。★12この内訳としては、CBPには一七五億ドルが割り当てられ、昨年度よりも一五億ドル近く増額され、これまでで最大の予算となる。ICEはわずかな増額ではあるとはいえ、八五億ドルを配分された。この二つの予算を組み合わせた二六〇億ドルは、移民・国境管理部門に計上された額としては過去最高の金額となり、トランプ政権がスタートした二〇一七年度の二〇〇億ドルを大幅に上回ることになる。また、バイデン政権は、二〇二二年にテキサス州エルパソにおいて、USBPのメカニカルな援軍として開発されたロボット・パトロール犬の実験に着手した。これは、ペンシルバニア州フィラデルフィアに本社をおくゴースト・ロボティクス社が開発し、全地形対応型の四足歩行が可能なロボットのことであるが、ゴースト・ロボティクス社は、背の部分に狙撃銃を装備した四足歩行のロボットの実用化をかつて発表したこともあり、大きな反響を呼んだ。★13

新型コロナウイルスが蔓延する前の二〇一九年の後半から、「中米三角地帯諸国」（グアテマラ、エルサルバドル、ホンジュラス）からメキシコを経由して、大量の移民が米墨国境に押し寄せた。いわゆる移民キャラバンである。パンデミックによる国境閉鎖や入国者数の制限によって、この数は二〇二〇年に激減したが、それまで年平均で毎年三〇万人近い移民が米国へ向けて出国したとされている。この背景には、経済的機会の欠如、政治的腐敗、気候変動など、相互に関連する多くの要因が存在している。二〇二一年に大統領が暗殺され、政情不安定なハイチからも多くの移民がテキサス州デル・リオに到着し、メディアで連日取り上げられた。こうしたなかバイデン政権は、発足以前から移民の受け入れに対して積極的なイメージを与えた結果、実際には大量の移民の流入に対して苦慮しており、国境のディレンマに陥っているという見方が根強く存在する。

現代の国境は、グローバル・アパルトヘイトを反映する断層線として機能している。ベルリンの壁の崩壊以後、国境に壁を築く国の一人あたりの平均GDPは一万四〇六七ドルであるのに対して、壁を造られた国のそれは、二八〇一ドルであるとされている。[14] 経済的に利益を得る機会の確保、政治的腐敗や政情不安などからの逃避など、国境を越えようとする動機はいつの時代でも多岐にわたっており、国境の壁をいくら長大にしても、国境を越えたいという人間の欲求が立ち消えることはない。人類学者のジェフ・ハルパー（Jeff Halper）の「セキュロクラテッィク戦争（securocratic war）」という概念にも表されているように、世界の富裕国と貧困国との間の経済的不均衡は急速に拡大している。[15] セキュロクラテッィク戦争とは、伝統的な国家間戦争ではなく、特権階級がみずからの利益を守る戦争であり、それは経済的不均衡を原因として発生する。こうした状況下で強制的に移住を余儀なくされる現代の人の移動は「移民のホロコースト」とも呼ばれる。暴力や貧困などのあらゆる社会問題がセキュリティの対象となった現代においては、セキュリティ概念自体が分析的に有用なものではなくなり、ポリシングや監視の活動自体を移動させることによって、その対象を「平定（pacification）」していく戦略に着目する必要がある。[16]

一九世紀末の米西戦争によって、米国はプエルトリコ、フィリピン、グアム、キューバを手に入れた。これらは、カリブ海や太平洋における米国の帝国主義的権力の拡大を物語る事例である。米国の下院議員マイケル・マコール（Michael McCaul）は、ワシントンDCの公聴会において、「カリブ海地域は米国にとっての〝第三の国境（third border）〟であり、麻薬密売人やテロリストにとって開かれたドアである」と述べた。プエルトリコは米国のトランスナショナルな移民収容・抑止レジームの構成国として位置づけられ、グアム、キューバ、パナマなどにある閉鎖された米軍基地は、移民・難民の収容施設の物質的基盤である。[★17] 米国国境のグローバルな拡大は、この「第三の国境」としてのカリブ海においてもみられるのであり、一九九〇年代以降に開始された米墨国境の「抑止を通じた防止」のモデルとなった。アリソン・マウンツ（Alison Mountz）によれば、一九九〇年代のUSCGによるボート難民の国内流入を阻止する方策は、「第三の国境」としての「オフショアな収容群島」に移民・難民を封じ込めることによって行われてきたのである。

また、七〇〇〇以上の島からなるフィリピンにとって、海洋を守る沿岸警備隊の役割は極めて大きいが、実は米国がその養成・訓練に深く関わっている。米国は一九世紀後半に領土を画定した後、海洋を通じた対外的拡張を試みるようになった。フィリピンは、この一二〇年の間に、米国による植民地拡大のための最前線としてばかりではなく、地球温暖化による気候異変の最前線にもなり、まさに二〇世紀地政学のダイナミズムの収束地点ともなった。フィリピン沿岸警備隊は、領海沿岸ばかりではなく、国連海洋法条約（UNCLOS）によって定められた排他的経済水域（EEZ）にも配置されており、実際地図上では、南シナ海、フィリピン海、そしてフィリピンの島嶼地域はあたかもひとつの巨大な大陸のようでもある。フィリピンの国境警備の中心は、国家コントロール監視センターが担っており、それは二〇一五年に米国の援助によって建設されたもので、米国の大量破壊兵器拡散防止プログラムを柱とする海洋安全保障プロジェクトの一部でもある。フィリピンは、ラオス、インドネシア、カンボジア、ベトナムにおける米国国境プログラムに体現された「米国・アジア国境」において中心的な役割を担ってきたのである。なお、CBPの海外事務所（attaché）は世界中で二一カ所にのぼり、ICEに至っては四八カ所にもなる。「アメリカのホームランドは惑星全体である」と述べたのはCBPコミッショナーを務めたアラン・バーシン（Alan Bersin）であるが、米国の国境は、事実上、領土の数千マイルも外部世界へと拡張することによって、「壁の帝国」としての米国のプレゼンスの強化へとつながっている。★18

3　二一世紀の国境ガバナンス

本書でみてきたように、ホームランド・セキュリティを担うアクターとしての国土安全保障関連の企業が台頭し、新自由主義的な国境管理が利潤追求の論理を全面化させ、移民・難民の人権や国境地域に住む人々の利益が後景に追いやられることになった。サッセンは、こうした近年の動向を、国家主権の衰退ではなく、その再構築として捉えており、移民・国境管理の新たな形態は、民間企業などをはじめとするマルチプルなアクターと結びついた国家権力の拡張と質的な変容を意味している。

スマート・ボーダーの導入と、それに運動した移民・国境管理に関する政府組織の拡大という政治的コンセンサスは、トランスナショナルな脅威に対処するもっとも適切な方法が、国境をポリシングすることだという、一面的かつ偏向した前提を反映している。このような前提にもとづけば、監視ネットワーク網を張り巡らせた国境のビジネス化が昂進し、それを支える強力な国境産業複合体への継続的な投資が正当化されることになる。このような投資を正当化する理由は、狭く倒錯したセキュリティの観念によって制限なく追求されることになる。杉田敦は、以下のように論じる。

グローバル化した今日、境界線の再強化によってセキュリティを供給するという試み（「安全保障化 securitization」）には、成功の見込みはない。しかし、この種の戦略の特徴は、失敗すればするほど、ますます正当化されるという点にこそある。境界線を強化してもセキュリティが得られないとすれば、それは境界線がまだ十分に強くないからであり、もっと強めていかなければならないということになるのである。★19

米国におけるホームランド・セキュリティを相対化するためには、北米国境を比較する視座を通じて、地域の重層的なガバナンス構造を理解する必要がある。とりわけ第8章でみたように、ローカル・イニシアティブにおける事例では、国境地域におけるセキュリティの昂進化に対抗するモメンタムとして、北米地域の国境ガバナンスの形成を補完する動きもみられるようになってきている。米加国境における太平洋岸北西部経済圏（Pacific Northwest Economic Regions: PNWER）財団は、一九九一年に米国のアラスカ州、アイダホ州、オレゴン州、モンタナ州、ワシントン州、カナダのアルバータ州、ブリティッシュ・コロンビア州、サスカチュワン州、ノースウエスト準州、ユーコン準州によって設立された公民パートナーシップによる非営利団体であり、自然環境を保護しながら、この国境地域のすべての市民の経済的豊かさと生活の質を向上させることを目的としている。米加国境の北東部においては、米国のニューイングランド地方の知事及びカナダ東部の州首相による定期協議も同様の機能を果たしている。米墨国境においては、国境をまたぐ形で多くのツインシティが形成されており、経済発展、環境問題、公衆衛生などのクロスボーダーな課題に向き合う体制が整備されている。テキサス州エルパソとニューメキシコ州ラスクルーセス、メキシコのシウダーファレスをまたぐ国境地域では、ボーダープレックス連合（Borderplex Alliance）がビジネス界を中心に運営されている。これは、この国境地域の経済開発や雇用問題に関する政策提言団体で、超党派の民間主導型組織であり、米墨国境知事サミット（US-Mexico Border Summit）を主催する役割も担っている。

リージョナルなレベルでは、二〇二一年一一月、トランプ政権になってから一度も開催されることのなかった北米三カ国首脳会議がバイデン大統領による主催で五年ぶりにホワイトハウスで開かれた。[★20] カナダのジャスティン・トルドー（Justin Trudeau）首相とメキシコのアンドレス・マヌエル・ロペスオブラドール（Andrés Manuel López Obrador）大統領が出席し、急増する移民、貿易摩擦、気候変動、新型コロナウイルスなどの北米地域の抱える共通問題について議論した。ロペスオブラドール大統領は、台頭する中国の経済的な影響力の増大と、グローバル市場における北米三カ国のシェアが減少している現実についても懸念を表明した。ホワイトハウスが発表した共同声明において、三人の首脳は「われわれは、歴史、文化、共有する環境、経済的・家族的な結びつきによって連帯しており、パートナーシップを強化することで、拡大するグローバルな課題に対応できると強く信じている」と述べた。急増する移民については、秩序ある人道的なアプローチを共有することに同意し、移民を発生させる根本的な原因について、リージョナルに協力していくことの重要性を確認した。とりわけ、中米から押し寄せる移民に対処するためには、メキシコの協力が必要不可欠であることを米国も強く認識しているために、米国がメキシコに対して常に優位な位置を占めるというかつてのリージョナル・バランスには変化がみられてきたといえる。

おわりに

二一世紀の国境の在り方は、国境が領土的なものから非領土的な性質のものへと移行しているという徐々に現れてきたコンセンサスと、国境管理を効果的に行うためにはアクターが重層的に関与する国境ガバナンスのもとでそれが実践されるという認識との間で揺れ動いている。北米三カ国は政治的にも経済的にも対称的な関係にはなく、とくに米墨の経済的格差は、国境を接する二国間の格差としては世界最大ともいわれ、地域統合自体が北米地域には馴染まないという見方もあるだろう。このような見解にたてば、分断化及び差別化された大陸を表現するための手段として、ハードな国境をつくり維持するという言説が際立ってしまう。しかしここまでみてきたように、国境とは実際のところ国家間に引かれた伝統的な境界線であると同時に、国境地域に住む人々やコミュニティにおいて持続的に変容・発展を遂げる境界線でもあるという点を忘れてはならない。

重要なのは、制度のための制度をつくることではなく、あらゆるスケールで多様なアクターが国境地域の抱える共通課題に対して、解決の糸口を見出す制度メカニズムを構築していくことである。

米国のホームランド・セキュリティ強化の文脈においては、国境地域のあらゆる資源がその向上のために投入される傾向にあるが、経済・貿易、社会文化、環境、エネルギーなどの幅広い領域にまで政策の射程を広げた国境ガバナンスの形成が求められる。9・11テロ以降、北米地域における国境は再創造されるプロセスにある。ラインとしての国境線の位置は変わらないが、地域内部と外部の双方から発生した新たな要求や規制に応じて、国境は同時に開いたり閉じたりしており、北米地域における国境ガバナンスは、地域全体の共通の利益や課題を体現する駆動因として存続しているといってよいだろう。

註

★1　森千香子とエレン・ルバイは、グローバル化が進展するなかで、その流れに逆行するかのように、国家の存在意義を示すために国境の規制強化の傾向を強めている世界の現状を、「現在の国境政策の再編の特徴」であると論じている。森千香子＋エレン・ルバイ「国境政策のパラドクスとは何か？」森＋ルバイ編、二〇一四年、四―一三頁。

★2　ドッズ、クラウス『新しい国境　新しい地政学』町田敦夫訳、東洋経済新報社、二〇二一年、三八頁。

★3　杉田敦「グローバル化と政治の危機」同編『デモクラシーとセキュリティ――グローバル化時代の政治を問い直す』法律文化社、二〇一八年、七―八頁。

★4　Corona Virus Resource Center at Johns Hopkins University, "COVID-19 Dashboard by the Center for Systems Science and Engeneering（CSSE）at Johns Hopkins University（JHU）,"〈https://coronavirus.jhu.edu/map.html〉（最

終閲覧日：二〇二二年一〇月三一日）。

★5 Brunet-Jailly, Emmanuel and Carpenter, Michael J., "Introduction: Borderlnds in the Era of COVID-19," *Borders in Globalization Review* 2 (1), 2020, pp.7-11.

★6 Agnew, John, "Dwelling Space versus Geopolitical Space: Reexamining Border Studies in Light of the 'Crisis of Borders'," in Cooper, Anthony and Tinning, Søren eds., *Debating and Defining Borders: Philosophical and Theoretical Perspectives*, London and NY: Routledge, 2020, pp.57-69.

★7 Aguilera, Jasmine, "Biden Is Expelling Migrants on COVID-19 Grounds, but Health Experts Say That's All Wrong," *TIME*, October 21, 2021 〈https://time.com/6105055/biden-title-42-covid-19/〉（最終閲覧日：二〇二二年一〇月一〇日）。

★8 Aizeki, Mizue. Boyce, Geoffrey, Miller, Todd, Nevins, Joseph and Ticktin, Miriam, *Smart Borders or A Humane World?*, A Report Published by the Immigrant Defense Project's Surveillance, Tech & Immigration Policing Project, and the Transnational Institute, 2021.

★9 例えば、以下がある。ブレッケンリッジ、キース『生体認証国家――グローバルな監視政治と南アフリカの近代』堀内隆行訳、岩波書店、二〇一七年。

★10 この節における記述は以下の一部と重なることを付記しておく。川久保文紀「（書評と抄訳）トッド・ミラー著『壁の帝国：米国国境のグローバルな拡大』（Empire of Borders : The Expansion of the US Border around the World, Verso, 2019, 全293頁）」、前掲、一三五―一六四頁。

★11 Miller, Todd and Buxton, Nick, *Biden's Border: The Industry, the Democrats, and the 2020 Elections*, Transnational Institute, 2021.

★12 Miller, Todd , "The Border-Industrial Complex in the Biden Era Robotic Dogs and Autonomous Surveillance Towers Are the New Wall," *The Border Chronicle*, May 6, 2022 〈https://www.theborderchronicle.com/p/the-border-industrial-complex-in?s=r〉（最終閲覧日：二〇二三年一月二九日）。

★13 Holmes, Oliver, "US Tests of Robotic Patrol Dogs on Mexican Border Prompt Outcry," *The Guardian*, February 4, 2022 〈https://www.theguardian.com/us-news/2022/feb/04/us-tests-of-robotic-patrol-dogs-on-mexican-border-prompt-outcry〉（最終閲覧日：二〇二三年一月二九日）.

★14　Jones, Reece, *Border Walls: Security and the War on Terror in the United States, India, and Israel,* London: Zed Books, 2012, p.11.

★15　Halper, Jeff, *War Against the People: Israel, the Palestinians and Global Pacification,* London: Pluto Press, 2015.

★16　Neocleous, Mark, "Security as Pacification," in Neocleous, Mark and Rigakos, George eds., *Anti-Security,* Ottawa: Red Quill Books, 2011.

★17　Mountz, Alison, *The Death of Asylum: Hidden Geographies of the Enforcement Archipelago,* Minnesota: University of Minnesota Press, 2020.

★18　Miller, Todd, "Border Patrol International: The American Homeland Is the Planet," *NACLA,* November 13, 2013 〈https://nacla.org/blog/2013/11/20/border-patrol-international-%25E2%2580%259C-american-homeland-planet%25E2%2580%259D〉（最終閲覧日：二〇二一年九月二日）.

★19　杉田「グローバル化と政治の危機」、前掲書、九頁。

★20　第一回首脳会議は、二〇〇五年三月二三日、米国テキサス州ウェーコで米国のブッシュ（ジュニア）大統領、カナダのマーティン首相、メキシコのフォックス大統領が一堂に会することによって開催され、二〇一〇年、二〇一一年、二〇一三年、二〇一五年及びトランプ政権の四年間を除いて、ほぼ毎年開催されてきた。二〇二一年の第九回首脳会議はワシントンDCで、二〇二三年の第一〇回サミットはメキシコシティで開催される。Wise, Anna, "Biden Restarts Trilateral Summit, Focused on North American Partnership," *National Public Radio,* November 18, 2021 〈https://www.npr.org/2021/11/18/1057071353/biden-restarts-trilateral-summit-focused-on-north-american-partnership〉（最終閲覧日：二〇二二年一〇月二五日）.

あとがき

本書は、筆者が二〇二一年度に中央大学大学院法学研究科に提出した博士学位論文「米国のホームランド・セキュリティと国境ガバナンス――北米地域に関する政治学的考察」に大幅な加筆修正を行い執筆したものである。口頭試問において寄せられた問いへの回答をどれだけ反映させることができたのかは心もとないが、学部時代からの指導教授である主査の星野智教授（現代政治理論）、副査を務めて頂いた宮本太郎教授（比較政治）、中島康予教授（現代政治理論）、岩下明裕北海道大学教授（境界研究）に心よりお礼を申し上げたい。

本書を書き上げるうえで大きな推進力になったのが、「はじめに」で述べた米国留学から二〇年近くを経て、米国カリフォルニア州のサンディエゴ州立大学政治学部に客員研究員として一年間在籍する機会を得たことである。在外研究中、サンディエゴを拠点として国境地域における多くの人間や組織の国境への向き合い方を多角的に考察することができた。トランプ政権の誕生によって脚光を浴びることになった国境の壁の建設が、国境地域の人々の生活にどのような影響を及ぼしているのかを分析すると同時に、国境警備隊などの国境を守る側の組織に属している人間の考え方にも触れることができた。現地で話を聞くことのできた専門家は、筆者の専門領域である政治学や国際関係論の範囲を超えて、地理学、都市計画・建築、人類学、芸術の専門家などにも及び、境界研究は方法論的広がりをもちながら学知の協働によって成り立つ融合領域であると認識した。

米国滞在中に建築家のロナルド・ラエル氏とバージニア・サン・フラテロ氏が米墨国境の壁にシーソー"Teeter Totter Wall"を設置し、国境の両側にかかるシーソーで子どもたちが遊んでいる風景が世界中で報道された。米墨関係の浮き沈みをシーソーの支点で表しながら、国境の壁をフレンドシップの象徴として用いるという、政府の意図する壁とは逆の発想である。また、米墨国境の最西端であるサンディエゴとメキシコ側のティファナをまたぐ形で存在するフレンドシップパークは、かつては両国の国民が多く集う場所であった。現在のようなフェンスなど存在しなかった一九七一年、ニクソン大統領夫人がここを訪問し記念植樹を行った後、国境に張り巡らされた有刺鉄線を国境警備隊に切断させ、メキシコ国民と握手しながら語りあった場所としても知られている。しかし、9・11テロ以後は国境警備が強化され、二〇二〇年には米国側から入るルートが閉鎖される事態となった。こうした動きに対して、都市計画の専門家などが中心となって建設当時の両国の友好のシンボルとしてフレンドシップパークをリノベーションする構想が持ち上がっている。帰国直前、この構想の中心的な立案者であるジェームズ・ブラウン氏（都市計画）のアトリエを兼ねたオフィスで話を聞くことができたが、この構想には両国の中央政府、州政府、ローカルな自治体も加わることになっており、国境地域にまたがる公園をコモンズとして位置づけるローカルな国境ガバナンス形成のひとつとして注目されている。これは、知識、アイディア、自律的な運動、新しい関係性が生成されるフロンティア空間とも捉えられ、他者や異文化との相互理解や共生をいかに図っていくのかという生存戦略が国境に壁を造ることではみえてこないことがわかる。国境はその内部を守る砦や要塞として位置づけられるが、国境はコモンズであるという認識のもとに、外部の異空間へ開かれたゲートウェイとして機能していることもやはり忘れてはならないのである。

日本やそれを取り巻く地域情勢の文脈において国境を語る場合、領土ナショナリズムが常につきまとう。本書の分析対象としての国境ガバナンスは、世界の領土問題や国境地域に対しても新しい視点でアプローチできる意義を有している。空間とスケールを多次元的に理解し、国家以外のアクターも視野に入れて国境地域の抱える諸課題に迫る国境ガバナンスの方法論的視点は、ＥＵやアジアなどの広域的なガバナンスの比較と相関を可能にし、領土ナショナリズムの隘路から抜け出す契機となる。そして、国境地域＝地理的周縁部という表象を領土ナショナリズムがせめぎ合うネガティブなイメージから、生存戦略を練り上げるための新しい接触と協力の可能性を秘めたポジティブなイメージへ転換させることによって、国境地域を戦略的なアクターとして位置づけることが可能になっていくのである。

本書は、筆者が研究代表を務める科学研究費補助金基盤研究（C）「国境の壁をめぐる国境産業複合体とガバナンス形成——米墨国境地域を事例として」（課題番号JP20K01526）の研究成果の一部である。

これまで多くの恩師・同僚・家族・友人に支えられながら研究者生活を送ることができていることに心より感謝している。まずは、在外研究における一年間の留守を認めて頂いた本務校である中央学院大学法学部に感謝しなければならない。学校法人中央学院の母体をつくったひとりである高楠順次郎博士の「奉仕と感謝の心を忘れるな」という教えは、教育・研究に携わる人間にとって普遍的なメッセージである。また、母校である中央大学法学部政治学科・大学院法学研究科政治学専攻における恵まれた研究環境のもとで研究者になるための知的訓練を積んだ毎日が、現在の研究を進めるうえでの足腰になっていることに改めて気づかされる。そして、日本における境界研究の拠点である北海道大学スラブ・ユーラシア研究センター境界研究ユニット（UBRJ）の構成員として、境界・国境地域研究学会（Association for Borderlands Studies: ABS）をはじめとした、海外の研究者とのグローバルな研究ネットワークのなかに身をおかせて頂いた経験も、研究上の大きな資産となっている。

青土社の村上瑠梨子氏には、『現代思想』におけるいくつかの特集にお誘いを頂いた経緯から本書の企画をご提案くださり、校正作業に至るまで大変お世話になった。村上氏には、読者目線に立って読み易い表現になるように懇切丁寧なアドバイスを頂き、お礼の言葉もない。妻の眞希は本書全体を読んでもらい、細かいミスまでチェックしてくれた。日頃からのサポートも含めて感謝している。最後に、現在の一〇〇年に一度ともいわれるコロナ禍においても前進を続ける学生たちのよき伴走者としていられるよう、教育・研究活動に一層精励する決意を新たにしてあとがきを締めくくりたい。

二〇二三年一月　我孫子の研究室にて

川久保文紀

国境産業複合体

アメリカと「国境の壁」をめぐるボーダースタディーズ

2023年3月20日　第1刷印刷
2023年3月31日　第1刷発行

著者　川久保文紀

発行者　清水一人
発行所　青土社
東京都千代田区神田神保町1-29　市瀬ビル　〒101-0051
電話　03-3291-9831（編集）　03-3294-7829（営業）
振替　00190-7-192955

組版　フレックスアート
印刷・製本所　双文社印刷

装幀　水戸部功

Printed in Japan
ISBN978-4-7917-7540-8

川久保文紀（かわくぼ・ふみのり）
1973年福島県生まれ。専門は、現代政治学、国際関係論、境界研究。中央大学法学部卒業。ニューヨーク州立大学ビンガムトン校大学院社会学修士号取得後、中央大学大学院法学研究科博士後期課程政治学専攻単位取得満期退学。博士（政治学）。現在、中央学院大学副学長・法学部教授。主要業績として、共著『アントロポセン時代の国際関係』（星野智編、中央大学出版部、二〇二二年）、編集委員・項目執筆『現代地政学事典』（現代地政学事典編集委員会編、丸善出版、二〇二〇年）、論文 "Privatizing Border Security: Emergence of the 'Border-Industrial Complex' and Its Implications," *Public Voices* 17 (1), 2020、翻訳『境界から世界を見る――ボーダースタディーズ入門』（アレクサンダー・C・ディーナー＋ジョシュア・ヘーガン著、岩波書店、二〇一五年）など。

初出一覧

＊本書の収載に際して、適宜加筆・修正を施している。

はじめに（書き下ろし）
序章　9・11テロ以後の国境ガバナンスの変貌（書き下ろし）
第1章　境界研究の新しい地平（書き下ろし）
第2章　ホームランド・セキュリティと米国（原題「「ホームランド」としてのアメリカ——言説分析を中心として」『中央学院大学法学論叢』第二一巻第一号、二〇〇七年）
第3章　米墨・米加国境の変貌——トランプの壁と「国境」の拡大（書き下ろし）
第4章　国境産業複合体——セキュリティの担い手たち（原題「「国境産業複合体」の構造と実態——米国の利益誘導型国境政治」星野智編『アントロポセン時代の国際関係』中央大学出版部、二〇二二年）
第5章　移民勾留の国境政治（『法学新報』第一二八巻第九号、二〇二二年）
第6章　生政治国境の生成（原題「ヒトの移動と国境空間——リスク管理としての監視と「生政治的国境」の出現」『中央大学社会科学研究所研究報告』第二六号、二〇〇九年）
第7章　北米国境ガバナンスの苦悩（原題「北米国境管理ガバナンスの形成——「北米の安全と繁栄のためのパートナーシップ（SPP）」の成立と挫折を手がかりとして」『境界研究』第九号、二〇一九年）
第8章　ローカル・イニシアティブ——国境地域からの挑戦（原題「サンディエゴ・ティファナ国境地域におけるクロスボーダーガバナンス」『中央学院大学法学論叢』第三四巻第一号、二〇二〇年）
終章　二一世紀の国境ガバナンスに向けて（書き下ろし）
あとがき（書き下ろし）

参考文献

【邦語文献（参照サイト含む）】

明石純一『人の国際移動は管理されうるのか――移民をめぐる秩序形成とガバナンス構築』ミネルヴァ書房、二〇二〇年

アガンベン、ジョルジョ「例外状態」高桑和巳訳、『現代思想』第三二巻第九号、二〇〇四年

足立研幾「序章　セキュリティ・カヴァナンス論の現状と課題」足立研幾編『セキュリティ・ガヴァナンス論の脱西欧化と再構築』ミネルヴァ書房、二〇一八年

アメリカ合衆国に対するテロリスト攻撃に関する国家委員会『9/11 レポート――2001 年米国同時多発テロ調査委員会報告書』住山貞一訳、ころから、二〇二一年

新井信之『外国人の退去強制と合衆国憲法――国家主権の法理論』有信堂高文社、二〇〇八年

飯尾真貴子「米国における強制送還レジームの構築と移民への影響――包摂と排除のメカニズムに着目して」『立命館言語文化研究』第三〇巻第一号、二〇一八年

伊藤潤「国土安全保障（ホームランドセキュリティ）」現代地政学事典編集委員会編『現代地政学事典』丸善出版、二〇二〇年

稲垣拓「二元論の「壁」を越えて――分断の場から創造の場へ」『建築討論』、二〇一九年〈https://medium.com/kenchikutouron〉（最終閲覧日：二〇二三年一月一〇日）

岩下明裕『入門 国境学――領土、主権、イデオロギー』中公新書、二〇一六年

伊豫谷登士翁『グローバリゼーション――移動から現代を読みとく』ちくま新書、二〇二一年

――――「方法としての移民」伊豫谷登士翁編『移動から場所を問う――現代移民研究の課題』有信堂高文社、二〇〇七年

――――『グローバリゼーションとは何か――液状化する世界を読み解く』平凡社新書、二〇〇二年

ウォルツァー、M『アメリカ人であるとはどういうことか――歴史的自己省察の試み』古茂田宏訳、ミネルヴァ書房、二〇〇六年

エリングウッド、ケン『不法越境を試みる人々――米国・メキシコ国境地帯の生と死』仁保真佐子訳、パーソナルケア出版部、二〇〇六年

大前研一『ボーダレス・ワールド』田口統吾訳、新潮社、一九九四年
大屋雄裕『自由とは何か——監視社会と「個人」の消滅』ちくま新書、二〇〇七年
岡部みどり「国境の国際共同管理と移民——政治学的移民研究アプローチと「移民危機」の克服」『国際関係論研究』第二四号、二〇〇五年
————編『人の国際移動とEU——地域統合は「国境」をどのように変えるのか？』法律文化社、二〇一六年
小田悠生「アメリカ・メキシコ国境問題 アメリカ合衆国から見た米墨国境——歴史のなかの国境線・国境地帯・国境」『歴史学研究』第九九五号、二〇二〇年
小原敬士編『アメリカ軍産複合体の研究』日本国際問題研究所、一九七一年
加藤洋子『「人の移動」のアメリカ史——移動規制から読み解く国家基盤の形成と変容』彩流社、二〇一四年
カミングス、ブルース『アメリカ西漸史——《明白なる運命》とその未来』渡辺将人訳、東洋書林、二〇一三年
カルドー、メアリー『新戦争論——グローバル時代の組織的暴力』山本武彦＋渡部正樹訳、岩波書店、二〇〇三年
川上耕平「トルーマン政権における民間防衛政策の展開——冷戦初期の「安全保障国家」アメリカによる社会動員」『比較社会文化研究』第一四号、二〇〇三年
川久保文紀「移民勾留の国境政治」『法学新報』第一二八巻第九号、二〇二二年
————「「国境産業複合体」の構造と実態——米国の利益誘導型国境政治」星野智編『アントロポセン時代の国際関係』中央大学出版部、二〇二二年
————「広がる国境／縮む国境——「壁の帝国」アメリカ」『學鐙』丸善出版、二〇二一年秋号、二〇二一年
————「(書評と抄訳) トッド・ミラー著『壁の帝国——米国国境のグローバルな拡大 (Empire of Borders: The Expansion of the US Border around the World, Verso, 2019, 全293頁)」『中央学院大学法学論叢』第三四巻第二号、二〇二一年
————「ボーダーワーク」現代地政学事典編集委員会編『現代地政学事典』丸善出版、二〇二〇年
————「(在外研究報告) トランプの壁と向き合う国境地域——米国サンディエゴを拠点として」『中央学院大学法学論叢』第三四巻第一号、二〇二〇年
————「(研究ノート) サンディエゴ・ティファナ国境地域におけるクロスボーダーガバナンス」『中央学院大学法学論叢』第三四巻第一号、二〇二〇年
————「レイシズムと軍・法執行機関の融合化」『現代思想』第四八巻第一三号、二〇二〇年

――――「北米国境管理ガバナンスの形成――北米の安全と繁栄のためのパートナーシップ（SPP）」の成立と挫折を手がかりとして」『境界研究』第九号、二〇一九年
――――「国境の壁とテイコポリティクス」『現代思想』第四七巻第五号、二〇一九年
――――「（書評論文）グローバル時代の人の移動――移民と難民の揺らぐ境界」『国際政治』第一六九号、二〇一九年
――――「未完のプロセスとしての境界――古典地政学から批判地政学へ」『地理』第六三巻第三号、二〇一八年
――――「ボーダースタディーズの生成と展開――批判地政学との接点」『現代思想』第四五巻第一八号、二〇一七年
――――「セキュリティの昂進化と境界地域における文化――米加国境におけるカスカディア地方を事例として」『法学新報』第一二三巻第七号、二〇一七年
――――「「モバイルな」国境と領域秩序の変容――国境の内部化と外部化を手がかりとして」西海真樹＋都留康子編『変容する地球社会と平和への課題』中央大学出版部、二〇一六年
――――「領域性のリスケーリングと国境空間の再編――IR とボーダースタディーズからの接近」『中央学院大学法学論叢』第二九巻第二号、二〇一六年
――――「北米国境のテクノロジー化――「スマートな国境」の構築とその限界」『国際政治』第一七九号、二〇一五年
――――「バイオメトリック・ボーダーの生成と展開――リスク・身体・セキュリティの観点から」『中央大学社会科学研究所年報』第一七号、二〇一三年
――――「空港における「移動性」の統治と「リスク管理」としての戦争――ターゲットガバナンスとリスクガバナンスを素材として」『中央学院大学法学論叢』第二三巻第二号、二〇一〇年
――――「ヒトの移動と国境空間――リスク管理としての監視と「生政治的国境」の出現」『中央大学社会科学研究所研究報告』第二六号、二〇〇九年
――――「9・11 テロ以後の移民・国境管理――北米地域における動向を中心に」『中央大学社会科学研究所年報』第一二号、二〇〇八年
――――「「ホームランド」としてのアメリカ――言説分析を中心として」『中央学院大学法学論叢』第二一巻第一号、二〇〇七年
「9・11 テロと移民政治――「特別登録プログラム」の導入とその影響」『中央学院大学社会システム研究所紀要』第七巻第一号、二〇〇六年

―――――「移民と国土安全保障――9・11 テロ以後の文脈を中心に」『中央学院大学法学論叢』第二〇巻第一二号、二〇〇七年
川原英一「航空保安の国際ルール強化に向けた最近の動向――2001 年 9.11 同時多発テロ事件後」『外務省調査月報』二〇〇二年度第二号、二〇〇二年
ギデンズ、アンソニー『国民国家と暴力』松尾精文＋小幡正敏訳、而立書房、一九九九年
クライン、ナオミ『ショックドクトリン――惨事便乗型資本主義の正体を暴く』(上)(下)、幾島幸子＋村上由見子訳、岩波書店、二〇一一年
クラウチ、コリン『ポスト・デモクラシー――格差拡大の政策を生む政治構造』山口二郎監修＋近藤隆文訳、青灯社、二〇〇七年。
小井戸彰宏「グローバル化と越境的社会空間の編成――移民研究におけるトランスナショナル視角の諸問題」『社会学評論』第五六巻第二号、二〇〇五年
小谷耕二編『ホームランドの政治学――アメリカ文学における帰属と越境』開文社出版、二〇一九年
小林誠「システム特性としてのグローバル・テロリズム――柔らかい恐怖について」『現代思想』第三一巻第三号、二〇〇三年
コヘイン、ロバート「テロリズム――グローバル化するインフォーマルな暴力」広瀬健太郎＋河野勝訳、山本吉宣＋河野勝編『アクセス安全保障論』日本経済評論社、二〇〇五年
コンラッド、ビクター「境界文化（ボーダーカルチャー）」川久保文紀＋竹内雅俊編集・翻訳、現代地政学事典編集委員会編『現代地政学事典』丸善出版、二〇二〇年
斎藤眞『アメリカ外交の論理と現実』東京大学出版会、一九六二年
櫻田大造『NORAD 北米航空宇宙防衛司令部』中央公論新社、二〇一五年
サッセン、サスキア『領土・権威・諸権利――グローバリゼーションスタディーズの現在』伊藤茂訳、伊豫谷登士翁監修、明石書店、二〇一一年
渋谷望『魂の労働――ネオリベラリズムの権力論』青土社、二〇〇三年
庄司克宏＋マドゥーロ、ミゲール・P 編『トランスナショナル・ガバナンス――地政学的思考を越えて』岩波書店、二〇二一年
庄司啓一「ブラセロ・プログラム再考――非合法移民問題の起源をめぐって」『城西経済学会誌』第三五巻、二〇〇九年
上智大学アメリカ・カナダ研究所編『北米研究入門 2――「ナショナル」と向き合う』上智大学出版、二〇一九年

――――『北米研究入門――「ナショナル」を問い直す』上智大学出版、二〇一五年
シンガー、P・W『戦争請負会社』山崎淳訳、日本放送出版協会、二〇〇四年
杉田敦「グローバル化と政治の危機」同編『デモクラシーとセキュリティ――グローバル化時代の政治を問い直す』法律文化社、二〇一八年
――――『境界線の政治学（増補版）』岩波現代文庫、二〇一五年
鈴木謙介「監視批判はなぜ困難か――再帰的近代におけるリスク処理の形式としての監視」『社会学評論』第五五巻第四号、二〇〇五年
ストレンジ、スーザン『国家の退場――グローバル経済の新しい主役たち』櫻井公人訳、岩波書店、二〇一一年
スナイダー、ティモシー『暴政――20世紀の歴史に学ぶ20のレッスン』池田年穂訳、慶應義塾大学出版会、二〇一七年
田所昌幸『越境の国際政治――国境を越える人々と国家間関係』有斐閣、二〇一八年
ダワー、ジョン・W『アメリカ 暴力の世紀――第二次大戦以降の戦争とテロ』田中利幸訳、岩波書店、二〇一七年
――――『容赦なき戦争――太平洋戦争における人種差別』猿谷要監修、斎藤元一訳、平凡社ライブラリー、二〇〇一年
塚田鉄也「安全保障化――ヨーロッパにおける移民を事例に」大矢根聡編『コンストラクティヴィズムの国際関係論』有斐閣、二〇一三年
土屋恵司「米国における2002年国土安全保障法の制定」『外国の立法』第二二二号、二〇〇四年
土山實男「不安の「帝国」アメリカの悩める安全保障――9.11以後」山本吉宣＋武田興欣編『アメリカ政治外交のアナトミー』国際書院、二〇〇六年
ディーナー、アレクサンダー・C＋ヘーガン、ジョシュア『境界から世界を見る――ボーダースタディーズ入門』川久保文紀訳、岩波書店、二〇一五年
デイヴィス、アンジェラ『監獄ビジネス――グローバリズムと産獄複合体』上杉忍訳、岩波書店、二〇〇八年
トーピー、ジョン・C『パスポートの発明――監視・シティズンシップ・国家』藤川隆男監訳、法政大学出版局、二〇〇八年
土佐弘之『境界と暴力の政治学――安全保障国家の論理を超えて』岩波書店、二〇一六年
――――「グローバルな統治性」芹沢一也＋高桑和巳編『フーコーの後で――統治

性・セキュリティ・闘争』慶應義塾大学出版会、二〇〇七年
――――『アナーキカル・ガヴァナンス――批判的国際関係論の新展開』御茶の水書房、二〇〇六年
ドッズ、クラウス『新しい国境　新しい地政学』町田敦夫訳、東洋経済新報社、二〇二一年
富井幸雄「国土安全保障の概念――法的考察」『法学会雑誌』第五八巻第二号、二〇一八年
ナイ、メイ・M『「移民の国アメリカ」の境界――歴史のなかのシティズンシップ・人種・ナショナリズム』小田悠生訳、白水社、二〇二一年
西山隆行『〈犯罪大国アメリカ〉のいま――分断する社会と銃・薬物・移民』弘文堂、二〇二一年
ネグリ、アントニオ＋ハート、マイケル『マルチチュード――〈帝国〉時代の戦争と民主主義』(上)、幾島幸子訳、水嶋一憲＋市田良彦監修、日本放送出版協会、二〇〇五年
ノヴォスロフ、アレクサンドラ＋ネス、フランク『世界を分断する「壁」――フォト・ドキュメント』児玉しおり訳、原書房、二〇一七年
ハイアム、ジョン『自由の女神のもとへ――移民とエスニシティ』斎藤眞＋阿部斉＋古矢旬訳、平凡社、一九九四年
バトラー、ジュディス『生のあやうさ――哀悼と暴力の政治学』本橋哲也訳、以文社、二〇〇七年
ハミルトン、A＋ジェイ、J＋マディソン、J『ザ・フェデラリスト』齋藤眞＋武則忠見訳、福村出版、一九九八 年
ハンチントン、サミュエル『分断されるアメリカ――ナショナルアイデンティティの危機』鈴木主税訳、集英社、二〇〇四年
ビゴ、ディディエ「国境概念の変化と監視体制の進化――移動・セキュリティ・自由をめぐる国家の攻防」村上一基訳、森千香子＋ルバイ、エレン編『国境政策のパラドクス』勁草書房、二〇一四年
フーコー、ミシェル『性の歴史1――知への意志』渡辺守章訳、新潮社、一九八六年
――――『ミシェル・フーコー講義集成〈8〉生政治の誕生（コレージュ・ド・フランス講義 1978-79 年度)』慎改康之訳、筑摩書房、二〇〇八年
藤原帰一「軍と警察――冷戦後世界秩序における国内治安と対外安全保障の収斂」山口厚＋中谷和弘編『融ける境 超える法（2）――安全保障と国際犯罪』東京大

学出版会、二〇〇五年
ブラック、ジェレミー『地図の政治学』関口篤訳、青土社、二〇〇一年
ブルネイ＝ジェイ、エマニュエル「9.11 同時多発テロ以降のカナダ＝米国国境——カナダからの見解」川久保文紀監訳、『境界研究』第二号、二〇一一年
古矢旬『アメリカ——過去と現在の間』岩波新書、二〇〇四年
————『アメリカニズム——「普遍国家」のナショナリズム』東京大学出版会、二〇〇二年
————「「移民国家」における「移民問題」——現状と展望」五十嵐武士編『アメリカの多民族体制——「民族」の創出』東京大学出版会、二〇〇〇年
ブレッケンリッジ、キース『生体認証国家——グローバルな監視政治と南アフリカの近現代』堀内隆行訳、岩波書店、二〇一七年
ベック、ウルリッヒ『世界リスク社会論——テロ、戦争、自然破壊』島村賢一訳、平凡社、二〇〇三年
————『危険社会——新しい近代への道』東廉＋伊藤美登里訳、法政大学出版局、一九九八年
ベンハビブ、セイラ『他者の権利——外国人・居留民・市民』向山恭一訳、法政大学出版局、二〇〇六年
ボガード、ウィリアム『監視ゲーム——プライヴァシーの終焉』田畑暁生訳、アスペクト、一九九八年
松本悠子『創られるアメリカ国民と「他者」——「アメリカ化」時代のシティズンシップ』東京大学出版会、二〇〇七年
南山淳＋前田幸男編『批判的安全保障論——アプローチとイシューを理解する』法律文化社、二〇二二年
ムーア、マーガレット『領土の政治理論』白川俊介訳、法政大学出版局、二〇二〇年
村井忠政「現代アメリカにおける移民研究の新動向（上）——トランスナショナリズム論の系譜を中心に」『名古屋市立大学人文社会学部研究紀要』第二〇号、二〇〇六年
村田勝幸「〈帝国〉状況を／から透かしみる——取り締まられるアメリカ都市空間、「ホームランドセキュリティ」、人種」山下範久編『帝国論』講談社選書メチエ、二〇〇六年
モーリス－スズキ、テッサ『自由を耐え忍ぶ』辛島理人訳、岩波書店、二〇〇四年

森千香子＋ルバイ、エレン「国境政策のパラドクスとは何か？」森千香子＋ルバイ、エレン編『国境政策のパラドクス』勁草書房、二〇一四年
ユッセラー、ロルフ『戦争サービス業――民間軍事会社が民主主義を蝕む』下村由一訳、日本経済評論社、二〇〇八年
ライアン、デイヴィッド『監視文化の誕生――社会に監視される時代から、ひとびとが進んで監視する時代へ』田畑暁生訳、青土社、二〇一九年
――――『監視スタディーズ――「見ること」「見られること」の社会理論』田島泰彦＋小笠原みどり訳、岩波書店、二〇一一年
――――『膨張する監視社会――個人識別システムの進化とリスク』田畑暁生訳、青土社、二〇一〇年
――――『9・11以後の監視――〈監視社会〉と〈自由〉』田島泰彦監修、清水知子訳、明石書店、二〇〇四年
――――『監視社会』河村一郎訳、青土社、二〇〇二年
レスリー、スチュワート・W『米国の科学と軍産学複合体――米ソ冷戦下のMITとスタンフォード』豊島耕一＋三好永作訳、緑風出版、二〇二一年
レッシグ、ローレンス『CODE VERSION2.0』山形浩生訳、翔泳社、二〇〇七年
藪野祐三『ローカル・イニシアティブ――国境を超える試み』中公新書、一九九五年

【欧文文献（参照サイト含む）】

Aas, Katja Franko, “Bordered Penalty: Precarious Membership and Abnormal Justice,” *Punishment & Society* 16, 2014
Abrahamsen, Rita and Williams, Michael C., *Security Beyond the State: Private Security in International Politics*, Cambridge: Cambridge University Press, 2010
Accenture News Room, “Accenture Announces Key Smart Border Alliance Subcontracts for US-VISIT Program,” September 3, 2004〈https://newsroom.accenture.com/industries/health-public-service/accenture-announces-key-smart-border-alliance-subcontracts-for-us-visit-program.htm〉（最終閲覧日：二〇二一年八月二五日）
Ackleson, Jason, “From ‘Thin’ to ‘Thick’ (and Back Again?): The Politics and Policies of the Contemporary US-Canada Border,” *American Review of Canadian Studies* 39 (4), 2009
Ackleson, Jason and Lapid, Yosef, “New Directions in Border Security Governance,” in Bow, Brian and Anderson, Greg, eds., *Regional Governance in Post-NAFTA North*

America: Building without Architecture, London and NY: Routledge, 2014
Ackleson, Jason and Kastner, Justin, "The Security and Prosperity Partnership of North America," *American Review of Canadian Studies* 36 (2), 2006
Agnew, John, "Dwelling Space versus Geopoliticaal Space: Reexaminig Border Studies in Light of the 'Crisis of Borders'," in Cooper, Anthony and Tinning, Søren eds., *Debating and Defining Borders: Philosophical and Theoretical Perspectives,* London and NY: Routledge, 2019
————, "Know-Where: Geographies of Knowledge of World Politics," *International Political Sociology* 1 (2), 2007
————, *Geopolitics: Re-visioning World Politics,* Second edition, London and NY: Routledge, 2003
————. "The 'Civilizational' Roots of European National Boundaries," in Kaplan, David H. and Häkli, Jouni eds., *Boundaries and Place: European Borderlands in Geographical Context,* Lanham: Rowman & Littlefield, 2002
Aguilera, Jasmine, "Biden Is Expelling Migrants on COVID-19 Grounds, but Health Experts Say That's All Wrong," *TIME*, October 21, 2021〈https://time.com/6105055/biden-title-42-covid-19/〉（最終閲覧日：二〇二二年一〇月一〇日）
Aizeki, Mizue, Boyce, Geoffrey, Miller, Todd, Nevins, Joseph and Ticktin, Miriam, *Smart Borders or a Humane World?,* A Report Published by the Immigrant Defense Project's Surveillance, Tech & Immigration Policing Project, and the Transnational Institute, 2021
Alper, Donald, "Territorial Divisive and Connective Spaces: Shifting Meanings of Borders in the North American Borderlands," in Correa-Cabrera, Gudalupe and Konrad, Victor eds., *North American Borders in Comparative Perspective,* Tucson: University of Arizona Press, 2020
Alper, Donald and Hammond, Bryant, "Bordered Perspectives: Local Stakeholders' Views of Border Management in the Cascade Corridor Region," *Journal of Borderlands Studies* 26 (1), 2011
Alvarez, Luis, "Emerging Threats and DHS's Western Hemisphere Strategy to CombatTransnational Crime. Remarks by Alvarez, Deputy Assistant Secretary for International Affairs," DHS. Border Management Conference & Technology Expo, El Paso, Texas, October 17, 2012
American Civil Liberties Union, "Warehoused and Forgotten: Immigrants Trapped in

Our Shadow Private Prison System," June 2014〈https://www.aclu.org/sites/default/files/assets/060614-aclu-car-reportonline.pdf〉（最終閲覧日：二〇二一年九月八日）

American History: From Revolution to Reconstruction and Beyond〈http://www.let.rug.nl/usa/P/index.htm〉（最終閲覧日：二〇二一年五月一〇日）

American Immigration Council, "Still No Action Taken: Complaints Against Border Patrol Agents Continue to Go Unanswered," August 2, 2017〈https://www.americanimmigrationcouncil.org/research/still-no-action-taken-complaints-against-border-patrol-agents-continue-go-unanswered〉（最終閲覧日：二〇二〇年三月二日）

————, "The Cost of Immigration Enforcement and Border Security," January 21, 2021

American National Standards Institute, "Background Paper on Security and Prosperity Partnership of North America"〈https://share.ansi.org/Shared%20Documents/Standards%20Activities/International%20Standardization/Regional/Americas/Background%20Paper%20-%20SPP.pdf〉（最終閲覧日：二〇二一年九月二日）

Amihat Szary, Anne-Laure and Giraut, Frédéric, "Borderities: The Politics of Contemporary Mobile Borders," Anne-Laure Amihat Szary and Frédéric Giraut, eds., *Borderities and the Politics of Contemporary Borders,* NY: Palgrave Macmillan, 2015

Amoore, Louise and De Goede, Marieke "Governance, Risk and Dataveillance in the War on Terror," *Crime, Law, and Social Change* 43, 2005

Amoore, Louise and Hall, Alexandra, "Border Theatre: On the Arts of Security and Resistance," *Cultural Geographies* 17 (3), 2010

————, "Biometric Borders: Governing Mobilities in the War on Terror," *Political Geography* 25 (3), 2006

Anderson, Greg, "The Security and Prosperity Partnership: Made in North American Integration or Co-operation," in Castro-Rea, Julián ed., *Our North America: Social and Political Issues beyond NAFTA,* London and NY: Routledge, 2012

Anderson, James and O' Dowd, Liam, "Borders, Border Regions and Territoriality: Contradictory Meanings, Changing Significance," *Regional Studies* 33 (7), 1999

Andreas, Peter, *Border Games: Policing the U.S.-Mexico Divide*, Second edition, Ithaca: Cornell University Press, 2012

————, "The Mexicanization of the US-Canada Border: Asymmetric Interdependence in a Changing Security Context," *International Journal* 60 (2), 2005

————, "Redrawing the Line: Borders and Security in the Twenty-First Century,"

International Security 28（2）, 2003

Andrijasevic, Rutvica and Walters, William, "The International Organization for Migration and the International Government of Borders," *Environment and Planning D: Society and Space* 28（6）, 2010

Appleyard, Donald and Lynch, Kevin, *Temporary Paradise?: A Look at the Special Landscape of the San Diego Region*, Report to the City of San Diego, 1974

Ashby, Paul, "'NAFTA-Land Security': How Canada and Mexico Have Become Part of the U.S. Policing Regime," *NACLA* December 1, 2014〈https://nacla.org/blog/2014/12/01/how-canada-and-mexico-have-become-part-us-policing-regime〉（最終閲覧日：二〇二一年九月二日）

Ayres, Jeffery and Macdonald, Laura, "Introduction: North America in Question," Ayres, Jeffrey and Macdonald, Laura eds., *North America in Question: Regional Integration in an Era of Economic Turbulence,* Toronto: University of Toronto Press, 2012

Bae, Chang-Hee C., "Tijuana-San Diego: Globalization and the Transborder Metropolis," in Richardson, Harry W. and Bae, Chang-Hee C. eds., *Globalization and Urban Development,* Berlin: Springer, 2005

Bailey, John, "Plan Columbia and the Mérida Initiative: Policy Twins or Distant Cousins?," in Morales, Isidro ed., *National Solutions to Trans-Border Problems?: The Governance of Security and Risk in a Post-NAFTA North America*, Farnham: Ashgate, 2011

Balibar, Etiénne, *Politics and the Other Scene,* London and NY: Verso, 2002

———, "The Borders of Europe," trans. by J. Swenson, in Cheah, Pheng and Robbins, Bruce eds., *Cosmopolitics: Thinking and Feeling Beyond the Nation,* London and Minneapolis: University of Minnesota Press, 1998

Bersin, Alain, "Lines and Flows: The Beginning and End of Borders," *Brooklyn Journal of International Law* 37（2）, 2012

Barnes, William R. and Ledebur, Larry C., *The New Regional Economies: The U.S. Common Market and the Global Economy,* NY: Sage Publications, 1998

Barry, Tom, *Border Wars,* Cambridge: MIT Press, 2011

Bewig, Matt, "Chertoff Group and the Fear Industry," *ALLGov,* August 19,

2013〈http://www.allgov.com/news/where-is-the-money-going/chertoff-group-and-the-fear-industry-130819?news=850894〉（最終閲覧日：二〇二一年八月一〇日）

Bigo, Didier, "COVID-19 Tracking Apps, or: How to Deal with a Pandemic Most Unsuccessfully," *about: intel,* June 3, 2020〈https://aboutintel.eu/COVID-digital-

tracking/〉（最終閲覧日：二〇二一年一〇月一〇日）

———, "The Möbius Ribbon of Internal and External Security（ies）," in Albert, Mathias, Jacobson, David and Lapid, Yosef eds., *Identities, Borders, Orders: Rethinkng Inernational Relations Theory*, Minneapolis: University of Minnesota, 2001

———, "When Two Become One," in Kelstrup, Morten and Williams, Michael eds., *International Relation Theory and the Politics of European Integration: Power, Security and Community,* London and NY: Routledge, 2000

Bow, Brian and Anderson, Greg eds., *Regional Governance in Post-NAFTA North America: Building without Architecture,* London and NY: Routledge, 2015

Brambilla, Chiara and Jones, Reece, "Rethinking Borders, Violence, and Conflict: From Sovereign Power to Borderscapes as Sites of Struggles," *Environment and Planning D: Society and Space* 38（2）, 2019

Brocious, Ariana, "Border Wall Groundwater Pumping Threatens to Push Endangered Species to 'Brink of Extinction'," *Arizona Public Media,* August 11, 2020〈https://news.azpm.org/p/news-topical-nature/2020/8/11/178359-border-wall-groundwater-pumping-threatens-to-push-endangered-species-to-brink-of-extinction/〉（最終閲覧日：二〇二一年六月一五日）

Brodie, Janine, "Conclusion: Will North America Survive?" in Ayres, Jeffrey and Macdonald, Laura eds., *North America in Question: Regional Integration in an Era of Economic Turbulence*, Toronto: University of Toronto Press, 2012

Brotherton, David C. and Kretsedemas, Philip eds., *Immigration Policy in the Age of Punishment: Detention, Deportation, and Border Control,* NY: Columbia University Press, 2018

Brown, Wendy, *Walled States, Waning Sovereignty*, Princeton: Zone Books, 2014

Brunet-Jailly, Emmanuel and Carpenter, Michael J., "Introduction: Borderlands in the Era of COVID-19," *Borders in Globalization Review* 2（1）, 2020

Bullock, Jane A., Haddow, George D. and Coppola, Damon P., *Introduction to Homeland Security: Principles of All-Hazards Risk Management,* Sixth edition, Amsterdam: Elsevier, 2020

Burnett, John, "$11 Billion and Counting: Trump's Border Wall Would Be The World's Most Costly," *National Public Radio,* January 19, 2020〈https://www.npr.org/2020/01/19/797319968/-11-billion-and-counting-trumps-border-wall-would-be-the-world-s-most-costly〉（最終閲覧日：二〇二〇年一月二七日）

———, "Border Wall Rising in Arizona, Raises Concerns Among Conservationists, Native Tribes," *National Public Radio,* October 13, 2019 〈https://www.npr.org/2019/10/13/769444262/border-wall-rising-in-arizona-raises-concerns-among-conservationists-native-trib〉（最終閲覧日：二〇二一年六月一〇日）

Burridge, Andrew, Gill, Nick, Kocher, Austin and Martin, Lauren "Polymorphic Borders," *Territory, Politics, Governance* 5（3）, 2017

Buursink, Jan, "The Binational Reality of Border-crossing Cities," *GeoJournal* 54（1）, 2001

Buzan, Barry, Wæver, Ole and De Wilde, Jaap, *Security: A New Framework for Analysis*, Boulder: Lynne Rienner, 1998

Canadian Council of Chief Executives, *New Frontiers: Building a 21st Century Canada-United States Partnership in North America,* Ottawa: CCCE, April 2004

Carlsen, Laura, "Armoring NAFTA: The Battleground for Mexico's Future," *NACLA,* August 27, 2008 〈http://www.globalresearch.ca/armoring-nafta-the-battleground-for-mexico-s-future/10412〉（最終閲覧日：二〇二一年九月一二日）

———, "Extending NAFTA's Reach," *Counterpunch,* August 25, 2007 〈https://www.counterpunch.org/2007/08/25/extending-nafta-s-reach/〉（最終閲覧日：二〇二一年九月二日）

Carroll, Rory, "Arizona's Organ Pipe Park is a 'Paradise' for Tourists but a Death Trap for Migrants," *The Guardian,* October 15, 2015 〈https://www.theguardian.com/us-news/2015/oct/15/organ-pipe-national-monument-migrants-mexico〉（最終閲覧日：二〇二一年六月一〇日）

Castells, Manuel, "An Introduction to the Information Age" in Webster, Frank, Blom, Raimo, Karvonen, Erkki, Melin, Harri, Nordenstreng, Kaarle and Puoskari, Ensio eds., *The Information Society Reader,* London and NY: Routledge, 2004

Castro-Rea, Julian "Introduction," in Castro-Rea, Julian ed., *Our North America: Social and Political Issues Beyond NAFTA*, London and NY: Routledge, 2012

Chaar-Lopez, Ivan, "Sensing Intruders: Race and the Automation of Border Control," *American Quarterly* 71（2）, 2019

Christensen, Karen and Rongerude, Jane, *The San Diego Dialogue: Reshaping the San Diego Region,* Working Paper, Institute of Urban and Regional Development, University of California at Berkeley, April 2004

Clinton, William J., "Address Before a Joint Session of the Congress on the State of the

Union," 24 January, 1995 〈https://www.presidency.ucsb.edu/documents/address-before-joint-session-the-congress-the-state-the-union-11〉（最終閲覧日：二〇二一年五月三〇日）.

Coleman, Matthew and Kocher, Austin, "Detention, Deportation, Devolution and Immigrant Incapacitation in the US, Post 9/11," *The Geographical Journal* 177 (3), September, 2011

Congressional Research Service, DHS Border Barrier Funding, Updated January 29, 2020

CoreCivic News, "Corrections Corporation of America Rebrands as CoreCivic," October 28, 2016 〈https://www.corecivic.com/news/corrections-corporation-of-america-rebrands-as-corecivic〉（最終閲覧日：二〇二一年九月一七日）

Cornelius, Wayne A. and Salehyan, Idean, "Does Border Enforcement Deter Unauthorized Immigration?: The Case of Mexican Migration to the United States of America?," *Regulation & Governance* 1 (2), 2007

Corona Virus Resource Center at Johns Hopkins University, "COVID-19 Dashboard by the Center for Systems Science and Engineering (CSSE) at Johns Hopkins University (JHU)," 〈https://coronavirus.jhu.edu/map.html〉（最終閲覧日：二〇二二年一〇月三一日）

Correa-Cabrera, Guadalupe and Konrad, Victor eds., *North American Borders in Comparative Perspective*, Tucson: University of Arizona Press, 2020

Correa, Jennifer G. and Thomas, James M., "From the Border to the Core: A Thickening Military-Police Assemblage," *Critical Sociology* 45 (7-8), 2019

Costly, Willie, "Online Vigilantes: The Virtual Semiotics of AZ Border Recon," *Public Voices* 17 (1), 2020

Council on Foreign Relations, *Building a North American Community: Report of an Independent Task Force*, Washington, D.C.: Council on Foreign Relations, 2005

Coutin, Susan Bibler, Maurer, Bill and Yngvesson, Barbara, "In the Mirror: The Legitimation Work of Globalization," *Law & Social Inquiry* 27 (4), 2006

Davis, Angela, "Masked Racism: Reflections on the Prison Industrial Complex," *Colorlines*, September 10, 1998 〈http://colorlines.com/archives/1998/09/masked_racism_reflections_on _the_prison_industrial_complex.html〉（最終閲覧日：二〇二一年九月二〇日）

Davis, Julie H. and Shear, Michael D., *Border Wars: Inside Trump's Assault on Immigration,*

NY: Simon & Schuster, 2019

Dear, Michael, *Why Walls Won't Work: Preparing the US-Mexico Divide*, Oxford: Oxford University Press, 2013

Deas, Iain, and Lord, Alex, "From a New Regionalism to an Unusual Regionalism? The Emergence of Non-standard Regional Spaces and Lessons for the Territorial Reorganization of the State," *Urban Studies* 43 (10),2006

Dempsey, Paul S., "Aviation Security: The Role of Law in the War against Terrorism," *Columbia Journal of Transnational* 41 (3), 2003

Department of Homeland Security, DHS Budget

Dickerson, Caitlin and Kanno-Youngs, Zolan, "Trump Administration to Deploy Elite Border Patrol Agents to Sanctuary Cities, Including Chicago and New York," *The New York Times*, February 14, 2020〈https://www.nytimes.com/2020/02/14/us/Border-Patrol-ICE-Sanctuary-Cities.html〉(最終閲覧日：二〇二〇年七月二二日)

Diener, Alexander C. and Joshua Hagen, "Theorizing Borders in a 'Borderless World': Globalization, Territory and Identity," *Geography Compass* 3 (3), 2009

Douglas, Karen Manges and Sáenz, Rogelio, "The Criminalization of Immigrants & the Immigration-Industrial Complex," *The American Academy of Arts & Sciences* 142 (3), 2013

Dunn, Timothy, *The Militarization of the U.S.-Mexico Border 1978-1992: Low-Intensity Conflict Doctrine Comes Home*, Austin: University of Texas at Austin, 1996

Elbit Systems Ltd., "Elbit Systems' Hermes 450 Unmanned Air Vehicle to Support U.S. Homeland Security on Arizona's Southern Border,"〈http://media.corporate-ir.net/media_files/irol/61/61849/Press/2004/Jun30.pdf〉(最終閲覧日：二〇二一年七月二五日)

Etter, Lauren, "Trump Deportation Plan Could Revive Dying U.S. Industry," *Bloomberg News*, Updated July 22, 2019〈https://www.nola.com/news/politics/article_abb62f99-b698-5a4d-bedd-5588830f24e2.html〉(最終閲覧日：二〇二一年九月一七日)

Flynn, Stephen E., "Beyond Border Control," *Foreign Affairs* 79 (6), 2000.

Fogal, Constance, Carlsen, Laura and Lendman, Stephen, "Security and Prosperity Partnership: Militarized NAFTA," *Voltaire Network*, March 27, 2010〈http://www.voltairenet.org/article164650.html〉(最終閲覧日：二〇二一年九月一〇日)

Frey, John Carlos, *Sand and Blood: America's Stealth War on the Mexico Border*, NY: Bold Type Books, 2019

Fronteras Project, *San Diego-Tijuana: The International Border in Community Relations: Gateway or Barrier?*, San Diego, 1976

Gabriel, Dana, “The Militarization of the US-Canada Border: The Proposed Canada-U. S. Trade and Security Perimeter Agreement,” *Global Research,* April 26, 2011〈https://www.globalresearch.ca/the-militarization-of-the-us-canada-border/24513〉
（最終閲覧日：二〇二一年六月三〇日）

Ganster, Paul, “Evolving Environmental Management and Community Engagement at the U.S.-Mexican Border,” Eurasia Border Review 5（1）, 2014

Ganster, Paul and Collins, Kimberly, *The U.S.-Mexican Border Today: Conflict and Cooperation in Historical Perspective,* Fourth edition, London: Rowman & Littlefield, 2021

Gantz, David A., *An Introduction to the United States-Mexico-Canada Agreement: Understanding the New NAFTA*, MA: Edward Elgar, 2020

Garrett, Terrence, “An Analysis of U.S. Customs and Border Protection's Tripartite Mexico Border Security Policy,” *Annales. Etyka w Życiu Gospodarczym*, 21（4）, 2018

Gawthorpe, Andrew, “Why Trump's 'Big, Beautiful' Border Wall Will Never Work,” *The Guardian,* January 15, 2019〈https://www.theguardian.com/commentisfree/2019/jan/15/trump-mexio-border-wall-dangerous-illusion?CMP=gu_com〉（最終閲覧日：二〇二一年六月二七日）

Genna, Gaspare M. and Mayer-Foulkes, David A. eds., *North American Integration: An Institutional Void in Migration, Security and Development,* London and NY: Routledge, 2013

Giddens, Anthony, *The Constitution of Society: Outline of the Theory of Structuration*, Cambridge: Polity Press, 1984（『社会の構成』門田健一訳、勁草書房、二〇一五年）

Gilbert, Emily, “Leaky Borders and Solid Citizens: Governing Security, Prosperity and Quality of Life in a North American Partnership,” *Antipode* 39（1）, 2007

Gilbert, Samuel, “'National Tragedy': Trump Begins Border Wall Construction in Unesco Reserve,” *The Guardian*, September 13, 2019〈https://www.theguardian.com/environment/2019/sep/12/border-wall-organ-pipe-cactus-arizona〉（最終閲覧日：二〇二一年六月一〇日）

Ginsburg, Susan, “Countering Terrorist Mobility: Shaping an Operational Strategy,” *Report: Independent Task Force on Immigration and America's Future*, Washington, DC: Migration Policy Institute, 2006

Golash-Boza, Tanya Maria, *Immigration Nation: Raids, Detentions, and Deportations in Post-9/11 America*, London and NY: Routledge, 2012

Gonzales, Alfonso, "Neoliberalism, the Homeland Security State, and the Authoritarian Turn," *Latino Studies* 14 (1), 2016

Gordon, Alastair, *Naked Airport: A Cultural History of the World's Most Revolutionary Structure,* Chicago: The University of Chicago Press, 2004

Government Accountability Office, "Border Security: Enhanced DHS Oversight and Assessment of Interagency Coordination Is Needed for the Northern Border," GAO-11-97, December 2010

Graham, Stephen, *Cities Under Siege: The New Military Urbanism*, London and NY: Verso, 2010

Gruberg, Sharita, "How For-Profit Companies Are Driving Immigration Detention Policies," *Center for American Progress*, December 18, 2015 〈https://www.americanprogress.org/issues/immigration/reports/2015/12/18/127769/how-for-profit-companies-are-driving-immigration-detention-policies/〉(最終閲覧日：二〇二〇年二月六日)

Gualini, Enrico, "Cross-border Governance: Inventing Regions in a Trans-national Multi-level Polity," *disP* 39, 2003

Haddal, Chad C., *Border Security: The Role of the U.S. Border Patrol,* CRS Report, Washington, D.C.: Congressional Research Service, August 11, 2010

Haggerty, Kevin D. and Ericson, Richard V., "The Surveillant Assemblage," *The British Journal of Sociology* 51 (4), 2000

Hallinan, Joseph T., *Going up the River: Travels in a Prison Nation*, NY: Random House, 2003.

Halper, Jeff, *War Against the People: Israel, the Palestinians and Global Pacification*, London: Pluto Press, 2015

Hänggi, Heiner, "Approaching Peacebuilding from a Security Governance Perspective," in Bryden, Alan and Hänggi, Heiner eds., *Security Governance in Post-Conflict Peacebuilding*, Geneva: Geneva Center for the Democratic Control of Armed Forces, 2005

Hartshorne, Richard, "Suggestions on the Terminology of Political Boundaries," *Annals of the Association of American Geographers* 26 (1), 1936

Haselsberger, Beatrix, "Decoding Borders: Appreciating Border Impacts on Space and

People," *Planning Theory and Practice* 15 (4), 2014

Hataley, Todd, "Canada-United States Border Security: Horizontal, Vertical and Cross-border Integration," *Eurolimes* 20, 2015.

Heng, Yee-Kuang and McDonagh, Ken, *Risk, Global Governance and Security: The Other War on Terror,* London and NY: Routledge, 2009

Hernandez, Kelly L., *Migra!: A History of the U.S. Border Patrol,* CA: University of California Press, 2010

Herzog, Lawrence A. and Sohn, Christophe, "The Co-mingling of Bordering Dynamics in the San Diego-Tijuana Cross-border Metropolis," *Territory, Politics, Governance* 7 (2), 2019

————,"The Cross-Border Metropolis in a Global Age: A Conceptual Model and Empirical Evidence from the US-Mexico and European Border Region," *Global Society* 28 (4), 2014

Hiemstra, Nancy, "Performing Homeland Security within the US Immigrant Detention System," *Environment and Planning D: Society and Space* 32 (4), 2014

Holmes, Oliver, "US Tests of Robotic Patrol Dogs on Mexican Border Prompt Outcry," *The Guardian*, February 4, 2022 〈https://www.theguardian.com/us-news/2022/feb/04/us-tests-of-robotic-patrol-dogs-on-mexican-border-prompt-outcry〉（最終閲覧日：二〇二三年一月二九日）

Hunt, Gaillard, *The Writings of James Madison: 1787 The Journal of the Constitutional Convention*, Volume III, NY and London: G.P. Putnam's Sons, 1902, p.317.

Ignatius, David, "Trump's 'Law and Order' Is a Code for Maintaining Personal Power," *The Washington Post,* July 14, 2020 〈https://www.washingtonpost.com/opinions/trump-the-law-and-order-candidate-thats-a-laugh/2020/07/14/17037e86-c610-11ea-b037-f9711f89ee46_story.html〉（最終閲覧日：二〇二〇年七月二七日）

Jones, Reece, *Border Walls: Security and the War on Terror in the United States, India, and Israel*, London: Zed Books, 2012

Jones, Stephen B., *Boundary-Making: A Handbook for Statesman, Treaty Editors, and Boundary Commissioner,* Washington, D.C.: Carnegie Endowment, 1945

Jordahl, Laiken, "A Year of Devastation in Arizona's Wild Lands," *New York Times,* November 1, 2020 〈https://www.nytimes.com/2020/11/01/opinion/trump-wall-arizona-environment.html〉（最終閲覧日：二〇二一年六月一五日）

Kaplan, Amy, *The Anarchy of Empire in the Making of U.S. Culture*, Boston: Harvard

University Press, 2005（『帝国というアナーキー——アメリカ文化の起源』増田久美子＋鈴木俊弘訳、青土社、二〇〇九年）
————, "Violent Belongings and the Question of Empire Today: Presidential Address to the American Studies Association," *American Quarterly* 56 (1), 2004.
————, "Homeland Insecurities: Transformations of Language and Space," in Dudziak, Mary L. ed., *September 11 in History: A Watershed Moment*, Durham: Duke University Press, 2003, pp.55-69.
————, "Homeland Insecurities: Reflections on Language and Space," *Radical History Review* 85, 2003
Kawakubo, Fuminori, "Privatizing Border Security: Emergence of the 'Border-Industrial Complex'and Its Implications," *Public Voices* 17 (1), 2020
————, "The Transformation of the Border Security Practices from Fixed Borders to New Modalities and Privatization: From the Perspective of Critical Border Studies," *Eurasia Border Review* 8 (1), 2018
Keck, Margaret, "Governance Regimes and the Politics of Discursive Representation," in Piper, Nicola and Uhlin, Anders eds., *Transnational Activism in Asia: Problems of Power and Democracy*, London and NY: Routledge, 2004,
Kerwin, Donald, Nicholson, Mike, Alulema, Daniela and Warren, Robert "US Foreign-Born Essential Workers by Status and State, and the Global Pandemic," Center for Migration Studies 〈https://cmsny.org/publications/us-essential-workers/〉（最終閲覧日：二〇二一年六月二〇日）
Kim, Catherine, "Private Prisons Face an Uncertain Future as States Turn Their Backs on the Industry," *Vox Media*, December 1, 2019 〈https://www.vox.com/policy-and-politics/2019/12/1/20989336/private-prisons-states-bans-califonia-nevada-colorado〉（最終閲覧日：二〇二一年九月九日）
KNAU News Talk, "Another Large Cross-Border Drug Tunnel Discovered In Nogales," *Arizona Public Radio*, February 28, 2020 〈https://www.knau.org/knau-and-arizona-news/2020-02-28/another-large-cross-border-drug-tunnel-discovered-in-nogales〉（最終閲覧日：二〇二一年六月二四日）
Kolossov, Vladimir, "Border Studies: Changing Perspectives and Theoretical Approaches," *Geopolitics* 10, 2005
Konrad, Victor, "Borders, Bordered Lands and Borderlands: Geographical States of Insecurity between Canada and the United States and the Impacts of Security

Primacy," in Vallet, Elisabeth ed., *Borders, Fences, and Walls: State of Insecurity?*, London and NY: Routledge, 2014

———, "Borders and Culture: Zones of Transition, Interaction and Identity in the Canada-United States Borderlands," *Eurasia Border Review* 5 (1), 2014

———, "Conflating Imagination, Identity, and Affinity in the Social Construction of Borderlands Culture Between Canada and the United States," *American Review of Canadian Studies* 42 (4), 2012

———, "Breaking Points' But No 'Broken Border': Stakeholders Evaluate Border Issues in the Pacific Northwest Region," *Border Policy Research Institute Report* 10, Western Washington University, 2010

Koslowski, Rey, *International Cooperation to Create Smart Borders,* Woodrow Wilson International Center for Scholars and Rutgers University-Newark, 2004

Koulish, Robert and Van der Woude, Maartje, "Introduction: The Problem of Migration," in Koulish, Robert and Van Der Woude, Maartje eds., *Crimmigrant Nations: Resurgent Nationalism and the Closing of Borders,* NY: Fordham University Press, 2020

Lahav, Gallya, "Mobility and Border Security: The U.S. Aviation System, the State, and the Rise of Public-Private Partnerships," in Salter, Mark ed., *Politics at the Airport*, Minneapolis: University of Minnesota Press, 2008

Larner, Wendy and Walters, William, *Global Governmentality: Governing International Spaces*, London and NY: Routledge, 2004

Levi, Michael and David S. Wall, "Technologies, Security, and Privacy in the Post-911 European Information Society," *Journal of Law and Society* 31 (2), 2004

Lind, Dara, "The Disastrous, Forgotten 1996 Law That Created Today's Immigration Problem'," *Vox,* April 28, 2016 〈https://www.vox.com/2016/4/28/11515132/iirira-clinton-immigration〉（最終閲覧日：二〇二一年五月三〇日）

Lipton, Eric, "Former Antiterror Officials Find Industry Pays Better," *New York Times,* June 18, 2006 〈https://www.nytimes.com/2006/06/18/washington/18lobby.html〉（最終閲覧日：二〇二一年七月二八日）

Longo, Matthew, *The Politics of Borders: Sovereignty, Security, and the Citizen after 9/11,* Cambridge: Cambridge University Press, 2017（『国境の思想――ビッグデータ時代の主権・セキュリティ・市民』庄司克宏監訳、岩波書店、二〇二〇年）

———, "A '21st Century Border'? Cooperative Border Controls in the US and EU

after 9/11," *Journal of Borderlands Studies* 31（2）, 2016

Lopez, Mark H., Passel, Jeffrey S. and Cohn, D'vera, "Key Facts about the Changing U.S. Unauthorized Immigrant Population," Pew Research Center, April 13, 2021〈https://www.pewresearch.org/fact-tank/2021/04/13/key-facts-about-the-changing-u-s-unauthorized-immigrant-population/〉（最終閲覧日：二〇二一年六月二〇日）

Lovato, Roberto, "Building the Homeland Security State," *NACLA,* November/December 2008〈https://nacla.org/sites/default/files/A04106017_1.pdf〉（最終閲覧日：二〇二一年八月二五日）

Lyon, David, "Filtering Flows, Friends, and Foes: Global Surveillance," in Salter, Mark ed., *Politics at the Airport*, Minneapolis: University of Minnesota Press, 2008

————, "Globalizing Surveillance: Comparative and Sociological Perspectives," *International Sociology* 19（2）, 2004

————, "Airports as Data-filters: Converging Surveillance Systems after September 11th," *Information, Communication, and Ethics in Society* 1（1）, 2003

Marcuse, Peter, "Urban Form and Globalization After September 11th: The View from NY," *International Journal of Urban and Regional Research* 26（3）, 2008

Martínez, Oscar J., *Border People: Life and Society in the US-Mexico Borderlands,* Tucson: University of Arizona Press, 1994

Mattera, Philip, Khan, Mafruza and Nathan, Stephan, *Corrections Corporation of America: A Critical Look at Its First Twenty Years*, Charlotte: Grassroots Leadership, December 2003〈http://www.soros.org/sites/default/files/CCA_Report.pdf〉（最終閲覧日：二〇二一年九月一五日）.

Mbembe, Achille, *Necropolitics,* Durham: Duke University Press, 2019

Mendoza, Jorge Ecuardo and Dupeyron, Bruno, "Economic Integration, Emerging Fields and Cross-border Governance: The Case of San Diego-Tijuana," *Journal of Borderlands Studies* 35（1）, 2020

Merriam-Webster（n.d.）"Definition of military-industrial-complex"〈https://www.merriam-webster.com/dictionary/military-industrial%20complex〉（閲覧日：二〇二一年七月一五日）

Miller, Todd, "A Lucrative Border-Industrial Complex Keeps the US Border in Constant 'Crisis'," *The Guardian,* April 19, 2021〈https://www.theguardian.com/commentisfree/2021/apr/19/a-lucrative-border-industrial-complex-keeps-the-us-border-in-constant-crisis〉（最終閲覧日：二〇二一年七月五日）

———, *Empire of Borders: The Expansion of the U.S. Border around the World,* NY: Verso, 2019

———, *More Than a Wall: Corporate Profiteering and the Militarization of US Borders,* Transnational Institute, 2019

———, "How Border Patrol Occupied the Tohono O'odham Nation," *In These Times,* June 12, 2019〈http://inthesetimes.com/article/21903/us-mexico-border-surveillance-tohono-oodham-nation-border-patrol〉(最終閲覧日：二〇二〇年二月三日)

———, *Border Patrol Nation: Dispatches from the Front Lines of Homeland Security,* San Francisco: City Lights Publishers, 2014

———, "Border Patrol International: The American Homeland Is the Planet," *NACLA,* November 13, 2013〈https://nacla.org/blog/2013/11/20/border-patrol-international-%25E2%2580%259C-american-homeland-planet%25E2%2580%259D〉(最終閲覧日：二〇二一年九月二日)

Miller, Todd and Buxton, Nick, *Biden's Border: The Industry, the Democrats, and the 2020 Elections*, Transnational Institute, 2021

Morales, Isidro, *Post-NAFTA North America: Reshaping the Economic and Political Governance of a Changing Region,* London: Palgrave Macmillan, 2008

———, "The Governance of Mobility and Risk in a Post-NAFTA Rebordered North America," in Morales, Isidro ed., *National Solutions to Trans-Border Problems?: The Governance of Security and Risk in a Post-NAFTA North America*, Farnham: Ashgate, 2013

Mountz, Alison, *The Death of Asylum: Hidden Geographies of the Enforcement Archipelago,* Minnesota: University of Minnesota Press, 2020

Nail, Thomas, *Theory of the Border*, Oxford: Oxford University Press, 2016

National Commission on Terrorist Attacks, *The 9/11 Commission Report: Final Report of the National Commission on Terrorist Attacks Upon the United State*, W W Norton & Co, 2004

Neocleous, Mark, "Security as Pacification," in Neocleous, Mark and Rigakos, George eds., *Anti-Security,* Ottawa: Red Quill Books, 2011

Newman, David, "Contemporary Research Agendas in Border Studies: An Overview," Wastl-Walter, Doris ed., *The Ashgate Research Companion to Border Studies,* London and NY: Routledge, 2011

———, "The Lines That Continue to Separate Us: Borders in Our 'Borderless' World," *Progress in Human Geography* 30 (2), 2006

———, "Borders and Bordering: Towards an Interdisciplinary Dialogue," *European*

Journal of Social Theory 9 (2), 2006

Nicol, Heather, "Resiliency or Change? The Contemporary Canada-US Border," *Geopolitics* 10 (4), 2005

Noferi, Mark L. and Koulish, Robert, "The Immigration Detention Risk Assessment," *Georgetown Immigration Law Review* 29 (45), 2014

Nossal, Kim Richard, "Canada and COVID-19: The Longer-term Geopolitical Implications," *The Roundtable* 110 (1), 2021

O'Dowd, Liam "The Changing Significance of European Borders," *Regional and Federal Studies* 12 (4), 2002

Office of Governer Gavin Newsome, "Governor Newsom Announces Binational Partnership with Mexico to Advance New Port of Entry at San Diego-Tijuana Border," October 24, 2022〈https://www.gov.ca.gov/2022/10/24/governor-newsom-announces-binational-partnership-with-mexico-to-advance-new-port-of-entry-at-san-diego-tijuana-border/〉（最終閲覧日：二〇二二年一二月三日）

Office of Homeland Security, *National Strategy for Homeland Security*, July 2002

O'Neill, Peter, "Canada Losing Ground in World, Former Minister Says," *Calgary Herald*, February 15, 2009〈http://web.archive.org/web/20090411053357/http://www.calgaryherald.com/Canada+losing+ground+world+former+minister+says/1295392/story.html〉（最終閲覧日：二〇二一年九月一日）

Oxford English Dictionary, Second edition, Clarendon Press, 1989

Paasi, Anssi, "Bounded Spaces in a 'Borderless World': Border Studies, Power and the Anatomy of Territory," *Journal of Power* 2 (2), 2009

———, "Generations and the 'Development' of Border Studies," *Geopolitics* 10 (4), 2005

———, "Place and Region: Looking through the Prism of Scale," *Progress in Human Geography* 28 (4), 2004

Pastor, Robert A., *The North American Idea: A Vision of a Continental Future*, Oxford: Oxford University Press, 2011

———, "North America: Three Nations, a Partnership, or a Community?," *Jean Monnet/Robert Schuman Paper Series* 5 (13), 2005

———, *Toward a North American Community: Lessons from the Old World for the New*, Washington, D.C.: Peterson Institute for International Economics, 2001

Paul, T. V., *International Relations Theory and Regional Transformation*, Cambridge:

Cambridge University Press, 2012

Payan, Tony, *The Three U.S.-Mexico Border Wars: Drugs, Immigration, and Homeland Security*, Westport: Praeger, 2016

Popescu, Gabriel, *Bordering and Ordering the Twenty-first Century: Understanding Borders*, Lanham: Rowman & Littlefield Publisher, 2011

Potter, Mitch, "Canada Warms to Idea of a Tougher 'Perimeter'," *Toronto Star*, December 27, 2009 〈https://www.thestar.com/news/world/2009/12/27/canada_warms_to_idea_of_a_tougher_perimeter.html〉（最終閲覧日：二〇二一年九月一日）

Pramuk, Jacob and Wilkie, Christina, "Trump Declares National Emergency to Build Border Wall, Setting Up Massive Legal Fight," *CNBC*, February 15, 2019 〈https://www.cnbc.com/2019/02/15/trump-national-emergency-declaration-border-wall-spending-bill.html〉（最終閲覧日：二〇二一年六月一〇日）

"Prison Inc.: The Secret Industry," Online Paralegal Degree Center 〈https://www.online-paralegal-degree.org/prison-industry/〉（最終閲覧日：二〇二一年九月七日）

Public Citizen, "The NAFTA-CAFTA Legacy: Failed Trade Policy That Drove Millions from Their Homes," September 1, 2019 〈https://www.citizen.org/article/the-nafta-cafta-legacy-failed-trade-policy-that-drove-millions-from-their-homes/〉（最終閲覧日：二〇二一年五月三〇日）

Reyes, J. Rachel, "Immigration Detention: Recent Trends and Scholarship," Virtual Brief, Center for Migration Studies, 〈https://cmsny.org/publications/virtualbrief-detention/〉

Robins, Ted, "U.S. Grows An Industrial Complex Along The Border," *National Public Radio*, September 12, 2012 〈https://www.npr.org/2012/09/12/160758471/u-s-grows-an-industrial-complex-along-the-border〉（最終閲覧日：二〇二一年七月五日）

Rodgers, Lucy and Bailey, Dominic, "Trump Wall: How Much Has He Actually Built?" *BBC News*, October 31, 2021 〈https://www.bbc.com/news/world-us-canada-46824649〉（最終閲覧日：二〇二一年六月二〇日）

Rosaldo, Renato, *Culture and Truth: The Re-Making of Social Analysis*, Boston: Beacon, 1989（『文化と真実——社会分析の再構築』椎名美智訳、日本エディタースクール出版部、一九九八年）

Rosière, Stéphane and Jones, Reece, "Teichopolitics: Re-considering Globalisation Through the Role of Walls and Fences," *Geopolitics* 17, 2012

Rumford, Chris, "Theorizing Borders," *European Journal of Social Theory* 9 (2), 2006

Salter, Mark, “The Global Airport: Managing Space, Speed, and Security,” in Salter, Mark ed., *Politics at the Airport,* Minneapolis: University of Minnesota, 2008

———, “Passports, Mobility, and Security: How Smart Can the Border Be?,” *International Studies Perspectives* 5（1）, 2004

SANDAG, *Fiscal Year 2019 Annual Report*, San Diego Association of Government, 2019

Sands, Christopher, “A Vote for Change and U.S. Strategy for North American Integration,” *PNA North American Policy Brief* 1, October 2008〈https://www.hudson.org/content/researchattachments/attachment/674/pna_na_policy_brief_1_-_a_vote_for_change.pdf〉（最終閲覧日：二〇二一年九月五日）

Sassen, Saskia, *Territory, Authority, Rights: from Medieval to Global Assemblages*, Princeton: Princeton University Press, 2006

———, “The Global City: Strategic Site/New Frontier,” *American Studies* 41（2/3）, 2000

Schlosser, Eric, “The Prison-Industrial Complex,” *The Atlantic Monthly* 282（6）, December 1998〈https://www.theatlantic.com/magazine/archive/1998/12/the-prison-industrial-complex/304669/〉（最終閲覧日：二〇二一年九月二〇日）

Sciacchitano, Katherine, “From NAFTA to the SPP: Here Comes to the Security and Prosperity Partnership, But—What security? Whose prosperity?,” *Dollars & Sense: The Magazine of Economic Justice,* January/February 2008〈http://www.dollarsandsense.org/archives/2008/0108sciacchitano.html〉（最終閲覧日：二〇二一年九月一〇日）

Smith, Earl and Hattery, Angela, “The Prison Industrial Complex,” *Sociation Today* 4（2）, 2006〈http://www.ncsociology.org/sociationtoday/v42/prison.htm〉（最終閲覧日：二〇二一年九月二三日）

Snyder, Timothy, *On Tyranny: Twenty Lessons from the Twentieth Century*, New York: Tim Duggan Books, 2017

Sohn, Christophe, “The Border as a Resource in the Global Urban Space: A Contribution to the Cross-border Metropolis Hypothesis,” *International Journal of Urban and Regional Research* 38（5）, 2014

Soja, Edward, “Borders Unbound: Globalization, Regionalism, and Post-metropolitan Transformation,” in Van Houtum, Henk, Kramsch, Oliver and Zierhover, Wolfgang eds., *B/ordering Space*, Farnham: Ashgate, 2005

Solis, Gustavo, “Recent Tijuana Cartel Violence Part of a Pattern That Goes Back Decades,” KPBS, August 22, 2022〈https://www.kpbs.org/news/border-

immigration/2022/08/22/recent-tijuana-cartel-violence-part-of-a-pattern-that-goes-back-decades〉（最終閲覧日：二〇二二年一二月五日）

The American Heritage Dictionary of the English Language 〈https://www.ahdictionary.com/word/search.html?q=homeland〉（最終閲覧日：二〇二一年五月一〇日）

The Partnership for Working Families, *Wall Street's Border Wall: How 5 Firms Benefit Financially from Anti-Immigrant Policy* 〈https://www.forworkingfamilies.org/sites/default/files/publications/Border%20wall_final.pdf〉（最終閲覧日：二〇二一年七月二八日）

The Sentencing Project, Private Prisons in the United States, 2021 〈https://www.sentencingproject.org/reports/private-prisons-in-the-united-states/〉（最終閲覧日：二〇二一年九月一〇日）

The White House, "Fact Sheet: Key Deliverables for the 2021 North American Leaders' Summit," Nobember 18, 2021 〈https://www.whitehouse.gov/briefing-room/statements-releases/2021/11/18/fact-sheet-key-deliverables-for-the-2021-north-american-leaders-summit/〉（最終閲覧日：二〇二一年一〇月二五日）

———, "Fact Sheet: Border Security," January 25, 2002 〈http://www.whitehouse.gov/news/releases/2002/01/20020125.htm〉（最終閲覧日：二〇二一年八月一九日）

———, "Gov. Ridge Sworn-In to Lead Homeland Security," October 8, 2001 〈http://www.whitehouse.gov/news/releases/2001/10/20011008-3.html〉（最終閲覧日：二〇二一年五月一〇日）

———, "Address to a Joint Session of Congress and the American People," September 20, 2001 〈http://www.whitehouse.gov/news/releases/2001/09/20010920-8.html〉（最終閲覧日：二〇二一年八月一〇日）

Tholen, Berry, "The Changing Border: Developments and Risks in Border Control Management of Western Countries," *International Review of Administrative Sciences* 76 (2), 2010

Tirman, John, *The Maze of Fear: Security and Migration After 9/11*, NY: The New Press, 2004

US and Canada Smart Border Declaration, *Legislationonline* 〈https://www.legislationline.org/documents/id/7543〉（最終閲覧日：二〇二一年八月二四日）

U.S. Border Patrol, Border Patrol Strategic Plan 1994 and Beyond, July 1994.

Merriam-Webster Dictionary 〈https://www.merriam-webster.com/dictionary/homeland〉（最終閲覧日：二〇二一年五月一〇日）

U.S. Department of Homeland Security, "Acting Secretary Wolf Condemns The Rampant Long-Lasting Violence In Portland," July 16, 2020 〈https://www.dhs.gov/news/2020/07/16/acting-secretary-wolf-condemns-rampant-long-lasting-violence-portland〉（最終閲覧日：二〇二一年 7 月 27 日）

————, *NorthernBorder Strategy*, June 2012

U.S. Department of Justice, National Drug Intelligence Center, *National Drug Threat Assessment* 2010, February 2010

U.S. Immigration and Customs Enforcement, "Fact Sheet: Delegation of Immigration Authority Section 287（g）Immigration and Nationality Act," 〈http://www.ice.gov/news/library/factsheets/287g.htm〉（最終閲覧日：二〇二一年九月一〇日）

————, "Who Are We?" 〈https://www.ice.gov/about-ice〉（最終閲覧日：二〇二一年九月五日）

Valentin, Louisa, "The First Step to Stop Corporations from Profiting from Incarceration in the United States: Why the Criminal Justice System Needs to Be Returned to Public Hands," *Transnational Institute*, March 30, 2021 〈https://www.tni.org/en/article/the-first-step-to-stop-corporations-from-profiting-from-incarceration-in-the-united-states〉（最終閲覧日：二〇二一年九月一〇日）

Vallet, Élisabeth, "State of Border Walls in a Globalized World," in Bissonnette, Andréanne and Vallet, Élisabeth, eds., *Borders and Border Walls: In-Security, Symbolism, Vulnerabilities*, London and NY: Routledge, 2021

Valverde, Mariana and Mopas, Michael, "Insecurity and the Dream of Targeted Governance,“ in Larner, Wendy and Walters, William eds., *Global Governmentality: Governing International Spaces*, London and NY: Routledge, 2004

Vaughan-Williams, Nick, *Border Politics: The Limits of Sovereign Power*, Edinburgh: Edinburgh University Press, 2009

Velazquez, Rafael and Dominguez,Roberto, "Obstacles to Security Cooperation in North America," in Genna, Gaspare M. and Mayer-Foulkes, David A. eds., *North American Integration: An Institutional Void in Migration, Security and Development*, London and NY: Routledge, 2013

Villarreal, M. Angeles and Lake, Jennifer E., *Security and Prosperity Partnership of North America: An Overview and Selected Issues*, CRS Report, Congressional Research Service, January 22, 2010

Walia, Harsha and Oka, Cynthia, "The Security and Prosperity Partnership Agreement:

NAFTA Plus Homeland Security," *Left Turn,* April 2008〈http://www.leftturn.org/security-and-prosperity-partnership-agreement-nafta-plus-homeland-security〉(最終閲覧日：二〇二一年九月一〇日)

Walker, Rob, *Out of Line: Essays on the Politics of Boundaries and the Limits of Modern Politics,* London and NY: Routledge, 2016

———, *Inside/Outside: International Relations as Political Theory,* Cambridge: Cambridge University Press, 1993

Walker, Tim, "First Thing: Is Trump a 'Law and Order' President, or a Lawless One?" *The Guardian,* July 23, 2020〈https://www.theguardian.com/us-news/2020/jul/23/first-thing-is-trump-a-law-and-order-president-or-a-lawless-one〉(最終閲覧日：二〇二一年七月二七日)

Walters, William, "Secure Borders, Safe Haven, Domopolitics," *Citizenship Studies* 8 (3), 2004

Weiss, Linda, "Globalization and National Governance: Antinomy or Interdependence?," *Review of International Studies* 25, 1999

Whitehead, John, "Has the Dept. of Homeland Security Become America's Standing Army?" *CHRON*, June 16, 2014〈https://www.chron.com/neighborhood/friendswood/opinion/article/WHITEHEAD-Has-the-Dept-of-Homeland-Security-9677926.php〉(最終閲覧日：二〇二一年五月二四日)

Whitney, Mike, "Obama's Role in the Militarization of Mexico: An Interview with Laura Carlsen," *The Smirking Chimp,* December 24, 2009〈https://www.globalresearch.ca/obama-s-role-in-the-militarization-of-mexico-an-interview-with-laura-carlsen/16654?pdf=16654〉(最終閲覧日：二〇二一年九月二日)

Wieczner, Jen, "These 3 Stocks Are Already Winners Thanks to President Trump's Mexican Wall," *Fortune*, January 26, 2017〈https://fortune.com/2017/01/25/trump-wall-build-mexico-stock/〉(閲覧日：二〇二一年七月二八日)

Wise, Alana, "Biden Restarts Trilateral Summit, Focused on North American Partnership," *National Public Radio*, November 18, 2021〈https://www.npr.org/2021/11/18/1057071353/biden-restarts-trilateral-summit-focused-on-north-american-partnership〉(最終閲覧日：二〇二二年一〇月二五日)

Witco, Christopher, "Campaign Contributions, Access and Government Contracting," *Journal of Public Administration Research and Theory* 21 (4), 2011